アードルフ・ヒトラー：独裁者の人生行路

ADOLF H.-
LEBENSWEG EINES
DIKTATORS

THOMAS SANDKÜHLER

トーマス・ザントキューラー 著
斉藤寿雄 訳

現代書館

アードルフ・ヒトラー：独裁者の人生行路＊目次

日本の読者へ

ここに上梓する本は、二〇一五年に『アードルフ H. ある独裁者の人生行路』というタイトルでミュンヒェンのカール・ハンザー社より刊行されました。ドイツではだれもが、タイトルの「H」がだれを指し、なんであるかを知っていますし、他の国々では「ヒトラー」と書かなければならないかもしれません。しかし、この名をもった人物は、世界的に知られています——悪そのもののシンボルとして、大量犯罪者にして、熱狂的に歓呼された「ドイツ国民の指導者」として。

ヒトラーは、しかししばしば近代のドイツ史の一部としてではなく、時代を超えた現象として認識されます。インターネットや視覚メディアを一瞥すれば、それは日々新たにあきらかになります。この本を書いた動機のひとつは、まさにこれでした。すなわち、とりわけ比較的若い人びとをヒトラーとナチズムへの問いとともにメディアにゆだねないということ。

読者諸賢には保証された情報があたえられるべきでしょう。さらにわたしは、ヒトラーの道徳的な堕落に疑念の余地をあたえないように、この独裁者をドイツ史のなかに組みこもうと思いました。しかし、彼に権力をもたらし、一部はまだ「第三帝国」がみじめに没落していくなかでも頑なに支持していたドイツ社会もまた、重い罪を引きうけました。この遺産に責任をもって取りくむことが、若い人びとの責務なのです。

『アードルフ H.』は批評家から好意的に受け入れられ、多くの読者を得ました。本書は、おもに若い人びとを対象にしていますが、大人たちにも読まれています。わたしは、アードルフ・ヒトラーのわたしの伝記が、いまや日本語の翻訳で出版できることをうれしく思います。

このテクストへの入念な取りくみに対し、斉藤寿雄教授にしかるべき感謝をささげます。出版社現代書館には、本書をその企画に取りあげてくださったことを感謝します。最後にわたしは、ドイツ語の初版の前書きのなかで名をあげた多くの人びとにも感謝しなければなりません。その代表としてわたしは、ハンザー出版社のカテュヤ・デザーガとわたしの妻ペートラ・メルテンスの名をあげます。

ベルリン、二〇一七年十月

トーマス・ザントキューラー

はじめに

「ヒトラーのことはもう十分ではないのか?」この問いは、きわめて当然である。なぜなら一九三三年から一九四五年までのドイツの独裁者アードルフ・H.は、公の世界でもマスメディアでもいたるところにあらわれるからである。にもかかわらず、あるいはそれゆえに、現代の若い読者に向けたヒトラー=伝記は意味があり、かつ重要なのである。というのも、現在テレビやインターネットで伝えられているものは、しばしば「ヒトラーという現象」を説明し理解することにほとんど貢献していないからである。若者のためのヒトラーの伝記はこれまで存在しない。ここに上梓する本は、この穴を埋めようとするものである。

伝記は、研究された人生史の結果である。十九世紀にはそれは、歴史記述者の高度な芸術と見なされた。伝記を書いたのは、重要な人間の人生と活動を後世のために記録にとどめるためである。「偉大な男たちが、歴史をつくった」。多くの人びとはそう考えた。

伝記は、通常歴史的な人物をその時代の連関のなかに置く。ヒトラーの場合、歴史家の意見は一致しない。ヒトラーが歴史をつくったのか、それとも彼が歴史によってつくられたのか。彼はドイツ社会を支配したのか、それとも彼は社会によって支配されたのか。これらの問いへの答えは、歴史記述の方法に影響をあたえる。ヒトラーのなかにナチス・ドイツの主《あるじ》にして支配者を見る歴史家は、ヒトラーの伝記を書く。逆の考えをもつ歴史家は、ナチ時代のドイツ社会の歴史を書く。伝記と社会史は、したがって互いに排除しあう、いずれにせよ一見したかぎりでは。

本書のタイトル『アードルフ・H.』は、ヒトラーの個人的な人生史と政治家としての彼の影響力のあいだに著しい相違があったことに注意を向けさせようとする。この人生自体が、そもそも語るに値するものかどうかすら疑わしい。一九四五年以降、彼の人生の数多くの詳細を明るみにだす本格的なヒトラー研究が積み重ねられた。これらの詳細を知ることは、ヒトラー＝伝記を書こうとする場合、必要不可欠である。しかし、それ自体としてはその詳細は、ほとんどなにも語っていないにひとしい。

ナチ時代にドイツから追放された法学者で歴史家のゼバスチャン・ハフナーは、ヒトラーの個人生活の「異常なほどの貧弱さ」を指摘している。政治以外では彼は、ハフナーにとってだれでもなかった。ヒトラーの人生で重要なことはすべて、「現代史と融合し、現代史そのものなのである。若いヒトラーは、現代史を反映し、中期の彼も依然として現代史を反映しているが、しかしまたすでに現代史に影響をおよぼしている。後年のヒトラーは、現代史を規定する。最初彼は歴史によってつくられたが、その後は彼自身が歴史をつくる側になったのだ。これについては語る甲斐がある。ヒトラーの人生がそれ以外に提供するものは、誤った情報である――一九一九年以降もそれ以前も」。

歴史家は、つねにまた同時代人でもある。歴史に対する彼らの見方は、彼らが過去に対して立てる問いとともに変わる。一九七三年に大部のヒトラーの伝記を著したジャーナリストのヨーアヒム・フェストは、なぜ教養ある市民層が、大挙して「総統」のあとを追いかけたのかという問いを投げかける。フェストは、主としてこの問いに対してふたつの理由を見ている。市民階級は、「政治」を軽視し、民主主義の保護にみずから責任があるとほとんど感じなかった。しかし、とりわけヒトラーは、その卓越した能力によってドイツ人をまどわした。フェストは、ヒトラーのなかにきわだった特性をもたない「没個性」を見ると同時に、しかし「政治の天才」をも見た。ヒトラーは、ドイツ人にとって――そしておそらくはフェストにとっても――戦争勃発までは「ドイツ人のなかでもっとも偉大な政治家のひとり」、「ひょっとするとドイツ人の歴史の完成者」かもしれない、とフェストは言う。

しかし、アードルフ・ヒトラーは、ほんとうに偉大な男だったのだろうか。彼ほど多くの苦難を人類にもたらした人間が、偉大さをもちうるだろうか。どうやらそうではないらしい。ヒトラーは、前述の意味で「偉大で」はなく、大きな破壊者だった。これは重要な相違だ。イギリスの歴史家イアン・カーショーは、これに対してこう書いている。

「これまで歴史においてこれほどの規模の破壊が、たったひとりの男の名前と結びつけられたことはなかった。ヒトラーの名前が、現代の文明のもっとも深甚な崩壊の最上位の煽動者の名前としてすべての時代を代表しているのはもっともである」。彼は、さらにこうつづける。個人としてのヒトラーは、「あの宿命的な十二年間のさまざまな帰結の恐るべき推移にとってまったくもって決定的」だった。

カーショーのヒトラー＝伝記は、フェストのヒトラー＝伝記のほぼ一世代後に刊行された。カーショーは、フェストと同じような問題設定から出発するが、しかし相反する視点をもっている。このイギリスの歴史家は、ヒトラーから社会を見るのではなく、逆に社会からヒトラーを見ている。ドイツ社会は、ヒトラーの台頭を引きおこした。それにつづいて社会は、ヒトラーによって支配された。カーショーは、つまりアードルフ・H.個人ではなく、彼の権力行使を問う。ドイツ人の責任と道徳的不能に対する問いは、このようにすると古典的な伝記の枠内よりもよりよく答えられる。アードルフ・ヒトラーの人生に取りくみたいと思う歴史家にとって、カーショーの叙述は規範となる。

この叙述からふたたび数年が経過した。ナチズムについての研究は、さらに進展した。研究は最近ではとりわけナチ国家の社会理解とその犯罪に向かっている。一方では「民族共同体」、他方ではホロコーストが、その際中心概念となる。アードルフ・ヒトラーの人生は、本書ではナチ国家の前史と歴史のなかに埋めこまれる。すなわち本書は、この独裁者の人生史ばかりでなく、すくなくとも二十世紀への転換期以降のドイツの（そしてオーストリアの）社会の歴史とナチ国家の歴史をも記述する。そうすることによってのみヒトラーが、どのようにしてなぜ台頭し、支配し、没落したのかが説明され、理解されうる。

政治的な伝記として――というのもこれにつづく章ではそのことが問題となるからである――、ヒトラーの人生史は、たしかに魅力的である。それは上昇、頂点、下降、没落という古典的なひな型にしたがっている。それは、三十歳で政治への道を見いだし、十年のうちに強大で歓声につつまれた「総統」へと登りつめ、最終的に最高司令官と大量殺人者となり、ベルリンの防空壕のなかの穴居人としてその人生を自殺によって終える、若い時代の無能者の歴史である。

ヒトラーとその国家については無数の本や論文が、刊行されてきた。これらすべてを考慮しようとすれば、若者たちを対象としたこの本の枠は、はじけ飛んでしまうだろう。そうするかわりに、ここではしかし、最新の研究水準にもとづく簡潔な叙述を提示しようと思う。

わたしは、ヒトラーの伝記を語りたいと思う。物語的な叙述によって、読者諸賢が当時の時代に身を置いて、なにがなぜ起こったのかを回顧的に評価できるようにしたい。しかし、この語りにはかならずしも固執しない。たとえばヨーロッパのユダヤ人の殺戮は、物語ることはできない、ただ描き出し、記述することしかできない。

本書の体裁には、写真と図版がついている。ヒトラーとナチ国家が、今日のメディアの世界できわめて重要な役割をもっているゆえに、私はメディアや教科書にむしろまれにしか、あるいはまったく登場しないヒトラーへの通常とちがった視点をひらく図版をできるだけ選んだ。
引用の注解は、読む流れをさまたげないようにつけていない。利用した本と論文は、補遺にまとめられている。この補遺はさらに読書をうながすよう意図されている。したがってそこでは、特にポケット版の本と容易に手に入る基本文献が挙げられている。補遺では引用の出典も紹介される。

本書は、片手間の仕事ではない。わたしは、二〇一五年五月に終戦から七〇年をむかえるからといって、ヒトラーの伝記を書いたのでもない。むしろ本書には、長い前史がある。数年前この考えをわたしにもたらしたのは、当時まだギムナジウムの中級学年の生徒だった娘のカテュヤだった。長いドライブの途上でカテュヤは、ヒトラーについてわたしに根掘り葉掘り質問し、話したことを一度文書にまとめるように求めた。この文書にする作業は当初計画したよりもはるかに長くかかり、予想以上にむずかしかった。だからこそわたしは、この計画がいまやっと完結したことを喜ぶのである。

わたしは、カテュヤ、次女ユーリア、わたしの妻ペートラ・メルテンスそしてわたしの協力者クラーラ・ヴォーペンからの貴重な励ましを感謝しなければならない。わたしの代理人エルンスト・ラインハルト・ピーパー博士にも、その忍耐に対して感謝をしたい。ハンザー出版社のウルリヒ・シュトゥーリコ＝ブルーメ、わたしの編集者マルテ・リッターには本書の専門的な配慮に対して感謝する。

二〇一四年十月、ベルリンにて

トーマス・ザントキューラー

第1章　無能者

「ハイル・シックルグルーバー？」複雑な家族の歴史

アードルフ・ヒトラーの家系は、オーストリア北部の「森林地帯」（ヴァルトフィアテル）の出である。この一帯は今日チェコ共和国に属し、当時オーストリア帝国の一部だったボヘミアと境を接していた。この森林地帯は、貧しい地域だった。「ヒトラー」という名前は、その地では「ヒュトラー」や「ヒートラー」というかたちでもたびたび登場した。おそらくこの名前は、ヒトラーの祖先が従事していた鉱山労働者の職業か、あるいはまた小規模な農民である「小農」を示唆している。森林地帯では、人びとは寄りそいあって暮らしていた。

十九世紀には下層階級の家庭環境は、しばしば錯綜していた。当時大多数のオーストリア人が属していたカトリック教会が強く非難していたにもかかわらず、親戚同士の結婚や庶出の子は、めずらしくなかった。

同じ生い立ちをもつ多くの子供たちと同様アードルフ・ヒトラーも、雑居家族のなかで育った。彼の両親アーロイスとクラーラ・ヒトラー、彼の兄弟姉妹エトムントとパウラ、父親の二度目の結婚でき

左、アーロイス・ヒトラー、旧姓シックルグルーバー、税官吏の制服をまとう、1880年代の写真。右、クラーラ・ヒトラー、日付のない写真

た彼の義理の兄弟姉妹アーロイス・ユーニオーア（ジュニア）とアンゲラ、さらにクラーラが幼い頃面倒をみた未婚の妹ヨハンナ（ハーニ叔母さん）が、同居して暮らしていた。

ヒトラーの父親は三度目の結婚で、母親のクラーラは夫より二十歳若く、まずまちがいなく父親の姪に当たる親戚だった。一八八九年四月二十日にドイツとオーストリアの国境沿いのブラウナウで生まれた息子のアードルフは、この夫婦の四人目の子供だった。彼が生まれるまえ、三人の上の子どもたちは、相次いで亡くなっていていた。

両親の家の経済状態は、きちんとしていた。アーロイス・ヒトラーは、税官吏としてかなりの給料をもらっていた。彼はまた、遺産によってかなりの額のお金を手にいれていた。一八九二年、アーロイスは税関の上級官吏に昇進し、パッサウに引っ越した。この町は、当時ドイツ帝国とオーストリア帝国の国境をなしていた。税官吏が、国境の両側で勤務するのはふつうだった。このときはアーロイス・ヒトラーは、ドイツ側で業務をとりおこなっていた。

一八九四年、もうひとり息子が生まれた。エトムントである。同じ年にアーロイス・ヒトラーは、ドナウ河畔のオーバーエスターライヒの町リンツに転勤になった。家族はさしあたりまだパッサウに住みつづけ、翌年に父親のあとを追った。一八九六年さらにもうひとり子どもが生まれた、ヒトラーの妹パウラである。ヒトラー一家は、なんども引っ越した。一八九八年、一家はようやくリンツ近郊の村レオンディングに落ち着いた。

アーロイス・ヒトラーは、いやなやつだった。彼は、ヘビースモーカーで、子沢山の家庭よりパブで自分の時間を過ごすほうが好きで、それ以外の時間は自分の趣味、すなわち養蜂についやした。この税関上級官吏は、かんしゃくもちだった。彼は、自分の息子たちを殴り、場合によっては若い妻も殴った。しばしば彼は、酔っぱらっていた。ヒトラーはずっとのちになって告白したように、彼の父親を恐れた。

一八九五年にアーロイスは、退官した。彼はもはや勤めに出る必要がなかったので、多くの時間を彼の子どもたちの「教育」に向けた。アーロイス・ユーニオーア（ジュニア）は、十四歳のときこの暴力的な父親から逃げだし、二度と両親の家にもどらなかった。そのすぐあと、一九〇〇年にエトムント・ヒトラーが、麻疹で亡くなった。アードルフは、いまやレオンディングの家庭で唯一の男の子だった。彼は十一歳だった。

独裁者や、独裁者になろうと思う者は、自分の生い立ちを好んで秘密のヴェールで覆いたがる。前歴に瑕疵があると、独裁の要求にそぐわない。アードルフ・ヒトラーは、自分の伝記について拘束力をもって情報をあたえることのできるただひとりの人間であろうとした。このために彼は、一九二五年／

二六年に刊行された彼の著書『わが闘争』(*Mein Kampf*)を利用した。それは、なかば自伝で、なかば「世界観」、すなわち政治家アードルフ・ヒトラーが支持したイデオロギーの叙述だった。ヒトラーが、この本の自伝的な記述の部分で彼の人生について述べていることは、真実と生半可な事実と真っ赤なうその解きほぐしがたい混ざりものだった。

政治的な敵対者たちが、ヒトラーが成功した政治家になったとき、彼の素性をさぐったのは不思議でもなんでもない。というのもヒトラーがなにか隠していることはあまりにも明白だったからだ。一九三二年二月、ウィーンのジャーナリスト、ハンス・ベケシは、大見出しの新聞報道を発表した。「ヒトラーは、シュックルグルーバーという名前だ!」。ヒトラーは、自分の素性を隠していたとベケシはほのめかした。

庶出で生まれたヒトラーの父親は、事実、一八七六年、彼の名字「シックルグルーバー」を「ヒトラー」に変えさせていた。というのも実父だったらしい彼の直系の先祖は、アーロイスを自分の相続人に指定したいと思い、彼が自分の姓を名のることを要求した。

アードルフ・ヒトラーが、この名前の変更とその理由についてそもそもなにか知っていたかどうかは疑わしい。いずれにせよ彼は、その変更がなければおそらく「総統」にはなれなかっただろう。「ハイル・シックルグルーバー」では、あまり語感がよくなかっただろう。それに対して「ハイル・ヒトラー」は、容易に口から出てきた。

しかし、さらにセンセーショナルだったのは、ヒトラーの先祖はユダヤ人だったというベケシの主張だった。これは役所で証明されたとさえ言われた。この報道は、センセーションを捲きおこした。狂信的なユダヤ人嫌いのヒトラーが、ユダヤ人だったなんて! 敗戦後ヒトラーのかつての弁護士ハンス・

フランク博士も、ヒトラーの祖父はユダヤ人だったといううわさを広めた。フランクがこの話を作り上げたとき、彼の処刑は目のまえだった。ヒトラーの部下である彼は占領されたポーランドの総督であり、数十万人のポーランド人とユダヤ人を殺害させていた。ニュルンベルク裁判で彼は、この犯罪のために死刑を宣告された。フランクは、あいかわらず反ユダヤ主義者だった。彼は、ヒトラーの出自に「ユダヤ人」をもぐりこませた。ヒトラーに、ユダヤ人の先祖はいなかった。しかし、この伝説はヒトラー文献に入りこみ、長いあいだ居すわった。

人格形成と無能

人間の成長は、かなりの部分幼年時代の体験による。ヒトラーが、幸福な幼年時代を過ごしたとはほとんど想像できない。彼の両親のあいだには、二十歳以上の年齢差があった。アーロイス・ヒトラーは、彼の妻を未成年の子どものようにあつかった。心のなかではアードルフは、たしかに母親の味方だったが、しかし父親に逆らって母親の味方をすることはできなかった。ヒトラーが彼の人生でいずれかの人間をほんとうに愛したとすれば、それは彼の母親だった。彼女の肖像画は、帝国首相時代にもまだ彼のベッドの上にかかっていた。

たび重なる引っ越しは、アードルフ・ヒトラーの幼年時代に不安をもたらした。彼は、異母兄弟のアーロイスのように父親から逃げだすには幼なすぎた。アーロイスが出て行って、エトムントが亡くなったあと、父親の権威はもっぱらアードルフに向けられたが、彼は、反抗的で強情な態度をとった。だからこそ、ますます父親に殴られた。父親は、早くも反抗期をむかえた息子の反抗をくじこうとした。ヒトラーは、毎日殴られた。一度などアーロイス・ヒトラーは、息子を殴って気絶させた。しばしば、なすすべなく殴られる者は、深い屈辱と恨みと憎しみを内にいだく。

ヒトラーは、彼の姉妹に対し愛情に満ちた関係をつくることはできなかった。彼女たちは殴られなかったが、彼は殴られた。のちにアーロイス・ヒトラーは、彼女の息子を夫から守ろうとしたが、いずれにせようまくいかなかった。クララ・ヒトラーが死ぬと、彼女はアードルフを甘やかしたが、それは彼にとっては非常によくなかった。ヒトラーには、他人に尊敬と敬意をもって接し、深い関係をきずく能力が欠けていた。彼の未熟さは、思春期のあいだに深まった。

わたしが、すっかりだまされているのでなければ、彼はやさしすぎる彼の母親からより、父親からのほうがより多くの特性を受けついでいた。これも、彼が自分自身を尊敬できなかったことに一役買っているかもしれない。ヒトラーが、母親への愛情からみずからのなかの父親の遺伝を拒否したために、生活をともにする者たちを軽蔑したのは、わかりやすい道理である。

ヒトラーは、激しくひとを憎むことができた。愛することは、彼にはできなかった。彼は、大人になって身近に連れていた犬のほうが、人間より好きだった。同時に彼は、たえず愛情と帰属感をもとめた。彼は、ひとりでいることができず、それゆえ身近に一種の代理家族を必要とした。この代理家族に彼は、絶対の従属と服従を要求し、彼が生涯で得たわずかな「友人たち」からもそれを要求した。

ある伝記作家が、アードルフ・ヒトラーに下した適切な判断は、「好ましい人物ではない」というものである。ヒトラーが心に障害があったのは疑いようがない。彼は自分を、自分自身のみをすべての出来事の中心に置いた。残念ながら彼は政治生活のなかで、彼のこの途方もない自己中心性を強めてくれる無批判な賛美者たちに出会った。ヒトラーは、『わが闘争』を書いたとき、自分のみが世界の出来事を変える使命をさずかっていると大真面目で信じた。彼がそれ以降獲得したすべての成功は、ただ彼の初期にきざした誇大妄想を強めただけだった。

アードルフは、一八九五年五月に就学した。四年後に撮られたクラス写真は、この十歳の少年を写している。彼は高慢ちきにカメラを見つめ、腕を胸のまえで組んでいた。ヒトラーは、優秀な国民学校の生徒だった。彼の父親が彼と家族に強いた落ち着かない生活にもかかわらず、いくどかの転校にもかかわらず、不満を言う理由はなかった。

有名な修道院であるラムバッハのベネディクト大修道院で、ヒトラーは聖歌隊で歌を歌った。ミサの式典の深い意味がまったくわからず、神を信じていなかったにもかかわらず、しばらくのあいだ彼は聖職者になりたいと思った。彼は、教会のなかで見たものから学んだ。彼の党ののちの大衆集会には、清祓と光と暗闇があり、ドイツ国民の死と復活が説かれた。ヒトラーは、自分が無慈悲にユダヤ人を迫害したとすれば、それは、「主」の御名において行動しているからだと主張した。

レオンディングの国民学校の生徒だったとき、ヒトラーは同級生と遊ぶのが好きで、よくインディアンごっこや戦争ごっこをした。そしてその際彼は、いつもリーダーになろうとした。彼は、レオンディングの墓地に隣接した両親の地所で、空気銃でネズミを追いかけまわした。彼は、同時代のたいていの少年たちと同様、カール・マイの冒険小説やインディアン小説に夢中になった。

彼は、ドイツが勝った一八七〇年／七一年の普仏戦争についての画集によってはじめて政治に触れた。戦争の記述を読んだことが、ヒトラーのなかに深い痕跡を残したかどうかは、わたしたちにはわからない。しかし、彼がオーストリアの故郷よりドイツのほうがずっと好きだったことは人目を引く。それに対してヒトラーの父親は、官吏として自明のごとくオーストリアの皇帝フランツ・ヨーゼフ一世に忠誠を誓っていた。

一九〇〇年九月からヒトラーは、リンツの実科学校の生徒になった。彼の成績は、最初から期待を下まわった。彼はたしかに利口で、卓抜な記憶力をもっていたが、しかし同時になまけもので、あてにならなかった。すでに第五学年で彼は、不十分な成績のため落第した。学校の科目は、彼には興味がなかった。彼の教師たちを彼は大嫌いだった。大きな例外は、ペチュ博士の歴史の授業だった。彼は、ヒトラーと同級生たちをドイツの歴史についてのうっとりさせるような語り口で魅了した。

彼の当時の担任教師は当時をふりかえって、実科学校生ヒトラーについての示唆に富んだ人物像を描いた。ヒトラーは痩せていて青白く、「利かん気で、自分勝手で、ひとりよがりで、かんしゃくもちだった」。クラスのなかで彼は、「リーダーの役」を要求し、彼の教師たちの警告に反発と反感をもって応じた。

一九〇三年一月、アーロイス・ヒトラーは、パブで朝のワインを一杯飲んで倒れ、亡くなった。十三歳のアードルフは、父親の死に涙を流さなかった。父親の戒めと虐待をもはや恐れる必要がなかった。にもかかわらず、彼の学校での成績はさらに下がった。彼は、数学の追試験のあとやっとのことで次の学年に進級した。そのつぎの学年で教師たちは、彼をフランス語の追試験に合格させた。というのも彼の母親が、そのあとで学校をやめさせると約束したからだった。

クラーラ・ヒトラーは、彼女の息子を今度は八〇キロ離れたシュタイアーの実科学校に入れた。アードルフはそこである家庭に寄宿し、彼の母親が家賃と食事代を支払った。一九〇五年九月、ヒトラーは出来の悪い最終成績をのこして実科学校を卒業した。ある同級生によってこの時期に描かれた肖像のスケッチ画が残されている。ヒトラーは、このとき十六歳だった。

16歳の実家学校生ヒトラー、ある同級生による肖像スケッチ、1905年

ヒトラーは、画家になる望みをもっていた。というのも、彼はとてもうまくデッサンができたからだった。『わが闘争』で彼は、自分は卒業後の時期に本気でウィーン芸術アカデミーの入学試験の準備をしたとほのめかしている。実際には彼は、底なしのなまけものになった。彼は、ぶらぶら日をおくり、甘やかされた。彼の母親は、彼をひどく甘やかした。そうこうする間に彼、彼の母親、彼の妹パウラ、「ハーニ叔母さん」は、リンツの住居に住んだ。彼の義理の姉アンゲラは、すでに結婚して家を離れていた。

ヒトラーはのちに書いたように、リンツで彼の人生における「もっとも幸福な日々」を過ごした。それも不思議ではない。彼には、なにひとつ足りないものはなかったからだ。寡婦年金でゆたかな暮らしができたクラーラ・ヒトラーは、彼女の息子が数カ月間ピアノの授業を受けるためのグランドピアノまで購入した。そのあと彼は、もうピアノにも興味がなくなった。彼は夜遅くまで起きていて本を読み、スケッチをし、漠然とした大きな未来を夢想した。彼は長いこと眠り、午前中遅くになってようやく起きた。この習慣は、彼の一日の過ごし方を程度の差はあれ彼の人生の終わりまで規定した。

リンツのオペラ劇場へゆくことが、彼のもっとも大きな喜びとなった。そこでヒトラーは、一九〇五年以降、たびたびオペラを見物した。彼は、良家の若い紳士のような服装をし、薄い口ひげをはやし、オペラ見物では黒っぽい外套と黒っぽい帽子を身につけ、さらに象牙の握りのついた黒いステッキをもった。

オペラ劇場で彼は、偶然、彼よりいくぶん年上のリンツの職人の息子アウグスト・クビツェクと知り合いになり、彼と親交をむすんだ。クビツェクは、職業音楽家になろうと思っていた。ヒトラーは、あらゆる点でこの友人づきあいに積極的で、クビツェクは受動的だった。アウグストは、アードルフの際限ないひとりごとに喜んで耐えた。彼は、つねに彼の友人の言うことを正しいと認め、その白昼夢と将来の夢を分かちもった。

この夢は、いつしかリヒャルト・ヴァーグナーのなかにその模範を見いだした。一八八三年に亡くなったヴァーグナーは、ドイツ人の作曲家で、世紀転換期ごろ偉大なオペラの創造者として、さらにまた一種の天才かつ英雄として尊敬された。それはヒトラーの好みにかなった男だった。クビツェクは、のちに自分の友がヴァーグナーの音楽を宗教的な福音のように受けとって完全に心をうばわれていたと報告した。とくにオペラ『ローエングリーン』にヒトラーは魅了された。ナチス党ののちの帝国党大会は、ヴァーグナーのオペラに似ていた。

ヒトラーは、性的には未熟だった。彼がかつて女性と床をともにしたかどうかは、たしかではない。リンツでは彼は、遠くからシュテファニーという名前の若い女性に思いをよせた。彼は、しかし女性との出会いを避けた。女性に対するヒトラーの態度は、おどおどしていると同時に尊大で軽蔑的だった。女性は、彼にとってかわいく、愚かで、従順でなければならなかった。

のちの作家たちは、ヒトラーの奇妙に禁欲的な生活態度をひそかな同性愛と解釈した。彼は突撃隊の隊長エルンスト・レームのような同性愛の実践者と親しかった。ヒトラーは、同性愛の行為が当時罪になったにもかかわらず、彼らの同性愛の性向を受けいれた。とはいえ、ヒトラーが同性愛者だという証拠は存在しない。ヒトラーが男たちと関係をもっていたという第一次世界大戦のかつての戦友の主張は信用できない。というのも、この男は有罪判決を受けた詐欺師だったからだ。ヒトラーがその理念をウィーン時代に受けいれた極右主義者のなかには、「ゲルマン人の」指導者は性的に禁欲的でタバコとアルコールは捨てなければならないと書いた者もいた。事実ヒトラーはタバコを吸わず、酒も飲まなかった。尊敬されたヴァーグナーのオペラの英雄たち、ローエングリーンとパルジファルは、禁欲的な救済者である。もっともありそうなのは、ヒトラーが性的な行為にまったく関心がなく、彼が大衆を魔法にかけることができたときにのみ情欲を感じたということである。『わが闘争』で彼は、特徴的なことだがこの大衆を「女」になぞらえている。

転落

近代

ヒトラーは、オーストリアの首都ウィーンで政治的に形成された。彼の思考は、世紀転換期のそれだった。これは市民社会が、ヨーロッパのいたるところで深刻な危機におちいった時期だった。世紀転換期の十年まえから第一次世界大戦までつづく、世界的に巨大な経済成長がはじまっていた。たった一世代のうちにドイツは、農業を主体とした国家から近代的な産業国家に変わった。

自然科学と技術の進歩によって、電気機械産業と化学産業が生まれた。電灯が人びとの生活に入りこみ、最初は大都市で、また次第に郊外にも普及した。アメリカ合衆国では自動車が新しい時代の象徴となったが、ドイツではとりあえず自転車だった。医学もまた大きく進歩し、結核のような多くの病気がやがてその脅威をなくしていった。よりよい生活環境と病気による死亡率の減少によって人口は増大した。

とりわけ都市は、これによって巨大に成長した。都市は、田舎にいた多くの人びとを引きつける場所になった。というのも、ここには大きな工場と多くの職場があったからだ。大都市はまた、個々人にとってより大きく能力を伸ばす可能性を約束した。たとえばベルリンは、一八九〇年から一九一三年までの時期にその住民数を二〇〇万人へと倍増した。貧富の差は大きくなった。王侯のような生活をする少数の大工業の企業家にくらべて、大多数の市民階級の帰属者はほとんどお金がなく、膨大な数の貧民が都市にも地方にも存在した。大都市の周辺には本物のスラム街が生まれ、そのなかで人びとはごく狭い空間にひしめきあって暮らさなければならなかった。

また一方で、アメリカを模範にしたデパート、すなわち文字どおり消費の殿堂が、続々建てられた。映画館は大量の観客を呼びよせた。電動路面電車と地下鉄が運行をはじめた。多くの移住者にとって明るく照らされた多くの乗り物が行きかう都市は、感銘をあたえる経験であり、強烈な経験であることもしばしばだった。彼らは、まさに未来へ一気に放りこまれた感がした。

この社会変革のために従来の生活様式は、意味を失った。たしかに田舎では因襲的な秩序が一部まだ長くのこっていたが、しかし、宗教、性のモラル、家族内の役割分担は疑いの目で見られた。めまぐるしい大都市の生活スタイルは、多くの人びとに歓迎され、賞賛されたが、なかには拒絶する人びともいた。

市民階級も一枚岩ではなかった。一方では、近代社会へのすばやい参入は、誇らしげに指導層として自賛する獲得物だった。また一方では、変革の速さと結果への疑いも大きくなっていった。人びとは既存のものにしがみつこうとした。そのため十九世紀末の建築様式は大都市でも、また大都市ゆえに逆行した。

多くのドイツの知識人と芸術家は、産業、都市、大衆社会を批判した。というのも、それらは、いわゆるドイツ人の本性に反していたからだ。人びとは、「誇大広告」、売春、同性愛をきびしく批判した。それへの反対像は、世界を彼らの苦しみから救済すべき純粋な芸術家の抱く像だった。リヒャルト・ヴァーグナーへの崇拝は、ここに根拠をもった。それは、深い不安感のあらわれだった。

政治的な演説術の位置価値も変化した。以前には演説は、支配階層だけがいた議会にゆだねられていた。いまや政治家は、幅ひろい国民層に訴えかけ、それによって自分の選出のチャンスを高めた。近代のイデオロギーは、市民社会の危機のはじまりに過激な答えを提起した。このイデオロギーは世界を簡単な表現で解釈し、以前には宗教がはたしていた役割を引きうけた。

社会主義者たちは、既存の社会秩序を搾取者と被搾取者のあいだの階級闘争の結果と解釈した。カール・マルクスとフリードリヒ・エンゲルスを引きあいに出して彼らは、この階級闘争が、この世のあらゆる場所で革命と社会主義の勝利にいたるだろうことを信じた。

労働者の状況は、しかし十九世紀末には改善された。ドイツの社会民主党員は、徐々に改善することによって社会を変えるために国家と協力しようとする意向を強めていった。SPD（ドイツ社会民主党）は、国会選挙でますます大きな成功をおさめ、一九一二年にはおよそ三五パーセントを獲得して最大の政党になった。すべては、一八七一年に建国されたドイツ帝国が、よりよい、より自由な憲法をもつだろうことを指ししめしていた。

しかし、帝国政府とその政敵の圧力も増した。そのため世紀転換期以降、SPDの過激な左派が生まれた。この派は、労働者が社会主義革命のあと単独で支配すべきことを要求した。このマルクス主義のイデオロギーは、秘密警察が社会主義者たちを容赦なく迫害していたロシアでとくに積極的に受けいれられた。

ドイツとちがってロシアのツァーの帝国では、改革がなんらかの効果をもたらすかもしれないという期待をいだく土壌はほとんどなかった。ロシアの社会民主主義者は、ロシアが、経済的・政治的に後進国だったために、ドイツの同志よりも過激だった。SPDの目から見ると、ロシアは、専制と抑圧の極致だった。

ウラジーミル・イリイチ・ウリヤノフ、すなわちレーニンは、一九〇三年からロシアの社会民主主義者の左派の指導者だった。二年後、すなわち日本に対するツァー帝国の無残な敗北ののち、ロシアで革命が起きた。当時すでにレーニンは、「プロレタリア独裁」を要求していた。レーニンの「ボルシェヴィキ」は、一九一二年、ロシア社会民主党と袂をわかった。そこから第一次世界大戦末、ヨーロッパで最初の共産党が生まれた。

社会主義より大衆に影響をおよぼしたのは、民族主義だった。ドイツでは民族主義は、多くの個々の国家を一つの民主主義的な連邦国家に統合することをさまたげようとする王侯に敵対していた。一八四八年の革命は失敗した。ドイツ帝国は、プロイセンの首相オットー・フォン・ビスマルクが仕掛けた危険な戦争の結果だった。一八六六年、オーストリアは、将来のドイツの民族国家内での主導権をめぐって戦われた「普墺戦争（内戦）」に敗れた。一八七〇年、プロイセンと南ドイツの軍隊は、ビスマルクによって挑発された対フランス戦で勝利した。

一八七一年一月の帝国の建国後、民族主義は、国内で「帝国の敵」と誤解された人びと、まずとりわけ社会主義者とカトリック教徒にその矛先をむけた。民族主義者たちは、帝国は大昔に始まり長くつづいてきた歴史的発展の帰結であると主張した。こうしたメッセージにとくに敏感に反応した教養ある市民層のあいだでは、北方の伝説や中世についての物語がとくに好まれた。リヒャルト・ヴァーグナーがこうした題材をもちいて作曲し、音楽と舞台芸術を「総合芸術」に融合しようと試みたのは偶然ではない。

外部にむかっても帝国ドイツの民族主義は、より攻撃的になっていった。膨張してゆく極右陣営ではいまや、もはや「国民」を内部に向かって統合するばかりでなく、ドイツの国境の内外にいるこの「民族」のすべての帰属者を取りこむことも要求された。ドイツ語圏のオーストリア人も、このなかに数えられた。「民族」は、「人種的な」血統共同体として理解された。

この「国粋的な」メッセージは、同時にあらゆる近代の災厄の張本人として烙印を押されたユダヤ人もターゲットにした。少数派のユダヤ人は、とくに上昇志向が強く、当時のすぐれた教育制度が提供したチャンスを多数派のキリスト教徒よりはるかに多く利用した。銀行業、貿易、ジャーナリズム、自由業（医者、弁護士等）で、彼らは平均値をはるかに超えていた。近代への批判は、ユダヤ人のなかに好都合なスケープゴートを見いだした。反ユダヤ主義は大衆運動になった。

キリスト教徒によるユダヤ人敵意は、中世以来存在した。新しいのは、ユダヤ人は、ユダヤの宗教共同体に帰属しようがしまいが、変わることなく悪い特性をもつ「人種」だとする、過激な反ユダヤ主義者たちの主張だった。哲学者で大学教授のパウル・デ・ラガルデは、すでに一八八七年、ユダヤ人を根絶しなければならない「細菌」になぞらえた。少数派ユダヤ人のこの非人間化は、自然科学の発達と密接に結びついていた。

このつながりで、イギリス人の自然科学者チャールズ・ダーウィンの発見、種の発生は、環境への巧みな適応にもとづくという発見は、影響が大きかった。もっともうまく適応した種のみが生存競争を生きのびた。この学説は、十九世紀末から人間社会に応用された。しかし、もっともうまく適応した者が生きのびるというかわりに、いまやもっとも強い者が生きのびると説かれた。

残念ながら近代社会は、よりよい食事、健康への配慮、社会福祉によって、この生命の法則の失効を引きおこした、と新しい人種理論の信奉者たちは書いた。もっとも強い者ではなく、もっとも弱い者が生きのびると彼らは主張した。したがって国家は、「自然淘汰」が、ふたたびしかるべき権利を認められ、「劣等人種」が排除されるよう配慮しなければならない、さらにまた、「精神薄弱者」、「反社会分子」、その他の嫌われ者の除去によってのみ、もちろんまたユダヤ人の排除によってのみ「ゲルマン人種」が、そのよい特質を保持し、生存競争に勝ち抜くことができる、と彼らは主張した。

このような教説は、しばしばヨーロッパの東部や海外にドイツ人のための「生存圏」を獲得する要求と結びついた。ドイツ帝国宰相ビスマルクは、複雑な同盟体制によってフランスを孤立させると同時に、ドイツはさらなる領土の要求はしないと明言した。一八九〇年、ビスマルクは若い皇帝ヴィルヘルム二世によって解任された。この皇帝は、親政をおこないたいと思い、強大な力をもつ首相に口出しさせたくなかった。

ヴィルヘルム二世のもとでドイツ帝国は、世界列強の地位を要求した。ドイツ帝国は、アフリカとアジアにおける植民地を要求した。技術の進歩に鼓舞されて、いまや軍事的に高度な武装と高まる戦争の危機の時代がはじまった。最大の植民地保有国イギリスに打ち勝つために、大規模な艦隊が建造された。イギリスとフランスに対する緊張は高まった。第一次世界大戦前夜、フランス、イギリス、ロシアは、同盟を結んでいた。ドイツはオーストリアとイタリアとの同盟を保持した。

さきに述べた展開は、ドイツに限らなかった。多くのヨーロッパ諸国で過激な民族主義と人種的反ユダヤ主義は、ドイツより強くあらわれていた——たとえばオーストリアで。ウィーンは、ヨーロッパでもっとも急激に大きくなった都市だった。一八五〇年にはそこでの住民はまだ五〇万人だった。一九一〇年にはその数は四倍に増えていた。ウィーン人のふたりにひとりが移民だった。人口に占めるユダヤ人の割合も、あきらかに上昇した。一八五七年にユダヤ教を信仰する住民はおよそ三千人にすぎなかったが、一九一〇年にはおよそ一七万五〇〇〇人になり、そこの都市人口の九パーセント弱になった。

ユダヤ人は、一部は帝国内の諸地域（ハンガリー、ボヘミア、モラヴィア、ガリチア）から来たが、また一部は暴力行為、すなわちポグロムが一八八〇年代初頭以降ユダヤ人をくりかえし襲ったロシアからもやって来た。たいてい貧しかった東欧のユダヤ人は、その土地の住民に順応しなかった。彼らの祖先は、中世にドイツから移住してきていた。彼らは、エルサレムに向かう途次ドイツのユダヤ人信徒を襲ったキリスト教徒の十字軍従軍者のポグロムから逃れてきたのだ。多くの東欧のユダヤ人は、中高ドイツ語に由来するイディッシュ語を話し、黒っぽい上着と帽子を身につけ、少数派であるとはっきり見分けがついた。彼らは、その生活費を小売商人としてかせいだ。

オーストリアの労働者は、政治的な権利をもっていなかったので、彼らの利害を代表する社会民主主義が大きく伸長した。ドイツとちがって労働運動の大衆運動への発展は、少数民族問題と密接に結びついていた。というのもオーストリア＝ハンガリー帝国は、多民族国家だったからだ。すなわちその国境内に、さまざまな言語とさまざまな歴史的発展を持つ少数民族が住んでいた。ドナウ王国ではハンガリー語、ポーランド語、チェコ語、クロアチア語、スロヴァキア語、セルビア語、スロヴェニア語、ルーマニア語、ウクライナ語、イタリア語が話された。

アードルフ・ヒトラーが育った時期は、政情が不穏だった。王国は、崩壊の危機に瀕していた。というのも、異なった少数民族のだれもが、自分の民族国家を要求したからだった。帝国からの離脱をもとめたのはスラヴ人ばかりでなく、ドイツ系オーストリア人の一部もそうだった。彼らは、数で優勢なスラヴ人に長期にわたって支配されることを恐れた。

「全ドイツ連盟」と呼ばれたオーストリア民族主義派は、ドイツ系オーストリアのドイツ帝国への併合を要求した。このようにして、「大ドイツ」を建国するという一八四八年に逃したチャンスが、最終的にどうにかして実現されなければならなかった。全ドイツ連盟は社会民主主義者をマルクス主義者として非難し、この党はユダヤ人によって支配されていると主張した。彼らは、ビスマルクの熱烈な信奉者で、彼らの多くは、リヒャルト・ヴァーグナーの崇拝者でもあった。全ドイツ連盟は、ドイツの同志と同様「人種」と「血」を信じ、「ドイツ人の血をもつ」すべての人間は、ひとつの共通の国家でともに暮らさなければならないと主張した。併合によってのみオーストリアのドイツ人は、スラヴ人の洪水から救われることができる、と彼らは説いた。

オーストリアのドイツ民族主義は、第一に市民階級を支持した。ドイツ民族主義者が右に偏れば偏るほど、彼らは多数のいわゆる庶民の獲得をめざした。すなわち、職人、商工業者、商店主、飲食店主、小役人あるいはサラリーマンである。こうした人びとの多くは、近代的な世界によって不安定になり、彼らの経済生活の喪失やよそ者の移住に不安をいだいた。外国人への不安と外国人憎悪は、小さくなった世界の今日までつづく焦眉の問題である。

ウィーン

アードルフ・ヒトラーは、自由と成功を見こんでウィーンに引きよせられた数十万人の若い男のひとりだった。彼は、すなわち巨大な人口移動の動きをともなった近代の一部だった。じきに彼は、近代を憎みはじめた。というのもヒトラーは、高くかかげた自身の目標にとどかず、彼の個人的な無能の責任を負わせることのできるスケープゴートを探したからだった。

一九〇六年五月、ヒトラーの母親は、彼女の息子にはじめての二週間のウィーン滞在の資金をあたえた。ヒトラーの言うところによると、この十七歳の青年は芸術家の職業の準備をするため、大きな画廊をおとずれようと思った。実際には彼は、およそ二週間、おそらく彼を魅了すると同時に驚かしたであろうこの町をあてもなくぶらついただけだった。ホーフオペラハウスで、ヒトラーは作曲家グスタフ・マーラーの演出によるヴァーグナーの作品の上演を見て、それに魅了された。とくに感銘を受けたのはリングシュトラーセ（環状道路）で、これは十九世紀最後の三分の一の時期に中世の市の外壁にかわって建設された。市の中心部をとりまく壮麗な建物は、どれもうしろ向きの「歴史的な」様式で建てられた。世紀転換期以降、電動路面電車が運行され、リングシュトラーセは電灯に照らされた。リングは前近代的な衣装をまとった近代的な都市の発展だった。

一九〇七年夏、ヒトラーは、芸術アカデミーの入学試験を受けるためにふたたびウィーンにおもむいた。彼の母親は、その間に乳癌におかされていた。しかし、彼女は息子を行かせた。クラーラ・ヒトラーは、アードルフのあてのない怠惰よりも、芸術家になろうというまじめな試みに期待した。「ハーニ叔母さん」は、彼女の甥にかなりの額のお金を貸した、というより実際には、若い教師の一年分の収入に匹敵する祝儀だった。このような資金をもらって、ヒトラーは首都で生活費のためにはたらく必要もなく、贅沢ではないが十分な生活をおくることができた。

彼は、西駅近くにチェコ人の女性の家主から小さな部屋を借りた。それは、人口密度の高い移住者地区であるマリーアヒルフ区にあった。ヒトラーは、芸術アカデミーの入学試験にまだ合格していなかったにもかかわらず、この宿を借りた。彼は自分の成功を確信して、山ほどのデッサンをもって首都に来ていた。というのも、芸術アカデミーは、二段階の試験をおこなったからだ。志願者は、自分の才能を証明する作品を提出することによって、はじめて本番の受験をゆるされた。ヒトラーは受験をゆるされ、監視のもとに試作のデッサンを描くことをゆるされた。試験は、一九〇七年十月におこなわれた。志願者の三分の二が試験に落ちた。そのなかにアードルフ・ヒトラーもいた。

ヒトラーがこの試験に合格していたらどうなっただろうという問いについて、数々の小説が書かれた。それがどうであれ、ヒトラーは自分に自信があったため入学不許可を予期していなかった。彼は打ちのめされた。ヒトラーのやりそうなことだが、彼はアカデミーに落ちたことを母親にも友人のクビツェクにも黙っていた。

クラーラ・ヒトラーの病状は、その間に非常に悪くなっていたため、ヒトラーはそのすぐあと母親の世話をするためにリンツにもどった。かかりつけのユダヤ人医師ブロッホ博士は、彼に母親は癌に打ち勝つことはできないだろうと告げた。ヒトラーは、それから数週間愛情をこめて病人の面倒をみた。クラーラ・ヒトラーは、一九〇七年のクリスマス直前、四十七歳で亡くなり、レオンディングの夫のとなりに埋葬された。ブロッホ博士は、ヒトラーが母親の死に深い衝撃をうけたと証言している。『わが闘争』でヒトラーは、この喪失は彼にとって「途方もなく恐ろしいものだった」と書いた。このことを疑う根拠は存在しない。

ヒトラーは、なおしばらくリンツにとどまった。『わが闘争』で彼は、母親の死後すぐに建築家になるためにウィーンにもどったと主張した。自分は、高い医療費と埋葬費用のためにもはや一銭も資金がなかったので、パン代を「自分で稼ぐ」よう強いられた。実際にはヒトラーは、彼がここに書いているほど貧しくはなかった。ヒトラーと、いまや異母姉アンゲラと彼女の夫のところで暮らしていた妹パウラは、少しばかりの孤児年金をもらった。これに母親の遺産が加わり、それはパウラと彼のあいだで均等に分けられた。叔母から借りたお金も、まだいくらか残っていた。

こうしてヒトラーは、さらに一年ウィーンで生きのびることができた。彼は、父親の遺産を待っていたが、それは、しかし二十四歳の誕生日になってようやく支払われることがゆるされた。それまで彼は、オーストリアの法律によれば未成年と見なされ、妹パウラとともにレオンディングの市長の後見をうけた。ヒトラーをパン屋の見習いにしようと説得した市長の試みは、この若い男の抵抗で失敗した。一九〇八年二月、彼はウィーンにもどった。これが、長期にわたって彼の家族が彼の消息を知った最後になった。

そのすぐあとアウグスト・クビツェクが、首都に到着した。ヒトラーは、この友人の両親に、彼が音楽の勉強ができるよう説得していた。クビツェクは、ヒトラーの部屋に引っ越した。彼らは、家賃を折半した。ヒトラーとちがってクビツェクは入学試験に合格し、真剣に勉学をはじめた。彼はグランドピアノを借りたが、それは共同の部屋をほとんど全部ふさいだ。ヒトラーは、クビツェクに音楽、リングシュトラーセ、性欲と売春の危険、芸術と彼の遠大な計画について大演説をぶった。その際彼は、たえず狭い空間をあちこちせかせか歩いた。

機会があるごとにヒトラーとクビツェクは、ホーフオペラハウスの立ち見席に通ってヴァーグナーの上演を見た。ヒトラーは、ほとんど毎日そこへ行った。この情熱は、もっぱら彼のお金の蓄えが、あっという間に消えてゆくことにつながった。ヒトラーは、ヴァーグナーの作品を麻薬のように吸いこんだ。いちばんのお気に入りはオペラ『ローエングリーン』だった。ヒトラーは、「異常な状態」におちいり、「神秘的な夢の国」へ飛んでいった、とクビツェクは語った。

ヒトラーはいつも長く眠り、主として部屋で時間を過ごした。彼は、夜遅くまで本を読み、デッサンをした。クビツェクはヒトラーに、絵画の勉強にはこんなにたくさんの自由時間がゆるされるのかと尋ねると、ヒトラーは怒りを爆発させて、自分はアカデミーから追いだされたのだと主張した。これからどうするつもりだというクビツェクの質問には、ヒトラーは一言も答えることができなかった。空気はピリピリしていた。ヒトラーは、ちょっとしたきっかけでも怒りを爆発させ、神や世の中、芸術アカデミーや彼の出世をさまたげるすべての人間への際限のない憎悪の言葉をつのらせた。

じきに衝突がおこった。クビツェクが一九〇八年十一月に帰省からウィーンにもどると、ヒトラーは消えていた。彼の家主も彼がどこへ行ったか知らなかった。ヒトラーは、近くの新しい部屋に引っ越していたのだが、住所を置いていかなかった。この突然の失踪の理由は、容易に考えられる。ヒトラーは芸術アカデミーの二度目の試験に落ちて、クビツェクに自身の敗北を隠そうとしたのだ。

彼はデッサンに割いた数時間の時間をのぞけば、芸術アカデミーでの自分の成功の見込みを高めるためになにもしていなかった。今回、すなわち一九〇八年十月には、ヒトラーは、試験をうけることさえゆるされなかった。これによって絵の夢は完全に断ち切られた。彼のウィーン時代の教授のひとりは、最初の試験のときに、ヒトラーに建築設計家の才能があることに気づいていて、この受験者に試しに建築学を勉強するよう勧めていた。

工科大学で勉強するためには、ヒトラーはもう一度アビトゥーアをうけ直さなければならなかっただろうが、彼にはもはやその気はなかった。そして彼は、さらにもうひとつのチャンスをみすみすやりすごした。あるリンツの知り合いの女性が、彼に有名なウィーンの芸術家アルフレート・ロラーへの推薦状をもたせてくれた。この芸術家は、ウィーンのヴァーグナーの上演のために舞台美術を描いていた。おそらく舞台美術家としての教育をうけることができたであろうこの推薦状を、ヒトラーは、しかしつかわなかった。

一九〇八年秋、十九歳のヒトラーは自身の空想と夢想の失敗に直面していた。彼は学校時代以上に教授たちを軽蔑し、埋もれた芸術的天才としての自身のイメージをふくらませた。

ヒトラーは、ウィーン時代に、のちに彼の「世界観」を形成する多くのことを取りこんだ。彼は当時、「途方もなくたくさん」「徹底的に」本を読んだと主張している。『わが闘争』の著者はこう書いた。わずか数年のうちに「わたしは、こうして今日なお利用している知識の基礎をきずきあげた。この時期に、わたしの現在の行動の強固な基盤となった世界像と世界観が形成された」。

ヒトラーがなにを読んだかは、知られていない。どうやら彼は、建築学に詳細に立ち入ったらしい。さらに彼は、おそらく自分の知識を、とりわけ当時新聞売場で売られていた安い小冊子から得たようだ。そもそも「強固な基盤」の自慢話は、あまりまじめに受けとってはならない。徹底的な読書は、ヒトラーの性にあわなかった。「正しい読書の技術は、本質的なものを手元において、重要でないものは忘れること」だ、と彼は書いた。これはべつの言い方ができる。ヒトラーは、最後まで本を通読したのではなく、自分に都合のいいものだけを選びだしたのだ。彼は、無数の引き出しをもつすぐれた記憶力をもっていて、そこから望んだものをしかるべき機会に取りだすことができた。このようにして彼は、周囲の者たちにきわめて教養があるという印象をあたえた。

ほとんど必然的に、この失敗した小市民の息子アードルフ・ヒトラーは、極右のイデオロギーの環境に入りこんだ。彼は熱烈な全ドイツ連盟会員で、オーストリア国家を憎んでいた。というのもこの国家は、ドイツ系オーストリア人が、躍進しつつあるドイツ帝国に加わることをはばんでいたからだった。未熟であると同時に知的で、憎しみと同時に不安に満ちて、ヒトラーは極右で反ユダヤ主義的な福音を熱心に吸収した。

ヒトラーは、『わが闘争』でウィーンを「諸民族のバビロン」と表現している。「わたしにとっていまわしかったのは、王国の首都が露呈している諸民族の寄せ集めで、チェコ人、ポーランド人、ハンガリー人、ルテニア人、セルビア人、クロアチア人等のこの民族の混交のすべてがいまわしかった。こうしたすべてのあいだに、しかし人類の永遠のバクテリアとして——ユダヤ人、またユダヤ人がいた。わたしには、この巨大な都市は、血の恥辱の具現と思われる」。

こうした種類のユダヤ人敵意のスローガンは、ウィーン市長カール・ルエーガー博士の「キリスト教社会党」によって支持された。これは、政治的右翼の最初の大衆党だった。この党を選んだ有権者は小市民で、反ユダヤ主義はこの党の綱領の本質的な趣旨だった。同時にルエーガーは、数多くの改革によって世間の評判になった。たとえば水と電気の供給、近距離交通（彼は、電動路面電車を町に導入した）ならびに社会福祉制度によって。一九一〇年、この市長は亡くなった。「ウィーンの王」が墓所へはこばれてゆくとき、ヒトラーは、リングシュトラーセの沿道の大群衆のなかにいた。彼はルエーガーを賛

グイド・フォン・リスト：ルーネ文字の秘密、表紙、1914年

嘆した。ルエーガーから彼は、憎悪のスローガンと社会福祉的な恩恵を組みあわせることによっていかに大衆の支持者を獲得できるかを学んだ。

ときにヒトラーは帝国国会、すなわちオーストリア議会の混沌とした会議にも傍聴者として出席した。会議がうまく機能しない理由は、たとえば演説時間の制限をさだめない拙劣な議員規則にあった。さらに多民族国家のどの議員も、自国の言葉で演説することをゆるされたため、議員はおたがいの言葉を理解できなかった。帝国議会は、議会主義、民主主義、社会主義に対するヒトラーの軽蔑を強めた。

ウィーンのいたるところで売られていた政治的な雑誌や宣伝冊子のなかには、無数の極右的で人種主義的な本もあった。もしかするとヒトラーは、ランツ・フォン・リーベンフェルスと自称したなかば頭のおかしなかつての修道士イェルク・ランツのうさんくさい作品である『オスタラ』を読んだかもしれない。ランツにとって世界史は、金髪の超人と、金髪の女をかどわかし、人種の混交によって世界を奈落に突きおとす猿に似た下等人間の闘争によって規定されていた。

ランツは、彼と同じくらい頭のおかしいオーストリアの作家グイド・フォン・リストの信奉者だった。リストは、本来ヒンズー教の日輪の幸運のしるしであるハーケンクロイツを自身のゲルマン崇拝の認識徴標へともちあげた人物だった。ランツとのちのヒトラーはこの点で彼にならった。リストは、性の禁欲、自然に近い生活スタイル、「アーリア人」は、「アーリア人」とのみ結婚すべきことを意図した「優生学」を説いた。「アーリア人」は、そもそも大昔にインドと今日のイランに暮らしていた民族だった。ランツ、リストそしてのちのヒトラーのような人種主義者たちは、それに対して「アーリア人」は、北方から来た、彼らはゲルマン人の祖先だと主張した。リストは、完全な市民権をもつ純血種のゲルマン人だけが帰属することのゆるされる全ドイツ人の帝国を建国するよう要求した。彼らは、怠惰の権利をもっていて、一方、非アーリア人はアーリア人のためにはたらかなければならなかった。この帝国を実現することはリストの考えによれば、いつか「上空から」やって来るであろう強い指導者の使命だった。もしナチ国家の精神的な創始者を問えば、リストは、たしかにそのひとりである。

ヒトラーは、『わが闘争』のなかで、彼のユダヤ人憎悪が、実に具体的にウィーンでのある東欧のユダヤ人との出会いから生じたと主張した。しかし、これはおそらく彼の作り話のひとつだろう。はるかに信憑性があるのは、彼が、ウィーンの人種主義を吸収し、当時彼が買った反ユダヤ主義の小冊子のなかに彼自身の無能の好都合な説明を見いだしたということである。第一次世界大戦後になってようやく、ウィーンで学んだことが彼の人種的反ユダヤ主義の「世界観」となった。

男子独身寮

一九〇九年八月、ヒトラーのお金は底をついた。彼はべつの部屋へ引っ越したが、しかしおそらく家賃を支払うことができなかったと思われる。そのため四週間後にふたたび部屋を引き払わなければならなかった。秋から彼は野宿をし、事実上浮浪者になった。汚れて虱のたかったこの二十歳の男は、十二月にウィーン郊外のマイトリングの浮浪者収容施設にたどりついた。そこで彼は、体を洗い衣服を消毒し泊まることができた。昼のあいだは、ふたたび路上に出なければならなかった。ヒトラーは、この収容施設と近くの女子修道院で施しとして支給されるスープを飲んで生きのびた。これは彼のそれまでの人生のどん底だった。

じきに状況は、ふたたび好転した。彼はもう一度、おそらく彼がまだ大学で勉強していると思っていた「ハーニ叔母さん」から贈与金をもらった。このお金から彼は、とりわけ丈の長い冬用の外套を買った。しかし、彼の外見は奇妙だったにちがいない。ほんの少しまえには、身だしなみのよい服を着てオペラハウスに行き、裕福な学生のようにお金をつかったこの同じ若い男は、いまややぶれた靴、長い髪、あごひげによって人目を引いた。

じきにふたたび生活がもちなおしたのは、ヒトラーにとって小悪党のラインホルト・ハーニシュとの出会いのお蔭だった。この男は、ひとを引きつけるアイデアをもっていた。ハーニシュに自分は以前アカデミーの学生だったと自己紹介したヒトラーは、ハーニシュが売りたいと思うウィーンの街の絵を描くように言われた。分け前は折半する。ヒトラーは、必要な絵の道具を買った。一九一〇年、ハーニシュと彼はメルデマン通り二七番地の男子独身寮に引っ越した。市の中心から北にあるブリギッテナウのこの施設は、五年前に開所されたばかりで、ごくわずかなお金で浮浪者収容施設よりあきらかに多くの快適さを提供した。

ブリギッテナウには、当時平均以上に割合の多いユダヤ人住民がいた。男子独身寮の建設費用は、とりわけユダヤ人の寄進者によって工面されていた。ここで反ユダヤ主義者ヒトラーは、いまや昼のあいだは引き払わなければならなかったが、夕方にはまた入ることができる一種の部屋に入居した。この寮には、台所、書斎、新聞が閲覧できる読書室を併設した図書室があった。

ヒトラーは新聞を読み、いつもの興奮した調子で政治談議をし、たいていは絵葉書の見本にしたがってウィーンの街の小さな水彩画を描いて時間を過ごした。この絵は細部に忠実だったが、しかしほとんど芸術的な価値がなかったので、のちにヒトラーのオリジナルとのちがいが見分けられないほど大量に偽造することができた。

ハーニシュはヒトラーの作品を近隣の旅館や、自分の額縁をりっぱに見せるために安い絵をさがしていた額縁商に売りつけた。この商売はうまくいった。もっとも重要な買い手はユダヤ人商人で、ヒトラーは彼らと親しい付きあいを育んだとさえ言われている。彼らに対して彼は、もちろん自分のユダヤ人への敵意を隠していた。しかし、彼は、「赤」とチェコ人への憎悪は隠さなかった。

一九一一年にはヒトラーはいずれにせよ、異母姉アンゲラがパウラの教育のために要求した片親のいない子どもの年金を放棄できるほどの額をかせいだ。そうこうする間に、その支払いでハーニシュがヒトラーをだましたといわれるある絵をめぐって、商売の相棒のなかは決裂した。ヒトラーは彼の絵のべつの仲介者を見つけた。

ヒトラーは倹約して暮らし、服装をきちんとし、男子独身寮の他の住人と一線を画すことを重視した。彼は「ヒトラー氏」と呼ばれ、書斎の机に定席を要求し、その席のことでだれも彼とあらそってはならなかった。その一方で、彼は欲求不満を感じ、とかく怒りを爆発させた。不思議はない。絵葉書画家としてかろうじて食いつなぐという展望は、そうでなくてもすでに大きくひびのはいった自尊心を苛んだ。それは、ヒトラーが感じていた「偉大さ」への使命感に合致しなかった。もちろんヒトラーは、彼にとって男子独身寮でのきわめてつらい時代をのちに自分を語るすべての話で黙っていた。

『わが闘争』でヒトラーは、一九一二年ウィーンから旅立ったと主張した。実際には彼は、一九一三年五月二十四日にミュンヒェン行きの列車に乗った。その少しまえ父親の遺産が彼に支払われたため、旅立つことができた。ヒトラーは、ウィーンからの旅立ちの年を一年前倒ししたことによって、おそらくオーストリアの兵役を逃れたことを隠蔽しようとしたのだろう。彼は逃亡兵と見なされ、それには懲役刑が科された。

しばらくのちにオーストリア当局は、しかしヒトラーがどこに滞在しているかを知った。一九一四年一月、刑事警察は彼のミュンヒェンの部屋の戸口に立ち、彼を逮捕した。まもなく彼は、徴兵検査のためにリンツに出頭するよう命じられた。ヒトラーは、しかししばらくのちにふたたび拘留から釈放された。彼はリンツに手紙を書き、ウィーン時代のいわゆるみじめな境遇を述べて、その地で兵役に志願したと主張した。

リンツの当局は、思いがけず彼を寛大にあつかった。彼が、ドイツ＝オーストリア国境のザルツブルクに徴兵検査のために出頭しなければならなかったのは二月初頭になってからだった。ヒトラーは、「不適格」とされたが、これはきっと身体の具合の悪さのためでもあっただろう。彼は幸運だったが、これが最後というわけではなかった。そしてこれが最後というわけではないが、ひとはこう自問する。ヒトラーは、当時刑務所に入っていたならば、いつか「総統」になることができただろうか、と。

ミュンヒェン

ウィーンの男子独身寮の新しい知人ルードルフ・ホイスラーと連れだってヒトラーは、ミュンヒェンに旅立った。ふたりはミュンヒェン北方のある仕立て屋の家庭の一室に入居した。そこはにぎやかな区域シュヴァービングに隣接していた。むしろ粗末な居住環境は、ヒトラーがウィーン時代から知っている環境に合致していた。それ以外にも彼の生活スタイルは、ほとんど変わらなかった。彼は、絵葉書

アードルフ・ヒトラー画「ミュンヒェン・アルター・ホーフ」水彩画、1914年。1936年のタバコの絵のアルバムによるあとから彩色された版

の見本にしたがってミュンヒェンの有名な建物の水彩画を描き、それをシュヴァービングの飲食店やカフェで売りさばいた。彼は、夜遅くまで本を読んだが、それにいらだったルードルフ・ホイスラーは、一九一四年二月、ヒトラーの部屋のとなりに自分用の部屋を借りた。五月にホイスラーは、ついにヒトラーの人生から消えた。

ヒトラーは、美術館や画廊をおとずれ、十九世紀にできたケーニヒスプラッツの偽古典主義的な建築物に賛嘆し、バイエルン国立図書館で本を借りた。『わが闘争』で彼は、ミュンヒェン時代を「自分の人生でもっとも幸福でいちばん満足できた時代」だと称賛している。とはいえ同じことを彼は、リンツ時代についても主張した。

ウィーン時代と同様ヒトラーは、おそらく主に程度の低い新聞や小冊子を読んだことだろう。彼は、多くの時間をカフェや飲食店で過ごし、あきらかにウィーン時代よりもさらにいつでも政治について議論したがった。しかし、外交政策的になにがおこなわれているか、彼はほとんど知らなかった。第一次世界大戦の勃発は、完全に彼の意表をついた。

戦争

一九一四年六月二十八日、オーストリアの王位継承者フランツ・フェルディナント大公と彼の妃が、ボスニアの首都サラエボでセルビア人の民族主義者によって殺害された。ボスニアは、一九〇八年からオーストリア＝ハンガリー帝国に帰属していた。ボスニアのセルビア系少数派は、オーストリアによる占領に抵抗し、当時ロシアのツァー帝国の庇護下にあった隣国のセルビア王国に保護をもとめた。オーストリア政府は、必ずしも不当ではないが、王位継承者夫妻の暗殺はセルビアからあやつられていたと推測し、テロリストたちをかくまっているらしいこの国への軍事攻撃を検討した。

ドイツ帝国指導部はオーストリアの対セルビア戦が、ロシア介入の危険を引きおこすことを知っていた。ロシアはフランスとも同盟を結んでいたので、この両国に対する大戦争が迫ってきた。ドイツの軍事指導部は、すでにずっとまえからフランスとロシアによる「包囲」を喚起し、東と西の敵によるさし迫っているといわれた攻撃の機先を制するための予防攻撃を強く支持した。しかし、フランスもロシアも、戦争の危険に対する構えを大きくしていた。すべてのヨーロッパ諸国の外交は、はげしい民族主義の圧力のもとにあった。

しかし、戦争勃発への大きな共同責任がドイツを見舞う。というのも、皇帝ヴィルヘルム二世は、オーストリア皇帝に彼がたとえなにをしようと同盟の忠誠を約束していたからだった。オーストリアは、最終的に、短期間のうちに一連の重要な要求をはたすようにという条件をセルビアにつきつけた。セルビアがこの最後通牒に大幅にしたがったにもかかわらず、オーストリアはセルビアに宣戦布告した。ロシア皇帝ニコライ二世は、オーストリアへの宣戦布告で応じ、軍隊の動員を命じた。

東プロイセンへのロシアの進軍の機先を制するため、皇帝ヴィルヘルム二世は一九一四年八月一日、ロシアに宣戦布告した。二日後に、フランスへのドイツの宣戦布告がおこなわれた。

西部戦線でのヒトラー

ヒトラーは、『わが闘争』で一九一四年七月を「胸苦しさ」、「熱にうかされた情熱」、一気に片をつけることへのあこがれと描いている。戦争が二十世紀初頭の問題を解決するだろうと期待したのは、ヒトラーばかりではなかった。「わたし自身にとって当時の時間は、青春時代の腹立たしい感情からの救済のように思われた」、と彼は書いた。彼の感激にはあきらかな根拠があった。彼はいずれにせよすでに二十五歳になっていて、これまでの人生に徹底的に失敗し、いまだこれからどうすればよいかわからなかった。それゆえ彼は、戦争に彼の人生を修正する希望を託した。さらに政治的理由も加わった。ヒトラーは、オーストリアのために戦おうと思わず、だからこそますますドイツのために戦いたいと思った。

その間に帝国議会で最大の党になっていたSPDは、皇帝と政府に味方した。というのもドイツは、とくに労働者を敵視するツァー帝国であるロシアによって攻撃されたからだった。そのうえしばしば「祖国をもたない族《やから》」と罵倒されていた社会民主党員は、彼らが祖国を愛していることを証明しようと思った。ただ社会民主党員のなかの少数派は、きっぱりと戦争を拒絶し、民族主義に反対した。

労働運動もふくめてすべての党と階級の統一と誤解されたものは、のちに「八月体験」として美化され、ナチスの「民族共同体」＝プロパガンダにとっての結節点となった。帝国の大都市では、戦争に感激した大群衆が続々とあつまった。これらのデモのひとつは、八月二日にミュンヒェンのオデーオンスプラッツでおこなわれた。のちに、ミュンヒェンの写真家ハインリヒ・ホフマンがこの日に撮影した写真が出てきた。この写真には、群集のなかのヒトラーが写っていて、あとから白い円で強調された。ナチ信奉者のホフマンが、彼の「総統」の写真を印刷の版下のなかにはめこむことによって、この写真を捏造したということはあり得る。それがどうであれ、ヒトラーの戦争への感激は疑いようがない（次頁、画像参照）。

ヒトラーは、自発的にドイツ軍での兵役に志願した。あの八月の日々のあわただしさのなかで、ミュンヒェンの軍務局はヒトラーがオーストリア人で、そもそもドイツ陣営で戦うことをゆるされなかったということを見落とした。新兵ヒトラーは、一九一四年十月二十日まで軍事訓練を受け、第十六バイエルン予備役歩兵連隊（その司令官の名前から「リスト」連隊とも呼ばれた）の一員として西部戦線に進発した。この連隊は、たいてい年配の兵隊で構成され、訓練も拙劣で、装備はさらに悪かった。

ドイツの軍司令部は同時にふたつの戦線、すなわちフランスとロシアに対しておこなわれる戦争を是が非でも避けたいと思った。この理由から参謀総長アルフレート・フォン・シュリーフェンの計画にしたがって、ドイツ軍は、数週間以内でフランスを打ち負かし、それから鉄道で東部戦線に移動するよう取り決められた。フランスは、一八七〇年／七一年の敗戦後ドイツとの国境の防備を大規模に補強していたため、ドイツ軍は中立国のベルギーに進軍し、パリを占領し、ドイツ国境に配備されたフランス軍の背後をおそうよう命じられた。ベルギーの中立の侵害は、イギリスが数十年前にその庇護を保証して

ミュンヒェンのオデーオンスプラッツの戦争に感激した群衆、写真、1914年8月2日

いたにもかかわらず、我慢できるものと思われた。最初のドイツ軍兵士がベルギー国境を越えた直後、イギリスも、一九一四年八月二日、ドイツに宣戦布告した。イギリスは、ベルギーとフランスを助けるために、軍隊を大陸に派遣した。

時間の要因は、ドイツの戦争計画において決定的だった。フランスをすばやく打倒することができなければ、東西での長い戦争を覚悟しなければならなかった。ベルギーは、抵抗しないだろうと思われたが、しかし実際にはベルギー軍の兵士は執拗に抵抗した。一九一四年九月の第二週にフランス軍とイギリス軍は、ドイツ軍のパリへの進攻を止めた。進攻を阻止したとき、フランスの首都から二〇キロも離れていなかった。

敵の同盟軍は、塹壕と地下壕を建設した。このような防衛陣地の戦線は、北海の海岸からベルギーとフランスにまで伸びていた。新たにくりかえされる攻撃の波は、両陣営のどちらにも作戦地域の獲得をもたらさなかったが、こうした状況下でドイツ軍、フランス軍、イギリス軍は、それから数週間、数カ月間交互に突撃をくりかえした。

参戦したすべての強国は、一八七〇年／七一年の模範にしたがった戦争、すなわち野戦、勝利までの比較的小規模の損失を期待していた。これらの国は実際、なにが待ちうけているか予期していなかった。第一次世界大戦は歴史上最初の機械化された戦争だった。それは途方もない規模の大量の死をもたらした。機関銃は攻撃してくる数百人の兵士を一撃で撃ち殺すことができた。大砲はかなり遠方から致命傷をあたえる榴弾を発射した。兵士の大多数は、目に見える敵の武器によってではなく、大砲の砲火によって死んだ。西部の陣地戦は数百万の兵士の生命を奪うか、身体障害者に変えた。死者とちぎれた体は、埋葬することができなかったので、しばしば数週間両陣営のあいだに横たわった。腐敗の悪臭が、いつもただよっていた。

毒ガスも投入された。それは榴弾で発射されるか、特別な装置を使って敵の方向に向かって噴射された。この毒ガスはドイツの化学者たちの発明で、ドイツ軍は、それを一九一五年にはじめて投入した。しかし、じきにすべての交戦中の強国が、化学兵器を使用した。

最後の新しい兵種として最終的に一九一六年、「戦車（タンク）」が加わった。これは武装され、装甲された無限軌道車輌で、まずイギリスによって投入された。この戦車の初期型は敵の戦線を突破し、陣地戦をふたたび野戦に変えることに貢献するよう意図された。

そもそもまだ「騎士道にかなった」戦争が、話題にされうるとしたならば、それは空軍においてだった。戦闘機は、塹壕と戦場の上空で空中戦を展開した。パイロットのマンフレート・フォン・リヒトホーフェンは、きわめて人気のある戦争の英雄だった。リヒトホーフェンが、戦争末期ごろ空中戦で死亡すると、ヘルマン・ゲーリング少尉が彼にとって代わった。彼はのちにナチ国家の指導的政治家になった。

ヒトラーは、一九一四年十月二十三日、彼の連隊とともにフランス＝ベルギー国境のリールに入った。六日後に部隊は、ベルギーのイーペル近くで恐ろしい「砲火の洗礼」を浴び、ヒトラーは『わが闘争』でそれを劇的にこう描いた。「そしてそれからフランドルの湿った冷たい夜がやってきて、われわれは、そのなかを黙々と行軍してゆく。昼が霧から解きはなたれはじめると、とつぜん鉄の挨拶が頭上をわれわれめがけてひゅんひゅん飛び、鋭い金属音をたてて小さい弾をわれわれの隊列のなかに打ちこみ、湿った地面を駆りたてる。しかし、小さな煙がしだいに消えてゆくまえに、二百ののどから死の最初の使者に向かって最初の吶喊の叫びがとどろく」。

連隊の大多数はこの攻撃で戦死し、そのなかにはヒトラーの司令官もいた。三六〇〇人の兵士のうち、あとにはわずか六〇〇人ほどしか生きのこらなかった。「十七歳の少年たちは、いまや大人の男のように見えた」、とヒトラーは書いた。「リスト連隊の志願兵たちは、おそらく本格的に戦うことを学ばなかったのだろう。しかし、彼らは老兵と同じように死ぬことを知っていた」。

無傷で逃れたヒトラーは一等兵に昇進した。それ以上高い階級にはけっしてならなかった。しかし、彼も昇進することをまったく望んでいなかった。というのも前線の背後にある連隊の司令部に配属されたからだった。彼とさらに七人の戦友は、この「参謀部」から前線に報告と命令をつたえる伝令兵だった。戦闘が止んでいるときは、伝令は必要なかった。ヒトラーはデッサンをし、絵を描き、読書する時間を見いだした。

ヒトラー（右手後方）、イギリス犬「フォクスル」といっしょの北フランスのフルヌでの伝令兵として、1915年4月

ヒトラーは自分が伝令兵で、塹壕のなかの哀れな男たちよりはるかに恵まれた境遇にいたことは、『わが闘争』のなかで黙っていた。そのかわりそこにはこう書かれている。「こうして一年、また一年が過ぎていった。しかし、戦闘のロマンチシズムに恐怖がとって代わった。感激はしだいに冷め、熱狂的な歓声は、死の不安によって窒息させられた。だれもが、自己保存の本能と義務の勧告のあいだで葛藤しなければならない時期がきた。わたしも、この戦いをまぬがれなかった。すでに一九一五年から一六年にかけての冬、わたしにはこの戦いは決せられていた。意志が、とうとうすっかり支配した。若い戦争志願者は、古参兵士になっていた」。

ヒトラーは、卑怯者だったのだろうか。おそらくそうではないだろう。伝令兵たちも、かなりの危険にさらされていた。一九一四年十一月十五日に、彼らのうち三人が任務中に命をおとした。二日後、ヒトラーが営舎を出た直後に榴弾が連隊司令部に命中し、居合わせた兵士の大多数の命を奪った。十二月二日にヒトラーは、第二級鉄十字勲章をもらった。彼は、この日表彰された六〇名の兵士のなかで唯一の伝令兵だった。

当時大きな口髭をはやしていたヒトラーは、彼の上官たちのあいだで評判がよく、彼を尊敬していた戦友たちとも仲がよかった。しかし、「アディ」は、奇妙に一匹狼的な人間で、参謀本部でしばしば孤立した。彼の一番の友は、フォクスルという名の犬で、この犬はイギリス軍の陣地から彼のところに迷い込み、彼の命令にしたがった。彼の戦友たちの性的なあてこすりや一緒に売春宿へ行こうという誘いに対して、ヒトラーは、とりすましてつっけんどんな態度をとった。フランス女と寝るのは、ドイツ男の沽券にかかわると彼は言った。

ヒトラーは彼の連隊の甚大な被害にもかかわらず、ドイツが戦争に敗れるかもしれないということをまったくありえないと思った。この考えを彼はドイツ人の大多数と軍首脳部の大多数とともに分かちもった。大量にひとが死んだのは、それではまったく無駄だったというのだろうか。途方もない数の犠牲者は、和睦のチャンスを小さくした。というのも、もしそうなった場合、兵士はまったく無駄死にしたことがあきらかになっただろうからである。

ヒトラーは、一九一五年二月にミュンヒェンのある知人に送った手紙のなかで、ドイツの勝利の確信を意図的に弱めていると彼の考える人びとを攻撃した。彼は、ドイツの勝利のあと消えてなくなってほしい「外国種」について書いた。社会民主主義は粉砕されなければならない、オーストリアは最終的に消滅しなければならない。ヒトラーは、彼の戦友のひとりに、ユダヤ人は「あらゆる災いの黒幕」だと語った。すなわち彼は、ウィーンとミュンヒェンのときと同様極右陣営にいた。

一九一五年／一六年にヒトラーの連隊は、フロメル近郊でイギリス軍との激しい陣地戦に巻きこまれてしまった。そのあと連隊は、一〇〇万人以上の兵士の命が失われたソンム河畔の戦いに派遣された。ヒトラーは榴弾によって左大腿部を負傷し、ベルリン近郊のベーリッツの衛戍病院に入院し、そこで一九一六年十二月はじめまで治療をうけた。ひきつづいて彼は、ミュンヒェンの補充部隊におくられ、そこに一九一七年春まで滞在した。

一九一四年八月の戦争への感激は、この時期にはもはやまったく感じられなかった。イギリス海軍は北海を軍艦で封鎖したため、食糧品はほとんどドイツにとどかなかった。食事はとぼしくなり、これがドイツに広まった不満のもっとも重要な原因のひとつだった。それに対してヒトラーは、ドイツ人の戦争疲れをユダヤ人のせいにした。彼は、ユダヤ人は安全なところにいて法外な値段の密輸品でぼろ儲けし、故郷の人びとをたきつけて戦争に反対させていると主張した。このような偏見は、世間に広く流布していた。しかし、ユダヤ人は「卑怯だ」という非難がいかに不当なものであったかは、ヒトラーも知らないわけにはいかなかった。というのも、彼の連隊では多くのユダヤ人が戦い、戦死したからだった。

ヒトラーは、一九一七年三月連隊に復帰した。夏に彼の部隊は、イーペル近郊でイギリス軍と激しい防衛戦を戦った。連隊は多大な損害のため、八月初め英気を養うようエルザスに配転された。そこからヒトラーは、およそ二週間の帰省休暇をとり、その休暇をベルリンで過ごした。ある葉書きから、彼がこの町と美術館に感激したことが読みとれる。ヒトラーは、十月フランスのシャンパーニュで連隊に復帰し、連隊は一九一八年春、あらたに多大な損害をこうむった。

革命と東部の勝利

西部への出兵とちがってドイツ軍は、東部ではロシアに対して最初いくどか戦いに成功した。陸軍大将パウル・フォン・ヒンデンブルクと彼の参謀総長エーリヒ・ルーデンドルフ陸軍少将は、東プロイセンへのロシアの攻撃を撃退することに成功した。マズーレン湖沼地方での戦いの勝利は、一九一四年八月、最高指揮官としてのヒンデンブルクの名声を確固なものとし、その名声のおかげで彼はさらにヴァイマル共和国の帝国大統領になった。ルーデンドルフもまた、のちにヒトラーの出世において決定的な役割をはたした。

危機に瀕した同盟国のオーストリアに加勢したドイツ軍は、一九一五年九月、ポーランド全土とバルト三国を制圧した。しかし、イタリアが三国協商――イギリス、フランス、ロシアの同盟――の側について戦争に参入して、オーストリア軍を南にしばりつけると状況は危機的になった。一九一六年夏、ロシア軍はポーランド南部で反撃を開始し、成功した。オーストリア軍は、部分的に文字通り解体した。この状況下でヒンデンブルクとルーデンドルフは、ドイツ軍の最高司令部を掌握し、軍部独裁の実権を確立した。最高司令部の背後には極右の政治勢力がひかえていた。彼らは、すでに戦争開始時に東西ヨーロッパでの広大な領土拡大を要求していた。

一九一七年四月、アメリカ合衆国もドイツに宣戦布告した。その理由は、イギリスの海上封鎖を打ち破ぶり、イギリスを屈服させようとするドイツの無制限なUボート戦の再開だった。ドイツの潜水艦は今やたとえ敵国に属していようが、中立国に属していようが、北海のイギリス周辺を航行する商戦をすべて攻撃した。人間と物資におけるアメリカ軍の優位が、戦争を決するだろうことは予測可能なことだった。

SPDは、ますます左派の圧力にさらされた。この党は、一九一四年八月に戦争に賛成していた。しかし、その後SPDは左派の独立社会民主党（USPD）と多数派SPD（MSPD）に分裂した。MSPDの票によって帝国議会は、一九一七年七月、「力ずくで獲得された領土拡大」をもたない正当な講和を要求した。それに対して最高司令部は、ドイツ祖国党の創設を指示し、その助けによって帝国議会の平和の努力に反対し、本来の目標に賛成するプロパガンダをおこなった。ドイツ祖国党はドイツ史上最初の極右政党で、極端に反ユダヤ主義的で民主主義に敵対した。多くの点でこの党は、のちのヒトラーの国民社会主義ドイツ労働者党（NSDAP）の手本となった。

ドイツの指導部がおどろいたことにロシアは、一九一七年十一月戦争から離脱した。大多数農民だったロシアの兵士は疲弊し、戦争に疲れていた。二月に皇帝ニコライ二世が、革命によって退陣させられたが、新たな暫定政府は戦争を継続した。それに対してレーニンのボルシェヴィキは、戦争の即時終結と農民のための包括的な農地改革を要求した。ルーデンドルフは、レーニンがこの要求を実現できるように、彼をスイスの亡命地からサンクト・ペテルブルクにひそかに連れだした。というのもこの要求はドイツの利害に一致していたからだ。十一月七日にボルシェヴィキは暫定政府を打ち倒し、ロシアの首都を掌握した。

レーニンは、ロシアの巨大な帝国内で共産党員の支配が、長い内戦によってのみ貫徹されうることを知っていた。それゆえ彼にとって対外戦争を終わらせることが急務だった。すぐに新しい政府は、諸国民の自決権にもとづいて、すべての交戦中の強国に併合と軍税、すなわち領土拡大と賠償支払いのない講和の申し出をおこなった。

一九一八年一月、アメリカ合衆国大統領ウッドロウ・ウィルソンは、自由主義的な秩序を世界中に広めることに役立つべき平和の条件を発表した。ウィルソンの「一四カ条」は、ドイツの権威主義的な政治体制とロシアのボルシェヴィズムに等しく向けられていた。このアメリカ大統領はまた、併合と軍税のない平和と諸国民の自決権を擁護し、さらにまた自由な世界貿易と将来あらそいを平和裏に調停すべきすべての国民の結束を支持した。ドイツは西部と東部の征服した領土を返還しなければならないだろう、しかし敗北したと見なされることなく、戦争から手を引くことができるだろう、と大統領は言った。ウィルソンは、この平和の条件によって間接的に、当然最高指導部には気に入らないことをドイツの帝国議会多数派に訴えた。というのも最高指導部はその独裁を継続しようとし、領土拡大を断念することなど考えていなかったからである。

一九一八年一月、およそ一〇〇万人が、弾薬製造にたずさわる労働者のストに参加した。彼らは、よりよい労働条件、戦争の即時終結、民主的な憲法を要求した。ストライキは、SPDの左派によって組織されていたが、彼らの自信は、一九一七年のロシアの十月革命によって高まっていた。ストライキは、多数派社会民主党員の党指導部をおどろかせた。数カ月後にドイツではじまることになる十一月革命の対立路線は、すでにはっきりとあらわれた。

一九一八年三月初頭、ロシア政府はやむなくドイツの要求にしたがった。ブレスト＝リトフスク講和条約は取りきめられたのではなく、無理やり押しつけられたものだった。ロシアの西部国境に沿って、ドイツの傀儡国家（フィンランド、バルト三国、ポーランド、ウクライナの大部分）が成立した。ロシアは国土の三分の一、産業の半分、石油の産出の九〇パーセントを失った。そしてこれだけでは足りなかった。八月までドイツ軍部隊は、南ロシアの広範囲な地域とカフカズ山脈の前方地帯を占領した。このようにして、さらなるソヴィエト・ロシアの支払いと領土割譲が脅しとられた。

占領地域では軍政が敷かれ、ヨーロッパ大陸での、すなわちバルト海沿岸地域と南ロシア地域での一種のドイツの植民地帝国への最初の歩みが始まった。ドイツ軍兵士は、たとえば一九一四年晩夏には、一世代のちにヒトラーの国防軍がソ連で到達することになる戦線に立っていた。第一次世界大戦の東部出兵の記憶は、この時点ではまだあざやかだった。

敗北と十一月革命

ブレスト＝リトフスク平和条約は、ドイツが、「一四カ条」にもとづいて西側列強との寛大な和睦にいたるチャンスをかなりせばめた。一九一八年三月、最高司令部は、アメリカ軍がヨーロッパの戦場に到着する前に、西部での戦争の風向きを変えようと最後の試みをおこなった。東部戦線でもはや必要のなくなったドイツ軍兵士は、西部戦線に転属された。

ドイツ軍は、一九一八年春からそこでかなりの作戦地域を獲得し、初夏にはドイツ軍の進軍が一九一四年秋に停滞したところまですすんだ。軍の指導部が、西部で不足していた軍隊を同時にロシアに投入しなければ、おそらく突破は実際成功したことだろう。

最後のドイツ軍の攻勢でアードルフ・ヒトラーは、一九一八年七月二度目の鉄十字勲章、今度は第一級の勲章をもらった。この栄誉は、一等兵にはめったにあたえられなかった。というのも、「第一級」は最高のドイツの戦争褒賞だったからだ。ヒトラーが推薦されたのは、よりにもよってあるユダヤ人将校によってだった。のちにナチスの教科書のなかでヒトラーが、ひとりで一五人のフランス兵を捕虜にしたという作り話が語られた。実際には、彼が二度目の勲章をもらったのは、敵の銃撃のなかを重要な報告を前線まで運んだからだった。

八月から敵側の軍隊、すなわち連合軍は、ふたたび攻勢に出た。イギリス軍の戦車とアメリカ軍部隊の優位に対して、疲弊したドイツ軍はもはや抵抗できなかった。九月末連合軍は、ドイツ軍を大きく撃退した。ドイツ軍兵士は打ちのめされていた。

ヒトラーの連隊は、一九一八年九月にカンブレー近郊に配備され、その後ふたたびフランドルのイーペル南方に動員された。十月十三日から十四日にかけての夜、ヒトラーと彼の幾人かの隊員仲間は、イーペルとリールのあいだでイギリス軍のマスタードガスの攻撃で重傷を負った。マスタードガスは、失明におよぶ激しい目の炎症を引きおこすが、ヒトラーは視力を失うことはまぬがれた。彼は、一九一八年十月二十一日ポンメルンのパーゼヴァルクの衛戍病院に移された。

戦争に敗れたにもかかわらず、ドイツ市民は一九一八年秋になってもまだ最終勝利を信じていた。ロシアを広大に征服したのではなかったか。ベルギーとフランスでかがやかしい軍事的成功をおさめたのではなかったか。最高司令部はドイツ人に実際の戦況を黙っていることによって、この幻想を強固なものにした。真実が八月末帝国議会で漏れでたとき、党の指導的政治家たちは、例外なく深いショックをうけた。労働者と兵士は、むしろ幻想をいだいていなかった。ヒトラーとちがって彼らの大多数は、すでに一九一八年初頭以来もはや勝利を信じていなかった。

一九一八年九月二十九日、ヒンデンブルクとルーデンドルフは、決定的な敗北をもはや回避できないため、帝国政府に即時の停戦を要請した。彼らは、この停戦の基礎をウィルソンの「十四カ条」にしようとした。ヒンデンブルクとルーデンドルフは、左翼が兵士たちの士気を弱めたからとして敗北の責任を彼らになすりつけた。このようにして、予期されたドイツ人の怒りを、軍指導部から議会制が際立った民主主義にそらそうとした。これは、民主主義的な再出発に最初から重くのしかかり、ヴァイマル共和国の政治風土を大きくそこねた「匕首伝説」のはじまりだった。

その一方、極左が敗北をロシアと同様革命の試みに利用するだろうことも予測できた。これを阻止し左翼を牽制するために、市民諸政党もまた、帝国議会で多数派社会民主党員に政権に加わるようせまった。そうすることで彼らは、議会制民主主義に向いた民主的な改革ができることを期待した。議会制民主主義は、彼らにとって、「一四カ条」にもとづいてすばやく講和条約を締結させる前提条件と見なされた。

一九一八年十月初頭から社会民主党員は、はじめて帝国政府の一員となり、政府はいまや正式にウィルソン大統領に停戦協議をもとめた。しかし、ウィルソンはまず軍隊が無力化され、ドイツが民主化されてはじめてこうした協議をする用意があることをはっきりとしめした。軍部独裁は、その権力を失う危機に瀕した。最高司令部は、それゆえ平和条約の協議に反対し、軍事闘争を再開すると脅した。

十月二十四日以降、事件がつぎからつぎへと起きた。新しい政府は、皇帝ヴィルヘルム二世にルーデンドルフを罷免させた。しかし、皇帝自身は退位する気はなかった。十一月三日に、ドイツの遠洋航海船団の水兵たちが反乱を起こした。彼らはもはや意味もなく戦いを続けたくないと思い、上陸して労兵評議会をつくった。革命の火は、あっというまにドイツ全土に広まった。

バイエルンからはじまって個々の国の君主は、無抵抗に譲歩した。皇帝ヴィルヘルム二世は、しかし依然として退位することを拒んでいた。しかし、十一月九日、帝国宰相プリンツ・マックス・フォン・バーデンは独断で皇帝の退位を宣言し、自身の職をSPD党首フリードリヒ・エーベルトにゆだねた。ヴィルヘルム二世は、オランダに亡命した。エーベルトは、暫定政府、すなわち人民代表委員会を組織した。彼の党友フィリップ・シャイデマンは、共和国を宣言した。

シャイデマンは、かつてのSPD左派のカール・リープクネヒトが、午後に同じことを企てていることを知っていて、彼に先んじようと思った。一九一四年に数少ない社会民主党の戦争反対者のひとりだったリープクネヒトは、その間にドイツ共産党（KPD）の前身である「スパルタクス団」を設立していた。彼は、同じく十一月九日に「社会主義共和国」を宣言し、大衆にボルシェヴィズムを範とした革命を呼びかけた。ロシア語で「労兵評議会《ソビエト》」と呼ばれた労兵評議会に、指導的役割を握らせようとした。それに対してフリードリヒ・エーベルトは、自由主義的な憲法にもとづいて議会制民主主義を創設しようとした。

二日後、ドイツの全権代表団は、キリスト教政治家マティアス・エルツベルガーに率いられて、パリ近郊のコンピエーニュで停戦協定に署名した。これによって世界大戦は終わった。

政治

トラウマ

第一次世界大戦後の再出発は、考えうるかぎり悪い星を背負っていた。すでに見たように、ドイツの市民社会の危機は、第一次世界大戦とともにではなく、世紀転換期とともにはじまった。ドイツ人は、本来ならあのように突如生まれた近代社会に順応するのに多大な時間を要しただろう。しかし、彼らにはその時間はなかった。まず世界大戦がその間に起き、それから二〇年代初頭に暴力と政情不安の波が押しよせ、それにつづいて劇的なインフレーション、そして短期間の比較的安定した年月のあと、一〇年間の終わりに世界恐慌が起きた。

政治的敵対者間の暴力は、ドイツでは一九一四年以前にほとんどなかった。しかし、一九一八年以後、政治風土が暴力的な負荷をおびたことの根底には、まず人命がまだほとんど重きを置かれなかった第一次世界大戦の経験があった。さらなる根拠は、戦勝国によるとどこおりがちのドイツ人の武装解除だった。いたるところに程度の差はあれ秘密の兵器庫があり、そこから極右も極左も武器を調達した。

彼らは、内戦の準備をした。

まず、一九一九年夏までの出来事を見てみよう。というのも、これらの出来事はヒトラーの台頭の本質的な前提だったからである。ロシアの十月革命は、ドイツの十一月革命の背景だった。ロシアでは、一九一八年春からレーニンのボルシェヴィキとその敵対者たちのあいだで血なまぐさい内戦がつづいた。ロシアの共産党員は、赤軍と秘密警察を使って独裁的に統治した。この秘密警察は恐怖政治を敷いた。数百万人の人間が、内戦で命を落としたが、大多数は飢えによってだった。

同時に、かつてのツァー帝国の西側周辺国をめぐっても戦争が起こった。たとえばポーランドとである。この国は十八世紀にロシア、オーストリア、プロイセンのあいだで分割されていたが、第一次世界大戦後に新たに建国された。赤軍とポーランド軍のあいだの激しい抗争のあと、ポーランドはその東の国境をかつてロシア領だった地域まで広範囲に広げた。バルト三国でもまた、戦争と内戦が起きた。

ドイツの兵士と期限付き志願兵、いわゆる義勇軍は、この抗争に巻きこまれていた。義勇軍は、軍隊を解雇されることを望まず、ドイツの敗北のために復讐をしようとしていた前線兵士から成りたっていた。しかしまた、第一次世界大戦で兵役につくには若すぎた急進的な民族主義の学生たちも、ここに参集した。

赤軍とバルト三国との戦いと似たような戦いが、オーバーシュレージエンでポーランド人の反乱者とドイツ人の義勇軍のあいだで起こった。義勇軍はドイツに帰還したとき、スラヴ人、ボルシェヴィキ、ユダヤ人に対する深い憎悪を一緒にもちかえった。ソ連の共産党員とその秘密警察の指導的な男たちは、ユダヤ人だと彼らは主張した。「ユダヤ＝ボルシェヴィズム」という仮想敵は、ここにその淵源をもつ。エストニアのレーファル（タリン）出身のナチス党の代表的な理論家アルフレート・ローゼンベルクは、『ロシアのペスト！　ボルシェヴィズム、その頭目、手先と犠牲者』のような文書によってヒトラーの反ユダヤ主義に決定的な影響をあたえた。

義勇軍は、粗暴な男らしさを本気で崇拝した。彼らは、「俗物的な」市民社会には軽蔑しかいだかなかった。すぐに義勇軍は、極右の陣営に立った。彼らは、事実上内戦の軍隊であり、共産党員をきわめて残酷なやり方で殺した。

共産党員と社会民主党員も、ロシアの情勢を注視していた。KPDにとって十月革命は、彼らが見習う模範だった。しかし、多数派社会民主党員は、まったくちがった考えをもっていた。ロシアのような状況は、ほとんどどうしても避けなければならなかった。そうすることによってのみ、ドイツの政治的・経済的回復は可能であるように思われた。フリードリヒ・エーベルトと彼の党員たちにとって、議会制民主主義に代わる他の選択肢はなかった。

ブルジョア陣営と保守的な指導層においても、ソヴィエト・ロシアは、特にロシアの内戦について恐怖の報道がドイツに流れこんできたために、恐るべき存在だった。共産党員から身を守るために、政治的に右に立つ人びとでさえ、社会民主党員の支配をより小さな災難として甘受した。

翌月、エーベルトは、革命の終結と帝国に新しい憲法を定めるべき国民議会の形成のために労兵評議会の全国大会を味方につけた。しかし、政治的左派は、帝国社会の支持基盤、すなわち官僚機構、軍隊、貴族による大土地所有者がひき続き先頭に立ったため、不満がくすぶった。一九一九年一月十日と決められた憲法制定国民議会の選挙に先んじるため、共産党員は反乱の試みをくわだてが、これは社会民主党員の賛同のもとに軍隊と義勇軍によって残虐に制圧された。それ以降共産党員と社会民主党員は、和解しがたく対立した。

義勇軍の隊員は、スパルタクス団／ＫＰＤの指導者たちカール・リープクネヒトとローザ・ルクセンブルクを殺害した。ルクセンブルクは、女性でポーランド系ユダヤ人ということで極右主義者の仮想敵にぴったりだった。

ベルリンの政情不安のために、国民議会はヴァイマルでおこなわれた。多数派社会民主党員と独立社会民主党員は、たしかに多数派だった。しかし、重要な問題に関してはカトリックの中央党と左翼自由主義のドイツ民主党と協力しなければならなかった。これらの党は、憲法に忠実な「ヴァイマル連合」を形成し、それに対しＫＰＤ、ドイツ国家人民党（ＤＮＶＰ）、一時的にドイツ人民党（ＤＶＰ）が憲法に敵対する目的を追求した。国民議会は、フリードリヒ・エーベルトを初代帝国大統領に、フィリップ・シャイデマンを初代帝国首相に選んだ。

ヴァイマル憲法は、一九一九年七月に可決された。共和国は、今日のドイツ連邦共和国と同様、今日の連邦参議院にあたる帝国参議院に代表を送る州議会をもつ連邦国家だった。プロイセンは、そこですでにその大きさから重要な役割をはたした。憲法は、それ以後も帝国議会と呼ばれた議会に大幅な権利を認めた。女性は、国民議会選挙以降選挙権と被選挙権をもった。比例代表選挙権にしたがって選挙がおこなわれた。党は、選挙リストを提出し、その得票率にしたがって議員を帝国議会に送りこんだ。今日の連邦共和国と違い、五パーセント条項はなかった。

議会に対抗するバランスとして働くよう定められたのが、議会の多数決にしたがって帝国首相を任命し、罷免する帝国大統領だった。帝国大統領は、七年の任期で国民に直接選ばれた。彼は、定められた前提のもとで帝国議会を解散し、再選挙を命じることができた。また一方で帝国大統領は、緊急権（第四八条）をもっていた。国内の政情不安に際して、彼は、市民の基本権（言論の自由、報道の自由、集会の自由等）を一時的に失効することができた。彼はまた、共和国の一州が、憲法にしたがった秩序を侵害した場合、軍隊を派遣することが許された。しかし、帝国大統領は、緊急命令に対する議会多数派の同意をあとからとりつける義務をもっていた。

そうしたなか戦勝国は、ドイツ、オーストリア、ハンガリーとの講和条約について協議した。これは、最終的にドイツと一九一九年六月にフランスのヴェルサイユで調印された。東部中央ヨーロッパにこれまでの多民族王国に代わって多くの新しい民族国家が生まれた。それは、フィンランド、エストニア、ラトヴィア、リトアニア、ポーランド、チェコスロヴァキア、ユーゴスラヴィア、ハンガリーだった。しかし、ハンガリーは、かなりの領土をルーマニア王国に割譲しなければならなかった。

ウィルソン大統領の「一四カ条」の核心である国際連盟は、スイスのジュネーブで創設されたが、しかしアメリカ議会が加盟への同意を拒否したため、それは張子の虎にすぎなかった。アメリカ合衆国は、国際連盟の一員にはけっしてならなかった。

ドイツの将来について、戦勝国の意見は一致しなかった。フランスは、数十年もたたないで一九一四年に二度目のドイツの攻撃を受けたため、そういうことが繰り返されないよう配慮しようと思った。この国は、自国領土の戦争被害の賠償と、ドイツとのより大きな緩衝地帯を維持するためのライン川左岸の地域の併合を要求した。

イギリスは、フランスの要求に沿おうとしたが、しかし同時にフランスが、ヨーロッパ大陸で新たな強国にならないよう配慮しようとも思った。そのためドイツ帝国は、エルザス＝ロートリンゲンとオイペン＝マルメディを割譲しなければならなかった。しかし、ザールランドは、国際連盟の監視のもとにフランスの管轄下に置かれた。この地域の最終的な帰属のための住民投票は、一九三五年に予定された。

イギリス軍、フランス軍、ベルギー軍そして最初はアメリカ軍も、ライン川左岸の地域を占領したが、永久にではなく期限を区切っていた。ライン川の右側には非武装地帯がつくられ、そこにはドイツの軍隊も戦勝国の軍隊も駐留してはならなかった。東部でもドイツ帝国は、ポーランド人口の比率の高い地域をポーランドに割譲しなければならなかった。大部分ドイツ人の住んでいる港町ダンツィヒと、東プロイセンとリトアニアのあいだにあるメーメル地方は、国際連盟の管轄下にはいった。ダンツィヒ周辺の地域は、ポーランドの「回廊」としてそれ以後帝国領土を東プロイセンからへだてた。

ドイツは、大幅に武装解除させられた。空軍、Uボート、遠洋航海船団を戦勝国に引きわたさなければならず、今後は十万人の兵士の職業軍隊を兵力とすることしかゆるされなかった。

この国はまた、最初は数字を明示されなかった、相当額の賠償金の支払い義務を負わされた。それは、戦争の結果を清算するための賠償給付と考えられている。フランスとイギリスは、戦争中アメリカ合衆国に対して多額の負債を負い、この負債をできるだけ早く償還したいと思った。賠償金の基礎は、ドイツにのみ第一次世界大戦の責任を押しつけた講和条約の一条項だった（第二三一条）。

ドイツ人の認識に反して講和条約は、ドイツからその存続の可能性を奪わなかった。ドイツはふたたび大国へと向かうかもしれなかったが、それを戦勝国もまた将来覚悟していた。しかし、講和条約の条件が一九一九年五月に知れると、すべての政治的陣営から怒りの叫びがあがった。かつての敵国、すなわち連合国は、ドイツを「破壊する」か「隷属化」しようとしていると叫ばれた。

これらすべては、敗北を冷静に直視することに対する拒絶のあらわれだった。多くのドイツ人は匕首伝説、すなわち勝利していた軍は、左翼の人びとによって崩壊させられたというううわさを信じた。戦争

「ドイツの切断」、1919年の地図

責任条項第二三一条は、一九一四年夏のドイツの責任問題と真剣に対決するかわりに、激しい怒りをもって拒絶された。

とくに、連合国が講和条約を拒否した場合、ドイツ全土を占領すると脅したため、この条約を受諾する以外の可能性はなかった。しかし、ヴァイマル共和国のすべての政府にとって、ヴェルサイユ条約の撤回は外交の議事日程にのっていた。女子生徒と男子生徒にこの目標設定を支持させるために、ヴァイマル共和国の学校の教科書で、「ドイツの切断」が公然と非難された。

ヴェルサイユ条約は、すでに内外の敵がドイツを破壊しようとしているといつも主張していた極右主義者に好都合だった。彼らは、一九一九年六月以降、政府と条約の署名に賛成していたすべての人びとに対してアジ宣伝活動をおこなった。停戦に署名したマティアス・エルツベルガーは、こうした賛成した人びとのひとりだった。社会の中枢にいたるまで、恥辱、怒り、復讐欲の感情が渦まいた。

覚醒体験

ヒトラーは、一九一八年十月の出来事についてなにも耳にしていなかった。彼は、パーゼヴァルクの衛戍病院に入院していた。彼にとって、革命と敗北によって世界は崩壊した。『わが闘争』のなかで彼は、皇帝の退位の知らせがとどいたとき、彼の目の状態はいくぶんよくなっていたと書いている。しかし、それから自分は、もういちど失明した。「十一月十日、牧師が衛戍病院にやってきて、すこし話をした。そこでわれわれは、すべてを知った」ヒトラーは、のちにこう続ける。「目のまえがふたたび暗くなると、わたしは共同寝室に手探りでよろめきながらもどり、寝床に身を投げだし、燃えるような頭を布団と枕にうずめた。母の墓前に立ったあの日から、わたしはもはや泣かなかった。しかしいまは、ほかにどうすることもできなかった。いまやわたしには、はじめて祖国の不運に接してすべての個人的な苦しみがいかに消えてなくなるかがわかった。そう、すべてが無駄だったのだ」。ユダヤ人と「マルクス主義者」が、戦線を裏切ったのだ。

このドイツの敗北がヒトラーにとって深く動揺させる体験、トラウマだったことは疑いようがない。この戦争に彼は、全身全霊をささげていた。戦争は彼に人生ではじめて帰属意識とひとつの使命をあたえていた。それだけにますます敗北のショックは深かった。ヒトラーは、ここで民族主義的な考えをもつ市民層の大多数と同じような気持ちをもっていた。彼は、その本のなかで、敗北は一種の覚醒体験だったと主張した。「ユダヤ人と手を握ることはありえない。ただ、きびしい二者択一だけがあるのだ。

わたしはしかし、政治家になろうと決めた」。

ヒトラーがここでいかにはっきりと自分の覚醒を語ろうとも、実際そういうことが起こったということはほとんど証明されない。この体験の伝説にとって、ヒトラーがあきらかに利用した文学上の手本があった。その作品をヒトラーがウィーンで読んでいたグイド・フォン・リストも、この世紀初頭に突然目が見えなくなると同時に啓示をあたえられたと主張した。もしヒトラーが、一九一九年十一月にほんとうに政治家になろうと思ったのならば、彼は革命の混乱のなかに身を投じることができただろう。しかし、彼はそのようなことはなにもしなかった。というのも彼は軍に帰属意識をもっていたからだ。とりわけ軍は、彼がふたたびすべてを失うことから守ってくれた。ヒトラーは、軍隊を除隊させられたら、新たにまた絵葉書を描かなければならなかっただろう。彼は、二十九歳だった。彼の見通しは暗かった。

「おれは演説ができた！」

ヒトラーは、一九一八年十一月十九日にパーゼヴァルクの衛戍病院を退院し、一九一四年十月に前線に出征したときと同じミュンヒェンの第十六予備役歩兵連隊に配属された。連隊の兵士たちは、除隊させられることになった。しかし、ヒトラーはそれにはまったく関心がなかった。彼は、できるだけ長く軍隊にとどまりたかった。ミュンヒェンで革命が起こったとき、彼は兵営で暮らしていた。

このバイエルンの首都で左派の社会民主党員クルト・アイスナーは、ミュンヒェン労兵評議会の名で一九一八年十一月八日、バイエルン「共和国」を宣言していた。彼は自分自身を首相として、穏健な社会民主党員と左派の社会民主党員から成る政府を形成した。一九一九年一月に、民主主義的な州議会選挙がバイエルンでおこなわれることになった。

極右は、「ユダヤ人」アイスナーに怒り狂い、彼を亡き者にしようとした。たとえば、国粋的な出版社の所有者ユーリウス・レーマンは、いわゆるトゥーレ協会と密接な協力関係にあった。反ユダヤ主義的なトゥーレ協会は、ハーケンクロイツを目じるしにつかっていた。協会は、アイスナーを力づくで失脚させようと思った。参加したのは、のちにヒトラーの取りまきに登場する男たちだった。そのなかには、すでに言及したハンス・フランク、ルードルフ・ヘス、人種狂信者アルフレート・ローゼンベルクがいた。この転覆計画は漏れた。レーマンと彼の部下たちは、しばらく刑務所に入った。

一九一八年十二月半ば、まだ軍隊にいたヒトラーは、幾人かの僚友たちと一緒に、イギリス人とロシア人のための戦時捕虜収容所を監視するためにオーバーバイエルンの町トラウンシュタインに派遣された。一九一九年一月末に彼がミュンヒェンにもどったのは、まずまちがいない。その間、一月十二日の州議会選挙は、アイスナー首相の党、すなわち独立社会民主党（ＵＳＰＤ）に手痛い敗北をもたらしていた。

二月二十一日、アイスナーはある極右主義者に殺害され、それに続いてミュンヒェンの共産党員が新たな革命を呼びかけた。しかし、彼らは受け入れられなかった。新たに選挙された州議会が開かれて、社会民主党員ヨハネス・ホフマンを首相に選んだ。ホフマンは、バイエルンで議会制民主主義に向けて舵をとった。

ＵＳＰＤは、今度もまた同じようにレーテ共和国を要求し、それは最終的に一九一九年四月六日に宣言された。ヨハネス・ホフマン旗下の選挙で選ばれた政府は、バンベルクへ逃れた。そこから政府は、ミュンヒェンのレーテ共和国に対する抵抗を組織した。レーテ共和国の首脳部は政治経験のない作家た

クルト・アイスナーのミュンヒェン東墓地への埋葬、1919年2月26日：葬列で行進するロシアの戦時捕虜の一団の端に制服の外套を着たヒトラー（矢印）

ちだった。混沌とした状況が、社会を覆いつくした。

二月半ば、ヒトラーは彼の部隊の諜報勤務員に選ばれ、アイスナー旗下の労兵評議会に所属した。殺害された首相が墓地へ運ばれていったとき、ヒトラーも命令にしたがって参列した。彼は、おそらくこの時期、上腕に赤い社会主義の腕章をつけていたことだろう。しかし、ヒトラーが社会主義的信念を分かちもっていたことは、ほとんどまったく考えられない。彼はあっさりと順応していた。ヒトラーは、後のナチの首脳陣のなかで、一時的に社会主義者や共産主義者と手を組んだ唯一の人間というわけではなかった。

じきにKPDは、さらに過激な共産主義レーテ共和国を宣言したが、それに対してベルリン政府は、しかしつぎのように応じた。社会民主党員の帝国国防大臣グスタフ・ノスケは共産主義者に対峙し、「秩序ある状態」をミュンヒェンに取りもどすよう命令をくだした。ドイツ国防軍部隊と義勇軍は、一九一九年五月一日にミュンヒェンに到着した。すでに町の郊外で彼らは、赤軍兵士と衛生兵を殺害していた。それに対して共産党の部隊は、それ以前に逮捕していた十人の人質を銃殺した。そのなかにはトゥーレ協会の会員もいた。この人質殺害は、激しい驚愕と新たな暴力を広く呼びおこした。

三百人以上の人間が、程度の差はあれ恣意的にドイツ国防軍部隊によって処刑された。それに、隊員が思う存分「赤軍」のあいだで暴れまわった義勇軍の無数の犠牲者が加わった。レーテ共和国の打倒には、ヒトラーは関与しなかった。反対に彼は、共産党員によって指示されたミュンヒェン兵営レーテの再選挙で新たに選出された。すなわち彼らは彼を信頼したのだ。ヒトラーは、あくまでも慎重だった。

国民の大多数は、あきらかに革命の実験に反対だった。そのため彼らは、ある程度はっきりと義勇軍の暴力を歓迎した。バイエルンとくにミュンヒェンは、一九一九年以降、ドイツの極右主義の中心になり、極右主義はここでほとんど無制限に展開できた。

「赤軍」が打ち倒されると、ドイツ国防軍は、一九一九年五月にいわゆる調査委員会を設置した。委員会は、共産主義の兵士を捜索するためのものだった。ヒトラーはどうしたか。彼は、他のふたりの兵士と一緒にこの調査委員会のひとつを立ちあげ、隊員仲間を彼らの命取りになるかもしれないにもかかわらず、中傷した。彼自身が同様に兵営レーテの諜報勤務員だったことは、彼はあえて黙っていた。「好ましからざる人物」、彼にはここでもまたそれがあらわれた。上にはおもねり、下は踏みつける――だいたいこれが、一九一九年のヒトラーの行動だった。

調査委員会への関与によって、ヒトラーは軍務からの解雇をまぬがれた。彼は、さしあたりまだ必要とされた。バイエルン・ドイツ国防軍の「分隊司令部四」は、共産党員を追及し、住民と兵士を諜報的に監視すべきいわゆる啓蒙＝宣伝部を設置した。この部署は、同時に部隊のなかにボルシェヴィズムに敵対する空気を醸成するよう指示された。この目的のためにスパイとして人びとのあいだにまぎれこむ秘密連絡員、いわゆる諜報勤務員が求められた。

啓蒙＝宣伝部の責任者は、極右の大尉カール・マイアだった。彼は、ヒトラーの政治的出世に道を開いた人物だった。五月末、マイアは、この一等兵を諜報勤務員として雇った。この大尉が回顧するに、ヒトラーは当時「ご主人をさがす野良犬」に等しかった。マイアとドイツ国防軍のなかにヒトラーは、そのご主人を見いだした。

そのすぐあと彼は、ミュンヒェンの大学で一週間の研修講習に参加した。そこではさまざまな専門家が、ドイツの歴史、戦争、ドイツの経済状況、社会主義、外交政策について講演した。はからずも声望ある歴史家カール・アレクサンダー・フォン・ミュラーが、自分の講演のあとヒトラーの演説家としての才能を見いだした。彼は、ヒトラーが居並ぶ集団に一生懸命語りかけ、彼らの心を明らかにつかむことができるさまを一緒に見てそして聞いた。ミュラーは、マイアにヒトラーの才能に注意を向けさせた。

じきにヒトラーは、自分の才能を証明する機会を得た。マイアは、彼とさらに二五人の隊員をアウグスブルクのドイツ国防軍宿営地に送った。そこのレヒフェルトに兵士たちが集められ、五日間の講習会でボルシェヴィズムに反感をいだく姿勢を身につけるよう訓練された。ヒトラーは、ほとんどの講演を引きうけた。彼は、聴衆に深い感銘を残した。聴衆のひとりは、彼のなかに生まれながらの「民衆演説家、集会でその熱狂と大衆的な物腰によって聴衆がどうしても注目し、ともに考えずにはいられな民衆演説家」を見た。

この才能にもっとも驚いたのはヒトラー自身だった。「わたしは、あらゆる喜びと愛情をもってはじめた。なんといってもいまや突如、多くの聴衆のまえで語る機会があたえられたのだ。わたしが以前にはいつもそうとは知らず、直感であっさり思っていたことが的中した。わたしは『演説すること』ができた」。ヒトラーは、マイアに敬意を払われ、彼のもっとも身近な協力者になった。

一九一九年九月十二日、ヒトラーは諜報勤務員として国粋的＝極右のドイツ労働者党（DAP）の集会に参加した。この党は、ふたりのトゥーレ協会の会員カール・ハラーとアントン・ドレクスラーが、この年の一月に設立していた。この党は、ミュンヒェンのレストランのシュテルネッカーブロイで会合を開いた。この晩には、反ユダヤ主義的な本によって名をあげ、ヒトラーが尊崇した経済の専門家ゴットフリート・フェーダーが話をした。ヒトラーは参加者たちを観察し、この党はだらけた集団だと思った。

会の終わる直前、ひとりの来賓として出席していた教授が講演者フェーダーを攻撃し、バイエルンの帝国からの分離を支持した。ヒトラーは、興奮して発言をもとめ、この教授を遠慮なく徹底的にやりこめた。党首ドレクスラーは、感銘を受けていた。彼はこれほど大口をたたく男を党はうまくつかいこなせるかもしれないと思い、DAPに加入するよう誘った。ヒトラーは一九一九年九月後半に入党した。彼は、のちに党員番号七番だったと主張した。実際には彼は五五五番だった。それにどうやら、彼が自分の決心からDAPに入ったということも正しくないようだ。マイアは、いずれにせよ彼が自分からヒトラーに入党を命じたと報告した。

今日なお、秘密情報機関のスパイが、本来監視すべき極右の集団を支援することはある。ヒトラーの場合には、それはさらにひどかった。ここではドイツ国防軍の極右の秘密情報機関によってひとりの極右主義者が、極右主義を強化するために極右の党に文字どおり派遣されたのだった。

さしあたりヒトラーは国防軍に残り、そこから給料をもらったが、マイアからさらにDAPのプロパガンダの演説のためにお金が支払われた。一九二〇年三月末になってようやく彼は軍を除隊した。この時点でDAPは、すでにNSDAPとなっていた。その間にこの党のもっとも重要な男は——アードルフ・ヒトラーになっていた。

第2章　成功者

煽動者からクーデター首謀者へ

煽動者

ヒトラーは、一九一九年九月にドイツ労働者党に入党した。彼は、すでにこのとき「ユダヤ人問題」の専門家と見なされた。マイア大尉は、ある研修の参加者の質問、SPDは「ユダヤ人問題」にどのような立場をとっているか、ユダヤ人は「民族にとって危険」かどうかという質問をヒトラーに回して答えさせた。ヒトラーは、この質問を肯定した。ユダヤ人は、人種であって宗教ではない。ユダヤ人は、革命の推進力だった。国民は、ユダヤ人に対抗するために一致団結しなければならない。「理性の反ユダヤ主義」が必要だ。「その最終目的が、ユダヤ人の排除そのものでなければならないのは動かしがたい」。

DAPは、ミュンヒェンの多くの国粋的＝極右的団体のひとつにすぎなかったが、しかしすぐに支援者を見いだした。カール・マイア大尉は、この党を自分の作品として、アードルフ・ヒトラーを「自分の」子分と見なしていた。両者は、センセーションはいつも良いというモットーにしたがって行動した。

一九一九年十月半ば、ヒトラーはＤＡＰのために最初の演説をし、それはおよそ三〇分続き、多大な喝采を博した。

一九二〇年二月二十四日、およそ二千人の人間がミュンヒェンのホーフブロイハウスの宴会場にＤＡＰの大会のために集まった。彼らのなかには、この党の数百人の社会主義者の敵もまぎれこんでいた。ＤＡＰは、彼らの敵を社会主義の色で挑発するため、意識的に赤い宣伝ポスターを貼りだした。この目的に、ヒトラーが党旗として考案したハーケンクロイツの旗も役立った。この旗は赤地に白い円を描き、その真ん中にいくぶん右に回転したハーケンクロイツが置かれた。

ハーケンクロイツは、ヒトラーはすでにウィーン時代から知っていた。それは、義勇軍部隊とトゥーレ協会でもつかわれていた。しかし、赤と白の組み合わせは、彼のアイデアだった。「赤のなかにわれわれは運動の社会的思想を、白のなかに民族主義的な思想を、ハーケンクロイツのなかにアーリア人の勝利と、みずからこれまでずっと反ユダヤ主義的であり、これからも反ユダヤ主義的であろう創造する労働の勝利のための闘争の使命を見る」、とヒトラーはこれに関して『わが闘争』に書いている。

ヒトラーと新しい党首アントン・ドレクスラーは、大会にひとの集まりが悪いかもしれないと恐れて、二五カ条のＤＡＰの綱領を作成した。それは、他の極右の集団が要求したものと大差なかった。ユダヤ人憎悪がこの綱領全体をつらぬいていた。ホーフブロイハウスの演説でヒトラーは、この綱領の項目を告知した。さらにＤＡＰは、国民社会主義ドイツ労働者党（ＮＡＤＡＰ）に改名した。『わが闘争』のなかでヒトラーは、彼の聴衆が一致して綱領を支持し、彼に喝采をあげたと主張した。実際には、ほとんど敵との殴り合いになった。この騒ぎに割りこんでヒトラーは、大きくなる拍手をあびながら党綱領を読みあげた。

一九二〇年一月にはヴェルサイユ条約が発効していた。この条約の武装解除と非武装化の規定は、とりわけ義勇軍の存立をおびやかした。三月、極右主義者は、政治家ヴォルフガング・カップにひきいられて、帝国政府をクーデターによって倒壊する試みをくわだてた。カップは、ルーデンドルフが設立したドイツ祖国党の党員だった。一揆の支持者は、エルベ川東部のプロイセン領の大農場主たちだった。

カップ一揆にはドイツ国防軍の部隊が参加したが、そのなかにはとりわけかつての水兵から成る、とくに暴力的な義勇軍であるエーアハルト海軍旅団がいた。この旅団は、前年他の義勇軍と一緒にミュンヒェンのレーテ共和国を打ち倒していた。バイエルン・ドイツ国防軍は、カップとその隊員たちと密接につながっていた。カール・マイアは、ヒトラーと彼の初期の後援者である詩人のディートリヒ・エッカートをベルリンに送りこみ、クーデター首謀者たちにバイエルンの状況について直接知らせた。ふたりは、エッカートの融資者が彼らのために借りた飛行機をつかった。これは、この当時超近代的な交通手段によるヒトラーの最初の旅だった。

ヒトラーとエッカートがベルリンに着くと、すでにクーデターは失敗していた。労働者と会社員および公務員は、抗議のために自分の仕事を完全に放棄していた。このゼネストが共和国の命を救った。ヴォルフガング・カップはスウェーデンに逃れ、ヒトラーとエッカートはミュンヒェンにもどり、エーアハルト海軍旅団も同様にミュンヒェンにもどった。

カップ一揆の失敗からドイツの極右主義者たちは、皇帝時代の権力状況をたんに再興しただけでは十分な「綱領」にはならず、労働者の団結した抵抗に対抗するクーデターは成功の見込みがないという教訓を引きだした。労働者を過激民族主義的な綱領のもとに統一することのほうが見込みがあるように思われた。

極右主義者の視線は、したがってバイエルンに向けられた。ホフマン社会民主党政府は、バイエルン・ドイツ国防軍の圧力で一九二〇年三月に退陣し、右翼保守派の首相グスタフ・リッター・フォン・カールに代わった。カールは、バイエルンを意図的に帝国政府に対抗する「秩序の細胞」に仕立てあげた。ここではあらゆる傾向をもつ極右主義者たちが激しく活動していた。そのなかにヒトラーのNSDAPもいた。

共和国の過激化は、すぐにはっきりとわかるものになった。すでに一九二〇年六月の国会選挙で共和国に忠実な政党（SPD、中央党Zentrum、ドイツ民主党DDP）は、その過半数を失い、二度と取りもどせなかった。この年の秋にマイアは、スウェーデンの亡命地にいるカップに、国粋主義の問題はミュンヒェンではうまく進展しています、ヒトラーは「駆動力」、すなわち第一級の民衆演説家になりましたと書き送った。

あきらかにアードルフ・ヒトラーは、特別な演説の才をもっていた。今日ヒトラーの演説の映画を見て彼の声を聞くと、彼のオーバーエスターライヒ訛りの方言、しわがれたどなり声、大きな腕と手の振り等、これらは滑稽であるか不快感をいだかせるものである。しかし当時は、それは思いどおりの効果をあげた。ヒトラーは聴衆のまえに立っても、ほとんど感銘をあたえなかった。ヒトラーは小さな声で話すと、必ずしも不快でない深い声をもっていた。しかし、聴衆はその声をほとんど理解しなかった。

ときとともにヒトラーは、自身のテクニックを洗練させていった。彼は、たいていまずひかえめにはじめ、それから高まり、その演説の最後でほんとうに半狂乱におちいり、それが聴衆を最高の気分にさせた。演説者と聴衆の関係は、相互的なものだった。ヒトラーは自身の内面のむなしさを埋めるために、自分が生みだした興奮を必要とした。彼の聴衆は、みずから感激を味わうために彼を必要とした。

彼らは、彼によって自己理解ができたと感じた。

ヒトラーはたいてい二時間か、しばしばそれ以上長く話したが、その際、文書による控えをほとんど必要としなかった。彼にはいくつかのメモだけで十分だった。のちにヒトラーが帝国首相になったときは、演説を口述筆記させ、そのあと入念に推敲した。しかし、そのときにも煽動者としての自身の原点に忠実だった。ヒトラーの女性秘書は、彼が演説を口述筆記させているとき行ったり来たりして、秘書がこの上司に恐れをいだくほど語りながら怒りをつのらせたと報告した。

ヒトラーの演説の意義と目的は、聴衆の頭と心にいつも同じメッセージをたたきこむことだった。すなわちただナチス党だけがドイツの再生を達成しうるのだ。というのはナチス党は党ではなく、真の国民運動だからだ。党の指導のもとで国民の内なる敵を排除し、団結と、いずれまたドイツの力と栄光を取りもどすだろう。統一された国家である「民族共同体」は、すべての社会的対立を克服し、すべてのドイツ人にその能力にしたがった場所をあたえるだろう、とヒトラーは言った。

ヒトラーは、ますます多くの聴衆をすばやくナチス党の大衆集会に呼びよせた。ほとんどいつも彼は、バイエルンの首都の地下のビアホールや広間で語った。彼の聴衆は、最初はおもに職人、小役人、会社員の下層中産階級の出身だった。女性もまた聴衆であり、そのなかには、いわゆる上流階級の婦人もいた。彼女たちはどうやら粗野な若者がお気に入りらしかった。参加した人びとは複雑な説明ではなく、自分たちの憎悪の感情に対する簡単な答えを期待した。ヒトラーの自信は、それからずっと演説者と教唆者——煽動者——としての成功から養分を取りつづけた。

党の党員数は、ヒトラーの演説活動によって増大した。その数は、一月の一九〇人から一九二〇年秋には二千人にふくれあがった。彼の成功の方法は簡単だった。ヒトラーは、聴衆がまさに聞きたいと思うことを語った。そして彼らが聞きたいと思ったことは、とりわけ彼らの反ユダヤ主義の承認だった。このために必要な知識をヒトラーは、ウィーンで獲得しており、いまや彼はそれをつかうことができた。

すでにアウグスブルク近郊のドイツ国防軍宿営地で、諜報勤務員ヒトラーは、ユダヤ人攻撃を激しく煽動していたので、この宿営地の司令官は彼にその反ユダヤ主義的なトーンを抑えるよう部下に依頼した。ミュンヒェンの地下のビアホールでヒトラーは、きわめて苛酷にユダヤ人を誹謗した。彼らは収容所に閉じこめなければならない、ユダヤ人の闇商人は絞首刑にされなければならない、ユダヤ人少数派は完全にドイツから追放されなければならない、とヒトラーは主張した。ヒトラーは、彼の聴衆が彼の考えを分かちもつことを当てにすることができた。一九二〇年八月に彼は、ホーフブロイハウスで「なぜわれわれは反ユダヤ主義者なのか」という問いについて演説をおこなった。二千人の聴衆が集まっていた。彼らは、優に五八回も嵐のような拍手でヒトラーの話を中断した。

野良犬（カール・マイア）からナチス党のスター演説家へのヒトラーの電光石火の出世は、彼のイデオロギーと自己理解をも変えた。しだいに彼自身、彼が語る反ユダヤ主義のメッセージを信じるようになった。そしてヒトラーは途方もない成功をおさめたため、じきに自分により高いもの――「指導者」――になる使命がさずけられていると感じた。

「指導者」と「バイエルンのムッソリーニ」

ナチス党は、広く一般にヒトラー党と目された。というのもヒトラーは、この党の旗振り役（輓馬）だったからである。それからしかし、競争が浮上した。アウグスブルクの教師オットー・ディッケル博士も、同様に才能ある演説家だった。ヒトラーは自分の地位が脅かされていると思い、極端な行動に出た。彼は党を脱退した。ドレクスラーは、しかし危険を冒して党のもっとも重要な演説家を失おうとは思わなかった。どうすれば復党する気になってくれるかというドレクスラーの問いに、ヒトラーは「独裁的な権限」をもった第一党首の地位を要求した。彼はあらためてナチス党に入党した（党員番号三六八〇番）あと、一九二一年七月二十九日、ホーフブロイハウスで反対票一票だけでナチス党の独裁者に選ばれた。

これは成功だった。というのもナチス党はそれ以後、「指導者の党」になったからである。こういうことは、ひとりの強い男にして天才的な政治家をもとめる叫びが、すでにこれまで長いこと鳴り響いていたにもかかわらず、ドイツ全土でこれまでなかった。じきにナチス党の党員たちは、ヒトラーを神格化しはじめた。彼らは、彼がつねに正しいことをするだろうと信じた。実際には彼は自分の決断に自信などまったくもっていなかった。党内の権力掌握に先立つ危機では、彼はためらっていた。ほかに仕方がなくなってはじめてヒトラーは、党を脱退することによって、一か八かの勝負に出た。ドレクスラーが折れなければ、ヒトラーの政治生命はおそらくすでにこの時点で終わっていただろう。しかし、こうして彼は、輝かしい勝利者として抗争から浮びあがった。

一九二一年夏にナチス党の指導権をにぎったとき、ヒトラーはまだドイツの唯一の指導者にもなるとは考えていなかった。彼は、国粋的な民族主義者たちのための「太鼓たたき」を自認していた。これは、一九二二年秋から変わった。というのも、十月にイタリア王国でベニート・ムッソリーニが、首相に任命されたからである。

ムッソリーニは、第一次世界大戦以前にはイタリアの社会主義者たちの指導的な政治家だった。イタリアの社会主義者たちは、戦争に反対していた。しかし、ムッソリーニは戦争のもっとも熱心な代弁者のひとりだったため、社会党から除名された。この左翼の政治家は、極右の「戦闘ファッシ」（闘争同盟）の指導者になった。この「戦闘ファッシ」に、ドイツ語の「ファシスムス」という表現は由来する。今日の歴史家はこの言葉によって、ひとりの「指導者」にしたがい、民主主義と人権への憎悪を説き、暴力的な大衆支持者によって政治権力を獲得しようと試みる極右運動を説明する。そのように見ると、イタリアのファシズムとドイツのナチズムは、似たような性質をもっている。

双方の党がおたがいに知らなかったにもかかわらず、実際に「闘争同盟」は、多くの点でナチス党に似ていた。ファシストたちは、黒いシャツを着、戦争と暴力を賛美し、ローマの世界帝国の再興を夢みた。象徴として彼らは、刃のついた斧が外側に出ている小枝の束をつかった。このような「束」は、古代ローマでは権力の象徴として最高の高官の先頭に掲げられて運ばれた。ファシストたちは右腕を伸ばしてたがいに挨拶し、この右腕は同じく古代ローマの模範をまねていた。ムッソリーニは、彼らの「指導者」（イタリア語でドゥーチェ）だった。一九二一年十一月、彼は「闘争同盟」を「国民ファシスト党」に拡大した。

わずか一年足らずのちにファシストたちは、一種のクーデターによってイタリアでの権力を掌握した。ムッソリーニは、まず他の党も参加した政府を主導した。国王が引き続き国家元首だったにもかかわらず、一九二六年から彼は、イタリアの独裁者になった。じきにムッソリーニはヒトラーと「友情」を結び、それは第二次世界大戦終結までつづいた。

一九二二年十月のムッソリーニの勝利は、ドイツのナチス党員に強い感銘をあたえた。「ヒトラーはバイエルンのムッソリーニだ」と彼をもっとも信じきった支持者たちは、数週間もたたずに公言した。

ナチス党員は、ファシストたちの政治スタイルをまねた。突撃隊（SA）は、ムッソリーニの闘争同盟に似ていた。ファシストたちによってつくりだされたローマ式の挨拶は、ナチス党の党敬礼になった。一九二六年からこの敬礼は、法に定められた。その際「ハイル・ヒトラー！」と叫ばなければならなかった。ムッソリーニを取りまくファシストたちと同様、ナチス党員はヒトラーに極端な個人崇拝をささげた。

もっと自己批判の強い男なら、こうしたへつらいを拒んだことだろう。しかし、ヒトラーは、彼のイタリアの手本のムッソリーニよりそれに感化されやすかった。じきに彼は、自分を第二の、むしろよりすぐれたムッソリーニだと思いこんだ。彼は、みずからをイエス・キリストになぞらえ、ドイツの運命を方向づける使命をさずけられた偉大な男だと思った。

突撃隊

マイア大尉をとおしてヒトラーは、一九一九年秋、エルンスト・レーム大尉とも知り合いになった。彼はヒトラーのすぐあとでDAPに入党していた。レームは第一次世界大戦で顔に重傷を負い、義勇軍の隊員としてミュンヒェンのレーテ共和国打倒に参加していた。彼は恐れをいだかせるような外見をしていた。レームをとおしてヒトラーは、武装した国防団体にもとづく準軍事的な政治に足をふみいれた。

ヴェルサイユ条約はドイツにドイツ国防軍を一〇万人の職業軍人に縮小するよう義務づけた。バイエルンではしかし、四倍もの多くの男たちが、「赤（左翼主義者）」に対する戦いで湧きだした武装した自警団の隊員だった。長いあいだすったもんだしたあげく、自警団は一九二一年に解散させられ、武装解除された。バイエルンの右翼と有力なコネをもっていたレームは、この武装解除を管轄していた。そのため彼は、「機関銃の王」と呼ばれた。レームは、ヴェルサイユ条約の規定をかいくぐるために、小銃とピストルをこっそり取り分けた。数多くの準軍事的な組織が、自警団にとって代わった。そのひとつにナチス党の「突撃隊」があった。

SAは、かつての義勇軍とドイツ国防軍隊員から成る「場内警備員」から生まれたが、党は、すでにその創設直後にこの部隊を手に入れていた。ヒトラーの党運営掌握後、この場内警備員は、「体操＝スポーツ部隊」という無害な名称で拡大された。一九二一年晩秋にはすでにミュンヒェン出身の三百人の若い男たちが、この部隊に所属した。ヒトラーは、この体操＝スポーツ部隊を敵の集会を妨害するために投入した。

十一月初頭、ホーフブロイハウスでのヒトラーの演説に際して、SAと社会主義者のあいだで激しい殴り合いが起こった。ビールジョッキが投擲弾としてヒトラーめがけて飛んでいった。ヒトラーは、SAが数においてはるかに勝っていたと称する敵をホールからたたきだすあいだ、平然と語りつづけた。『わが闘争』でヒトラーは、この事件を「ホーフブロイハウスの戦い」として、またSAのそもそもの誕生の瞬間として賛美した。

一九二二年十月半ば、北バイエルンの町コーブルクで「ドイツの日」が催された。彼は特別に帝国鉄道の臨時列車を借り、それに乗って彼自身と彼の随員たちはコーブルクに向かった。そのなかには八百人のSA隊員がいた。警察が、部隊が隊列を組んで行進することをはっきりと禁止したにもかかわらず、部隊はまさにそうした。SAは、ナチ・パレードによって挑発されたと感じた社会主義者と共産主義者を相手に殴り合いをした。ヒトラーを逮捕する代わりに、警察は積極的にSA隊員を助け、彼らと

1922年10月14日／15日のドイツの日、ハーケンクロイツをもったナチス党の派遣団。（左からふたり目）護衛にかこまれたヒトラー

いっしょになって左翼の人びとを殴りつけた。ナチス党員は、こうしてコーブルクの町を占拠した。

　この「勝利」は、右翼陣営においてナチス党の声望をたかめた。そのあとすぐに、ヒトラーの競争相手オットー・ディッケルが設立したドイツ工場共同体のニュルンベルク地方支部はナチス党に鞍がえした。地方支部の責任者は、ユーリウス・シュトライヒャーだった。シュトライヒャーは忌むべき反ユダヤ主義者で、のちに彼の新聞『突撃者《デア・シュトゥルマー》』でユダヤ人を激しく攻撃した。シュトライヒャーの部下たちは、ナチス党の党員数を二万人へと倍増した。

　ナチズムがフランケンでとくに有利な発展のチャンスを見いだしたことも、ヒトラーにとって同様に有益だった。フランケンは見るからに田舎だったが、カトリックのオーバーバイエルンと違ってプロテスタントだった。プロテスタントの教会は、以前からドイツ帝国内で「帝国の敵」の烙印を押されていたカトリック教徒より国家と近い関係にあった。フランケンでは反ユダヤ主義は、広範囲に広まって

1923年の「突撃班アードルフ・ヒトラー」、真ん中にヒトラーの運転手兼護衛隊員ユーリウス・シュレック、彼はのちに「SSの父」として敬われた

いた。ニュルンベルクは、さらなる勝利だった。この町は、中世のドイツ国民の神聖ローマ帝国のシンボルだった。のちにヒトラーは、そこでナチス党の党大会を開催した。

SAはさらに大きくなった。一九二二年秋からヒトラーは、第一次世界大戦の戦闘機乗りの英雄ヘルマン・ゲーリングも、もっとも緊密な協力者のひとりに数えることができるようになった。プロイセン軍勲功章「Pour le mérite」を授与されているゲーリングは、スウェーデンに仕事で滞在しているときに知り合った裕福な男爵婦人カーリン・フォン・カンツォウと結婚していた。彼はミュンヒェン大学で歴史の講義を聞いていたが、しかしヒトラーが演説するのを聞いたあと、政治のほうが魅力的だと思った。ゲーリングは、ヒトラーにとって有益なドイツの貴族社会に有力なコネをもっていた。九月にヒトラーは、ゲーリングをSA隊長に任命した。

SAの内部で一九二三年五月からヒトラーの

親衛隊グループができ、それは「突撃班アードルフ・ヒトラー」となった。突撃班は、特に乱暴な若い男たちで編成され、髑髏のバッジのついた黒い帽子をかぶっていた。突撃班は最初二十人足らずの隊員だったが、一九二三年十一月にはすでに百人の隊員を数えた。その隊長はこの時点で俳優のユーリウス・シュレックで、隊長代理は時計職人のエーミール・モリースだった。モリースとシュレックは、のちにヒトラーの運転手兼護衛隊員になった。さらに突撃班の隊員には、のちにヒトラーの副官になった薬局手伝いユーリウス・シャウプ、ナチスがのちにミュンヒェン市長に任命した行政職員カール・フィーラー、一九三三年からナチス党の党最高裁判官としてヒトラーに仕えたかつての少佐ヴァルター・ブーフがいた。ブーフは、これからのちに話題になるマルティーン・ボルマンの義父だった。

突撃班から、「親衛隊」、すなわち悪名高いSSが生まれた。親衛隊長官は、一九二九年からハインリヒ・ヒムラーだった。彼は、ヘルマン・ゲーリングの数カ月後にナチス党に入党した。エルンスト・レームが、彼を党のために勧誘した。ヒムラーは、ミュンヒェンの人望ある教師の息子で、大学で農業経営を学んでいた。貧弱といってよいヒムラーは、その丸いニッケルメガネと短い口ひげのため貧相な感じがした。彼はしかし、無害どころではなく、狂信的な反ユダヤ主義者で国粋的な人種主義者だった。党内で彼はその組織能力とヒトラーへの無条件の忠誠心ですばやく出世した。

環境

ヒトラーは、そうこうするうちに忠実な部下の一団をまわりにあつめた。もっとも親密な集団をなしたのは、彼の護衛たち、肉屋のウルリヒ・グラーフと馬喰クリスティアン・ヴェーバーだった。ヘルマン・ゲーリングと一緒にミュンヒェンの大学で勉強した学生のルードルフ・ヘスもまた、ほとんどいつ

1930年/32年ごろのミュンヒェンのクローネ・サーカスでのナチス党の大会でのフーゴとエルザ・ブルックマン（前列）。ブルックマン夫妻のうしろにルードルフ・ヘス、ヘスの後方ふたり目にアードルフ・ヒトラー

もヒトラーのまわりにいた。ヘスはヒトラーの熱烈な崇拝者で、狂信的なユダヤ人嫌いでもあった。彼は、国粋陣営に有力なコネをもっていた。もっとも緊密な仲間には、写真家のハインリヒ・ホフマン、ジャーナリストのヘルマン・エッサー（マイア大尉の以前の広報室長）、ならびに第一次世界大戦中のヒトラーのかつての上官マックス・アマンも属していた。アマンは、ナチス党の業務、『フェルキッシャー・ベオーバハター』（民族の監視者）紙の業務、さらにナチス党がこの新聞と一緒に買収したエーアー出版社の業務をてがけた。エルンスト・レームもまた、しばしばここに加わった。彼はひとにぎりの他の男たちとともに、ヒトラーとdu（おまえ）で話すことを許されたわずかな信奉者のひとりだった。

一九二二年と一九二三年にヒトラーは、ミュンヒェンの上流階級の世界にも足を踏みいれた。エルンスト（「プッツィ」）・ハンフシュテングルは、一九二二年にヒトラーの演説を聞いて感銘を受け、ナチス党に入党した。ハンフシュテングルは、ミュンヒェンの裕福な出版社一家の出だった。彼は、アメリカ合衆国の大学で勉強し、ピアノをひくことができた。ヒトラーは、ハンフシュテングルにヴァーグナーのメロディーを演奏してもらうのを好んだ。そのためヒトラーは、彼の家のお客になるのを喜んだ。ヒトラーを人脈と資金でささえたハンフシュテングルは、ヒトラーのテーブルマナーがいかにひどいか気がついた。「指導者」はワインに砂糖を入れて、当時まだ好んでそれを飲み、クリームケーキを頬ばった。

ハンフシュテングルをとおしてヒトラーは、反ユダヤ主義の本を出版する出版者フーゴー・ブルックマンとその妻エルザと知り合いになった。前年にヒトラーは、ベルリンのピアノ製造業者エトヴィーン・ベヒシュタインとその妻ヘレーネとも知り合いになっていた。彼らは、夏の休暇をきまってミュンヒェンとバイエルンのアルプスで過ごした。ヘレーネ・ベヒシュタインをとおしてヒトラーは、リヒャルト・ヴァーグナーのイギリス生まれの義理の娘ヴィニフレート・ヴァーグナーとつながりをもった。

一九二三年、ヒトラーは、この作曲家が一八七六年、そのフェスティバルホールを建てたバイロイトに初めて招待された。ヴィニフレートは、ヒトラーのなかにすぐさまドイツの救世主を見いだし、彼をうっとりと見つめた。エルザ・ブルックマン、ヘレーネ・ベヒシュタイン、ヴィニフレート・ヴァーグナーは、今日ならおそらくこう言うだろう女性の最初のヒトラー＝グルーピーに属した。彼女たちは、ヒトラーに母親のように接した。彼女たちをとおして彼は、社会的地位の高い上流階級でどのように振る舞わなければならないかを学んだ。そのうえ女性たちは、彼にナチス党のための資金と彼自身が必要とするお金を用立ててくれた。

もうひとりの献金者で重要な仲介者は、商人クルト・リューデケだった。どうやらミュンヒェンで暮らしていたルーデンドルフ将軍を最初にヒトラーに注目させたのは、リューデケだったようだ。この最高軍司令部のかつての責任者は、そうこうする間にドイツの極右主義者たちのなかでもっとも重要な人

ベルヒテスガーデンでのヒトラー、ヘレーネとエトヴィーン・ベヒシュタイン、20年代半ばの写真

ヴィニフレート・ヴァーグナーといっしょのヒトラー、1933年以後。左端は副官ブリュックナー、ブリュックナーとヴァーグナーの間ならびに右端にヴィニフレート・ヴァーグナーの息子たち、SSの制服を着た近侍兼護衛隊員のハインツ・リンゲ

物になっていた。ルーデンドルフとの接触は、じきに資金的にも報われた。

献金は、とりわけロシアの内戦以前にミュンヒェンに逃げてきた裕福なロシア人から贈られた。ルーデンドルフは、資金をさまざまな極右団体に配った。ルーデンドルフを介して億万長者の鉄鋼工業家フリッツ・ティッセンも、ナチス党を支援した。ひかえめに振る舞ったヒトラーは、自分は党からお金を受けとっていないとくりかえし断言した。しかし、寄付金の一部が彼自身のふところに入ったのは、ある程度確かだった。

一揆

一九二三年は、ヴァイマル共和国のもっとも厳しい危機の年だった。この年を象徴していたのは、インフレとヒトラー＝ルーデンドルフ一揆だった。通貨の下落は、偶然ではなかった。第一次世界大戦末ドイツは、多額の債務をかかえていた。一五〇〇億ライヒスマルクが登記されていた。この額に対する利子だけでも、ほとんど全国家収入を要した。ドイツは、戦勝国がみずからの負債から抜けだすために戦時賠償金、すなわち敗戦国に課せられる賠償金を支払わなければならなかった。これが将来どうなるか、ドイツの国民経済がそもそもこの負担に耐えうるほどの能力をもっているかどうか、だれにもわからなかった。

高額の戦時国債は、すでにヴァイマル共和国の最初の数年間で通貨下落を招いた。通貨下落は、帝国が、賠償金をさらなる負債で支払ったためにさらにすすんだ。戦勝国は、一九二一年一月、ドイツの賠償金をさしあたり二二六〇億金マルクと定めた。この要求は、国民のあいだに憤激の嵐を引きおこした。ヒトラーは、翌月ミュンヒェン最大の集会場、クローネ＝サーカスを六千人の聴衆で満たした。ナチスの写真プロパガンダは、光と闇を効果的に対比させてヒトラーの視線から見た「信じきった」群衆を写しだした。一九二二年四月、戦勝国は彼らの要求を一三二〇億金マルクに減額し、それは六六年の年賦（すなわち一九八八年まで）で支払われることになった。これもまだ途方もない金額で、今日の評価からすれば、およそ七千億ユーロである。

帝国首相ヨーゼフ・ヴィルトと外相ヴァルター・ラーテナウが率いる政府は、しかしこの要求を果たすか、すくなくとも賠償金を支払う真摯な試みをおこなう以外に道はなかった。というのも、そうしなかった場合、ルール地方の占領がさし迫っていたからだった。ヴィルトとラーテナウは責任ある行動をとったにもかかわらず、右翼から「履行政治家」として誹謗された。一九二一年八月、極右主義者たちは、第一次世界大戦末ドイツの敗北に署名したマティアス・エルツベルガーを殺害した。

一九二二年六月、外相ラーテナウも同じ運命にみまわれた。彼はユダヤ人、電気コンツェルンAEGの責任者、第一次世界大戦のドイツの戦時経済の組織者として若い共和国の象徴的人物だった。帝国政府は、その結果共和国保護法を公布したが、その法律を左翼よりはるかに穏健に政治的右翼に適用した。SAの周辺でいくつもの暗殺のくわだてが目論まれていたバイエルンでは、この法律は守られなかった。帝国政府は、この法律の軽視に断固たる措置を講じなかった。

一九二三年一月、フランス軍とベルギー軍は、ルール地方を占領した。そこはエッセンのクルップのような鉄鋼コンツェルンを擁するドイツでもっとも重要な産業地帯だった。占領はドイツの賠償支払いがとどこおっていたために、形式的には法にかなっていた。しかし、占領は、自国の勢力圏を拡大しようとするフランスの試みを意味していた。ドイツに国民の怒りの絶叫が鳴り響いた。帝国政府は消極的抵抗を呼びかけ、それに応じてルール地方の労働者と公務員は、ゼネストに入った。彼らの給料は、帝国政府が払わなければならなかった。同時にルール地方からの税収入が途絶えたので、ライヒスマルクは事実上崩壊した。幅広い階層の貯金は反故になった。物価は気の遠くなるほど急騰した。

急激にすすんでゆく通貨の下落は、ドイツ人の心理状態に壊滅的な影響をあたえた。インフレは、第一次世界大戦とともにはじまった十年にわたる暗澹たる経験の連続の頂点となった。戦争開始時は経済が好況で、進歩的な社会立法があり、うまく機能する法治国家があった。しかし、いまや世界はがたがたになったように思われた。もはやなにも信用できなかった。大衆は国民経済の仕組みを理解しなかったので、さまざまな陰謀理論が広まった。人びとは、とりわけインフレでもうけたユダヤ人の商人や小売業者に罪を着せ、非ユダヤ人の勝者はあまり非難しなかった。

九月末、帝国首相グスタフ・シュトレーゼマンは、消極的抵抗を中止した。抵抗は、インフレと人びとの困窮のためにもはや最後まで貫徹されなかった。また一方で、これによってドイツの通貨の安定がはじまった。危機は、その頂点を越えていた。極右陣営では、シュトレーゼマンの必要な措置は、新たな憤激を招いた。その間にSAは、他のふたつの準軍事的組織と合併して極右の「ドイツ闘争同盟」になった。シュトレーゼマンの措置のあとヒトラーは、闘争同盟の指導権をにぎった。ヒトラーが、自分の部下たちに「ベルリン進軍」(前年のムッソリーニの「ローマ進軍」と同じように)を命ずるだろうという噂は、すぐさま広まった。ナチス党員にとって消極的抵抗の中止は、都合が悪かった。というのも彼らのプロパガンダは、とりわけ危機のなかでよく効いたからだった。

ナチスのクーデターに先んじるためバイエルン州政府は非常事態を宣言し、事実上バイエルンに独裁をしいた。首相グスタフ・フォン・カールは、「国家総監」になった。カールとともに、バイエルン・ドイツ国防軍司令官オットー・フォン・ロッソー将軍とバイエルン州警察長官ハンス・フォン・ザイサーが、いまやバイエルン政治の権力者だった。この三人の男による政治主導は、古代ローマの範にならって「三頭政治」と呼ばれた。

三頭政治は、ヒトラー一揆を阻止しようとしたばかりでなく、独自のクーデターを実行しようとした。ひそかにこの三人の男は、ベルリンのドイツ国防軍司令部と接触し、支援を問い合わせた。返答は否定的なものだった。ヒトラーの闘争同盟は、しかし独自の計画を練っていた。それによれば、ミュンヒェンの前警察長官エルンスト・ペーナーが、新しいバイエルンの首相になることになっていた。闘争同盟は、引きつづきベルリンに進軍し、帝国政府を打倒し、ヒトラーとルーデンドルフを独裁者に据えようとした。カール、ロッソー、ザイサーはこの計画を知っていたが、なにも対策を講じなかった。

ヒトラーは、三人組の逡巡に勇気づけられる思いがした。彼は、しかしまた重圧を感じていた。というのも、SAが不穏になったからだった。SAは、すぐにも行動することを要求した。ヒトラーは、さらにためらえば彼の部隊が、彼から離反するか彼に反旗をひるがえす結果に至るかもしれないと思った。ふたたび彼は、以前の一九二一年夏と同様、一か八かの賭けに出た――ナチス党の性急な一揆という賭けに。三頭政治はきっと同調するだろう、と彼は期待した。

ヒトラーの準備は拙劣だった。ごく少数の男たちしか――そのなかにはルーデンドルフとSA隊長ゲーリングがいた――知らされていなかった。ヒトラーは、彼の護衛に、前の晩になってようやく知らせた。「グラーフ、明日八時に決行だ」。これは一九二三年十一月八日の夜だった。翌日は、社会民主党員フィリップ・シャイデマンによる嫌悪すべき共和国の宣言から五年目だった。グスタフ・フォン・カールは、十一月八日にビュルガーブロイケラーで演説するために人びとを招待した。ナチス党の指導部は、カールがおそらくこの演説で闘争同盟に先んじるために、彼自身によるクーデターを宣言するだろうと思った。

十一月八日の夜、およそ八時半ごろ突撃班アードルフ・ヒトラーとさらにＳＡ隊員が、およそ三千人ものカールの支持者たちが集まったビュルガーブロイケラーを取りかこんだ。彼らは、ホールに一台の機関銃をもちこんだ。ヒトラーと彼の護衛たちがあらわれた。ヒトラーは、人を押しのけて演壇まで進み、椅子の上に立ち、自分の話を聞くよう天井に向けてピストルを撃った。彼は、国民革命が勃発した、バイエルン政府は総辞職したと興奮して告げた。臨時の新しい政府が樹立される。建物は包囲されている。もし抵抗するならば、自分はホールの人びとをねらって撃ち殺させる、と彼は言った。ゲーリングは、その直後人びとを落ち着かせた。彼は、安心してビールを飲むようにと人びとに言った。

その間に、ヒトラーの目から見てもっとも重要な一揆の一幕がはじまった。彼は、三頭政治に自分に協力するよう働きかけなければならなかった。ヒトラーは、カール、ロッソー、ザイサーに隣室にゆくよう命じ、彼らのまえでピストルを振りまわし、彼の指揮下での新しい政府が樹立されると宣言した。自分が失敗すれば、自分とその協力者たちを撃ち殺すだろう。三人組は、彼のクーデターに加わることを承諾した。

ヒトラーは、そこでホールに引きかえした。彼は、自分の行動はただベルリンの「ユダヤ人政府」に立ち向かっているだけだと説明した。明日の昼「国民革命」は成功するか、自分が死ぬかどちらかだ。つまりヒトラーはまた、大勢の群集をまえにして自分の自殺を予告したのだった。そのあとすぐにルーデンドルフが、帝国時代の制服を着て到着した。ヒトラーは、三人組を隣室から連れ出し、演壇に立たせた。観衆の喝采のなか、カール、ロッソー、ザイサーは、ヒトラーの計画への賛同を宣言した。それに引き続いてヒトラーは、四人のすべてと握手した。それは成功した芝居の上演だった。

しかし、そうこうするうちにクーデターはうまくゆかなくなった。一揆の首謀者たちは、確かにレームの指揮下でバイエルンの国防省、すなわちロッソーが職務をとる建物とミュンヒェンの警察本部を占拠したが、それ以上は進めなかった。ヒトラーは重大な間違いをおかしていた。彼は、現場で部下たちを支援するため、ビュルガーブロイケラーを離れたのだ。その結果ルーデンドルフは、ひとりで三人組といっしょにあとに残り、カール、ロッソー、ザイサーにしたいようにさせた。この三人組は、ルーデンドルフにクーデターに反することはなにもしないと名誉にかけて誓っていたにもかかわらず、すぐにヒトラーへのすべての確約を撤回し、州警察にこちらへ来るよう電話した。

翌朝、ルーデンドルフとヒトラーには、彼らが賭けに負けたことが明らかとなった。戦闘部隊は、夜じゅう飲み食いの酒盛りをしていた。いまや一揆の首謀者たちは、程度の差はあれ、ホールの椅子に酔っ払って座っていた。数時間が過ぎた。おそらくそれからルーデンドルフ――ヒトラーではなく――が、いまもなお国防省を占拠しているレームの部下たちを助けるために闘争同盟団員たちに町を行進させるよう提案したのだろう。一部武装した二千人の男たちが、ビュルガーブロイケラーから出発した。最前列、旗手たちのすぐ後ろをルーデンドルフとヒトラーが行進した。

一揆の首謀者たちが町の中心地、オデーオンスプラッツに到着すると、将軍廟の近くで警察部隊が彼らに立ちはだかった。撃ち合いになり、一四人の一揆参加者と四人の警察官が、命を落とした。ナチス党指導部で当時もっとも重要な隊員マックス・エルヴィーン・フォン・ショイプナー＝リヒターが撃ち殺された。彼に当たった弾は、わずか手のひら分ヒトラーをはずれた。ヒトラーは、ショイプナー＝リヒターのすぐ横に立っていて、地面にふせたか引き倒されたかした。ショイプナー＝リヒターに当たった弾がヒトラーに命中していれば、世界史は違った経過をとったことだろう。いまや彼の護衛ウルリヒ・グラーフは、決死の覚悟でヒトラーのまえに身を投げだした。彼には何発かの弾が当たったが、しかし生きのびた。ヒトラーは、倒れるときに脱臼した肩以外は無傷だった。

ゲーリングは太ももを撃たれた。警察官たちは恐らくわざとルーデンドルフは狙わなかった。彼はまっすぐに立って進み続け、抵抗することなく逮捕され、そのあとすぐにふたたび釈放された。というのも彼は逃亡しないと誓ったからだった。のちにナチ国家の指導層に属することになる多くの一揆首謀者たちが逮捕された。そのなかには、とりわけミュンヒェン警察の高位の官吏ヴィルヘルム・フリック、ニュルンベルクの大管区指導者のユーリウス・シュトライヒャー、マックス・アマン、エルンスト・レーム、ヴィルヘルム・ブリュックナーがいた。

他の一揆首謀者たちは逃亡することができた。ゲーリングはオーストリアに逃れた。そこで彼は、銃創によって生じた痛みを和らげるためモルヒネを処置されたが、その結果は麻薬中毒だった。彼は、妻と一緒に彼女のスウェーデンの故郷にゆき、そこで禁断療法を受けたが、薬物依存症になってしまった。一九二六年、帝国大統領が刑の免除をくだすと、ゲーリングはドイツに帰国し、じきにまたヒトラーのもっとも身近な側近のひとりになった。

ヒトラーは、自分と自分の協力者たちを射殺するという予告を実行しなかった。彼は、すぐに車に押しこまれ、オーバーバイエルンのシュタッフェル湖畔のエルンスト・ハンフシュテングルの家に逃げた。そこで彼は一九二三年十一月十一日に逮捕された。警察は、未決拘留のためにレヒ河畔のランツベルク要塞に彼を引きわたした。

「……純粋に愛国的な精神」裁判から指導者党へ

裁判

ナチス党とフェルキッシャー・ベオーバハター紙、SAとヒトラーの突撃班は、クーデターの試みのあと禁止された。しかし、ヒトラー、ルーデンドルフ、一揆共謀者たちに対する遅滞している裁判に、バイエルン政府は困惑していた。政府は、裁判で告訴されなかった三頭政治による闘争同盟の援助が話題になることを避けたいと思った。この理由から裁判は、本来ならそこで開かれるべきライプツィヒ帝国最高裁判所ではなくミュンヒェンでおこなわれた。

検察庁は、その起訴状でヒトラーに主な責任を負わせた。カール、ロッソー、ザイサーは、このことを十分了解していた。というのも、彼らは激しい批判から逃れたからだった。しかし、ヒトラーはさらによく了解していた。というのも裁判は自分自身を「指導者」と、一揆の首謀者と称する可能性を彼にあたえたからだった。裁判所は、彼が三頭政治のクーデター計画をべらべらしゃべるかもしれないことを恐れなければならないので、彼自身は、たいした咎は受けずにすむだろうと思った。

ミュンヒェン裁判は、法の愚弄だった。告訴されたのは、ヒトラー、ルーデンドルフ、フリック、レーム、ブリュックナー、ペーナーそしてこの間に禁止された闘争同盟の四人の指導者だった。裁判官ナイトハルトは、ルーデンドルフが釈放されるよう手配した。というのも彼はいずれにせよルーデンドルフに無罪を宣告しようと思ったからだった。大きな車に乗って公判にやってきたルーデンドルフは、

1924年4月1日の判決の言い渡し前の一揆首謀者たち：ヒトラーの左にルーデンドルフ、右手奥にヴィルヘルム・ブリュックナー、右手前方にエルンスト・レーム

帝国時代の制服を着て出廷し、判決の言い渡しの日にピッケル・ヘルメットをかぶることさえ許された。ヒトラーは、上着に自分の鉄十字勲章をつけた。

ヒトラーは一揆のすべての責任を引きうけたが、自分の有罪は認めなかった。彼は、法廷で何時間も長広舌をふるい、自分の政治的考えを弁護した。彼はまた、カール、ロッソー、ザイサーを告訴人のように尋問することが許された。彼らはそもそもの裏切り者だ、なぜなら彼らは自分と一緒に一揆を計画したが、決定的瞬間に自分とそれによってドイツ国民（！）を見すてたからだ、とヒトラーは大口をたたいた。

法廷は、ルーデンドルフに無罪を宣告した。ヒトラー、ペーナー、ふたりの闘争同盟指導者は、大逆罪のかどで五年の城塞禁固という最低刑の判決をくだされた。この刑は、すでによい服役態度を半年間続けたあと執行を停止することができた。すべての被告に判決は、「純粋に愛国的な精神ともっとも高貴な意志」を認めた。一九二四年四月一日の判決の言い渡しで、法廷内に大声の「ブラボー」と「ハイル」の叫びが鳴りひびいたのは、不思議ではなかった。

ヘスとさらに二十一人の突撃班の隊員は、第二一揆裁判のあと同様にランツベルクの要塞に拘留された。ナチス党の精鋭部隊はこの要塞でふたたび合流した。ようするにランツベルクは、一種の非合法の党本部となった。そこでヒトラーは、御前会議を開くことができた。

ランツベルク

裁判を通じてアードルフ・ヒトラーは、極右主義者たちのスーパースターになった。ランツベルク要塞で彼は、ホテルにいるように暮らし、上階の広い監房に住んだ。一揆の首謀者たちには、一日中談話室が自由に使え、そこでヒトラーは革ズボンをはいて快適なロッキングチェアーに座って時間を過ごした。彼は籠一杯のファンからの手紙を受けとり、自分で調達したデスクでそれに返事を書いた。検閲されずに刑務所から送られた手紙によって、彼は引き続きバイエルンの国粋的な政治に影響をおよぼし続けた。

刑務所長は、ナチス党の指導者のひそかな崇拝者で、ヒトラーと彼の部下たちのために拘留をできるだけ快適にしつらえた。上等な料理が、ヒトラーが太るほど大量にランツベルクに送られた。彼の仲間はたばこを吸って酒を飲んだ。生活は愉快に過ぎていった。一九二四年四月二十日のヒトラーの誕生日は、数々の花の贈り物と大勢の祝い客で祝われた。「指導者」の訪問客はつぎつぎにやってきた。ヒトラーは、優に五百人ほどの客を迎えた。

一九二四年十月、彼は『わが闘争（*Mein Kampf*）』の完成に集中するために訪問客の波を制限した。

ランツベルクの城塞禁固：ヒトラー、ルードルフ・ヘス（左からふたり目）

本を書くという考えは、おそらくマックス・アマンから出たのだろう。ヒトラーは、知名度をお金に換えるよう言われた。筆記用紙はヒトラー崇拝者ヴィニフレート・ヴァーグナーが、刑務所へ送ってくれた。彼女はまた、刑務所にいるヒトラーに引きわたされたタイプライターのお金も払ったことだろう。およそ六月に彼は、本の執筆を開始した。

本来それは、『ウソ、愚かさ、卑怯に対する四年半の闘争、ある清算』になるはずで、すでに一九二四年七月刊行と予告されていた。その後マックス・アマンは、この本にもっと迫力あるタイトル『わが闘争　ある清算』をつけるよう提案した。当初三頭政治を「清算する」ことがヒトラーの意図だった。しかし、じきに計画はヒトラーの自伝と彼の世界観の記述へとふくらんだ。というのもヒトラーは、いまや自分が偉大な「指導者」になる使命をあたえられていると感じ、それを彼の本によって表明しようと思ったからだ。

ヒトラーは、ドイツ語の正書法と文法に問題があった。第一巻も、注意深い助手が原稿を一文ごとに推敲し修正しなければならないほど、とんでもない文体で書かれていた。それにもかかわらず、『わが闘争』は、まぎれもなくヒトラーの本だった。第一巻が市場に出ると、多くの新聞がこの作品を『わが痙攣(*Mein Krampf*)』と嘲笑した。

この第一巻は、一九二五年七月、党所有のエーアー出版社で刊行された。第二巻をヒトラーは、おおむね釈放後に書いた。それは一九二六年十二月に市場に出た。一九三〇年にこの二巻は、ほとんど八百頁にもなる「普及版」へとまとめられた。それ以来、そしてとりわけ一九三三年以後、『わが闘争』は、数多くの新版や翻訳によってベストセラーになった。この本は、ヒトラーとエーアー出版社を富ませた。

一九三三年以前に『わが闘争』がどのくらい読まれたのか、わたしたちは知らない。しかし、この本を読んだ者はヒトラーがなにを考え、なにを意図したかを知ることができた。本質的に新しいことは、二〇年代半ば以降つけ加わらなかった。ヒトラーは、ヴァイマル共和国の国粋的右翼と、個人や社会階級ではなく、「民族」が歴史をつくったという確信を共有した。ドイツ民族の生存権は、一七八九年にフランス革命で宣言されたような普遍的人権よりも強いのだとヒトラーは主張した。ドイツ民族は、ヒトラーの目から見ると「人種的な」自明の理だった。ドイツ民族は、内部に向かっては近代社会の脆弱化によっておびやかされ、外部に向かっては一九一八年以降、ドイツの衰退を引きおこしたユダヤ人によっておびやかされている。ヴェルサイユ条約には、ドイツ民族を滅ぼそうというユダヤ人の意図があらわれていた、と彼は言った。

この確信を持っていたのはヒトラーだけではなかった。とくに学生たちのあいだで、人種的反ユダヤ主義は人気があった。しばしば極右主義の学生というのは、第一次世界大戦とその結果を、兵士としてではなく義勇軍隊員としてともに体験した世代に属する者たちだった。この若い男たちは、その「即物性」に価値を置いた。ユダヤ人に対する暴行、すなわちポグロムを彼らは、一九一九年以降のヒトラーとまったく同様に拒絶した。彼らは、むしろ国の政治が、ユダヤ人少数派を法的手段によってすべてドイツから「取りのぞく」ことに向けられなければならないと主張した。この極右の環境から出てきた法律家や他の大学卒業者たちが、一九三三年以後、国家機構と党機構の――特に秘密国家警察内の――指導的地位についたのは、けっして不思議ではない。

知られているようにヒトラーは、戦争でイギリス軍の毒ガス攻撃の犠牲者になった。『わが闘争』でヒトラーは、ユダヤ人についてこう書いた。「戦争開始時と戦争中に一万二〇〇〇か一万五〇〇〇のこのへブライの民族破壊者に、あらゆる階層と職業の数十万のわれわれの最良のドイツ人の労働者たちが戦場でこうむらなければならなかったように毒ガスをあびせたならば、前線の数百万の犠牲者たちも無駄死にではなかったことだろう。反対に、一万二〇〇〇人の卑劣漢が適当な時期に取りのぞかれていれば、おそらく一〇〇万の立派な、将来に役立つドイツ人の命が救われたことだろう」

ヨーロッパのユダヤ人の組織的な殺害の計画は、ここからはまだ見うけられない。だがしかし、このように書く者は、人を殺させもするのだ。ヒトラーは、ユダヤ人はほとんど全能であると大まじめに信じるほど必然的な反ユダヤ主義者だった。ユダヤ人は、素朴な民衆を搾取するために銀行や企業を経営しているというのだった。また一方、彼らはソ連のボルシェヴィキの支配の黒幕であるとも言われた。このほとんど全能の敵には、ひとつの国だけ、すなわち自分が導くドイツだけが勝つことができる、とヒトラーは主張した。

将来のナチ国家の外交政策にとって、このイデオロギーは大きな影響力をもった。「ユダヤ人のボルシェヴィズム」と闘う戦争は、ヒトラーの考えではドイツの世界支配の前提だった。このようにすればドイツ帝国は、同時に経済的に自立できるために当てにしている「東部の生存圏」を獲得できるというのだった。ドイツは、ヨーロッパ大陸でポーランドとくにソ連で植民地帝国を手に入れなければならなかった。他の国粋主義者たちは、当時はまだ未来はドイツとソ連両者のものだと思っていた。両国は結集することによって西側列強のイギリスとフランスに立ち向かうことができるだろう。ソ連に対する憎しみを抱いていたのは、当時まだほとんどヒトラーだけだった。

ナチス党の再結党

ヒトラーがランツベルクに収監されていた間、さまざまなグループや人物が、国粋陣営での指導権をめぐってあらそっていた。ヒトラーは、最初このあらそいに監房から介入したが、ほどなく手を引いた。彼が最終的に一九二四年のクリスマス直前に釈放されたとき、極右主義者たちは激しくあらそって分裂していたので、ただひとりだけが彼らをふたたびひとつにまとめることができた。ヒトラー自身である。

彼は、本来なら数カ月前に保護観察で釈放されることができただろう。しかし、ミュンヒェンの検察庁がそれに抵抗した。検察庁は、結局自説を貫徹できなかった。というのも管轄する上級地方裁判所が、ヒトラーのよい素行を褒める刑務所長の褒め言葉を信じたからだった。しかし、今度もまたヒトラー騒ぎを終わりにする可能性がまだ残っていただろう。というのもヒトラーは、オーストリアの国民だったからだ。彼は、ドイツで政治的な犯罪行為をおかしたので、すぐに故郷に追放されなければならなかっただろう。

しかし、これに反対したのはオーストリアの連邦首相だった。彼は、この厄介者を受け入れたくなくて、ヒトラーはドイツ軍部隊での兵役によってドイツ人になったと主張した。これは、たしかにばかげていたが、ヒトラーに対する判決のなかでもまったく同じ主張がなされていた。ヒトラーは、釈放からわずか数カ月後に、彼が二度と国外追放されないよう自分で手配した。彼は、ウィーンでオーストリア国籍からの離脱を願い出た。これは、わずかな課金で彼に寛大に認められた。ヒトラーは、一九三二年まで無国籍になった。

ヒトラーが釈放されたとき、ナチズムはすでに葬られたと思われた。彼が五年間投獄されるか、国境の外へ追放されたならば、彼の政治的栄達はこの時点で事実上終わっていたことだろう。しかし、事態は違う経過をたどった。

この間にヒトラーは、クーデターによっては権力に到達できないだろうという考えをもつにいたっていた。むしろナチス党は、選挙に参加することによって支配を獲得しようとした。そのための前提条件は、それ自体不都合だった。というのも一九二三年に破滅の淵にあったヴァイマル共和国が、安定したからだった。それに大いに貢献したのは、通貨がインフレによって健全化したことである。アメリカの銀行家チャールズ・ドーズの指導のもとで専門家会議は、今後ドイツの国民経済の能力に見合った賠償支払いの新たな計画を練った。毎年、二五億金マルクが支払われることが決められた。それと同時にアメリカの借款がドイツに流入した。疲弊した経済は持ち直した。

文化的にも「アメリカ化」は、はっきりとあらわれた。ベルリンではジャズ音楽がいたるところで人気を博し、とくにこの間にトーキー映画が、サイレント映画にとって代わったために、アメリカとドイツの映画スターが称賛された。ラジオは好調な売れ行きを見せ、レコードは十万倍も売れた。技術が、この当時の時代の文化生活で非常に大きな役割をはたしたことは、そもそも第一次世界大戦、すなわち人類史上最初の機械戦争に由来していた。技術礼賛は、アメリカの生活様式の影響によって二〇年代半ばに強まった。

自動車はますます買われたが、しかし購買力をもつ大衆に限定されていた。そのかわり自動車によるスポーツが盛んになった、それは、あらゆる社会陣営と政治陣営を横断して、おおいに人気を博し、数百万人の大衆をひきつけたスポーツ一般と同様だった。ドイツで「アメリカ的」と呼ばれたものは、その中心に近代の文化があった。それは、すでに第一次世界大戦までの大流行の時代と同様に、賛同ばかりでなく保守主義者と国粋主義者の集団からの決定的な拒絶にも突きあたった。

外交的にも共和国は、同様に新しい道を歩きはじめた。一九二五年、外相グスタフ・シュトレーゼマンは、西側列強とロカルノ条約を締結した。これはライン国境の強引な変更を放棄することを意味し、この放棄には一方でフランスとベルギーが、他方でドイツが義務を負った。イギリスとファシズムのイタリアは、西部国境を軍事的に保証した。すなわち両国は、ドイツが、ベルギーとフランスあるいはベルギーかフランスを（一九一四年のように）攻撃した場合、またはフランスがドイツに進駐した場合（ルール地方の占領のときのように）、自軍の兵士をもって介入する義務を負っていた。

一九二六年、ドイツは厳粛に国際連盟に加盟した。ドイツ＝フランスの緊張緩和政策は、第一次世界大戦の戦勝国がヴェルサイユ条約の規定で予定されたより五年早い一九三〇年にラインラントを撤収することを約束したことによって報われた。シュトレーゼマンは、しかしドイツの東部国境の変更不可を承認する気は断固としてなかった。それゆえ、ポーランドとの緊張はつづいた。

一九二四年末の帝国議会選挙と州議会選挙で国粋主義者たちは、大幅に票を失った。バイエルン政府は、いまやナチス党と『フェルキッシャー・ベオーバハター』紙の禁止を解除しても危険はないと思った。解除は、一九二五年二月におこなわれた。そのすぐあとヒトラーは、エルンスト・レームと手を切った。レームは、自身の釈放のあとふたたび準軍事的な政策を押しすすめ、国粋的右翼の「戦線団（フロントバン）」を組織した。それに対しヒトラーは、もはや一揆の冒険にかかわりたくなかった。レームは、さしあたり降参して、彼が軍事顧問として新しい活路を見いだしたボリビアに行った。

一九二五年二月二十七日、ヒトラーは一揆後はじめてふたたび姿をあらわした。彼は、プロパガンダとしてビュルガーブロイケラーを選んだ。彼は、彼の以前の道のりが終わったところから新たにスタートしようとした。ナチス党は、新たに再建された。ヒトラーは、党員番号一番として党に入党した。五〇〇〇人の聴衆が、ホールの中や前でひしめきあった。ヒトラーは二時間にわたって「ドイツの未来とわれわれの運動」について語った。演説の終わりに彼は、他の誰でもなく彼が国粋主義者たちを率いるとはっきりと表明した。「わたしは個人的に責任を負う限り、条件を指図されるつもりはない」。議事録は、この箇所でこう記している。「盛んな拍手、ハイルの声」。

しかし、由々しい競争相手がいた。エーリヒ・ルーデンドルフである。この将軍は、ヒトラーの拘禁中、彼と指導権をあらそった。ヒトラーは巧みに彼を排除した。帝国大統領エーベルトが一九二五年に亡くなった。新しい国家元首の選挙の期日が定まった。ヒトラーはルーデンドルフに、ナチス党のためにこの職に立候補するよう促した。ルーデンドルフは、それによって同様に立候補していた彼の以前の戦友パウル・フォン・ヒンデンブルクの怒りを買った。ヒンデンブルクに対しては、ルーデンドルフはいささかのチャンスもなかった。彼は、一九二五年三月の一回目の投票でほとんど一パーセントも得票しなかった。これによって彼は政治的に葬りさられ、じきに世間から忘れられてしまった。

パウル・フォン・ヒンデンブルクを帝国大統領に選出することは、共和国にとって大きな重圧だった。たしかにこのかつての元帥は、憲法に敬意をはらうことを約束していて、最初はこの約束にしたがっていた。しかし、彼は民主主義のしもべではなく、没落した帝国の男だった。そのうえヒンデンブルクは、大統領の職を受けたときすでに七十七歳だった。彼の政治的な判断能力は、たいして大きくなかった。わたしたちは、帝国大統領が取りまきたちの耳打ちにいかに依存するようになったか、ヒトラーがこれをいかに利用したかをこれから知ることになるだろう。

ヒトラーの星が高くのぼればのぼるほど、ますます多くの崇拝が彼にもたらされた。ある国粋的な作家は、すでに一九二四年の拘留期間中に『ヒトラーについての民衆本』を刊行していた。この作品のなかでヒトラーは、「国民の憧憬の力強い具現」として称賛された。党内ではさらに過激になり、ヒトラーの「王権神授」とさえ言われた。彼はより高い権力によって照らされている、というのだった。ヒトラーの釈放後、ルードルフ・ヘスが彼の私設秘書を務めていた。彼は、ヒトラーに無条件に心酔し、すでにランツベルクでもっとも近しい腹心のひとりだった。ヘスは、指導者崇拝が広まることに決定的に寄与した。「運動」は、「指導者の使命」の「無条件の正しさへの無条件の信頼」をもたなければならない、とヘスは言った。そしてヒトラー自身もまた、この「使命」を確信していた——その確信は、長くなればなるほど、ますます大きくなった。

そうこうする間にバイエルンの州政府は、彼に対して演説禁止命令を出していたが、他の州政府もそれにつづいた。ヒトラーには、それは大して気にならなかった。反対に、彼には『わが闘争』の第二巻を書く時間が生まれた。彼は、そのためにベルヒテスガーデン近くのバイエルン・アルプスに引きこもった。彼がのちに別荘をもつことになるオーバーザルツベルクを彼は、すでにずっと以前から知っていた。執筆のために彼はそこのペンション・モーリッツの小さな木組みの家を自由につかうことができた。一九二五年七月末、ヒトラーはヴァーグナーの音楽祭のためにバイロイトに旅行し、そこで一週間を過ごした。それ以来彼は、ヴィニフレート・ヴァーグナーと「du（君）」で呼び合い、彼女はヒトラーを「ヴォルフ（狼）」と呼んだ。この音楽祭は、彼の年間予定表の不変の行事になった。

翌年の夏、ヒトラーは本を完成させるためオーバーザルツベルクへ帰った。八月に原稿は完成し、そのなかには「東部政策」、すなわちソ連と「ユダヤ人・ボルシェヴィズム」に対する戦争についての最終数章が含まれていた。

一九二五年からランツフートの薬剤師グレーゴーア・シュトラッサーが、いまや大管区と呼ばれる行政区に区分された党の編成の改革を担当した。大管区は、それぞれ大管区指導者が管轄した。シュトラッサーは、しばらくランツベルクに服役していたが、しかしその間にベルリンの帝国議会でドイツ国粋自由党（ＤＶＦＰ）の議員になった。ＤＶＦＰは、禁止されたナチス党の後継組織だった。それは、北ドイツと西ドイツに地方支部をもっていたが、それをシュトラッサーは、いまやヒトラー党のために利用するよう指示された。グレーゴーア・シュトラッサーは、ヒトラーの神格化にほとんど関心がなく、労働者を獲得してナチス党員にするために強く左がかった綱領を支持した。それにもかかわらず彼は、ヒトラーを支援し、その際非常に大きな成果をあげた。

重要な新入りは、ヨーゼフ・ゲッベルスだった。彼はドイツ文学を勉学し、博士号を取得し、そのあと作家として名を成そうと試みたが、成功しなかった。むしろ小さく生まれついたゲッベルスは、右足が形態異常で、劣等感に苦しんでいた。彼はきわめて知的で、ひじょうに野心家だった。彼は日記をつけていたので、ヒトラーのことをどう思っていたかをわたしたちは知っている。『わが闘争』の第一巻を読んで以降、彼は、ヒトラーを生まれながらの民衆指導者にして来たるべき独裁者だと思った。「なんとわたしは彼を愛していることか！」、と彼は感極まったように日記に書いた。

ゲッベルスは、社会主義を民族主義より重要だと思うナチス党員のひとりだった。その点で彼は、ヒトラーと意見を異にした。それはしかし、じきに変わった。ゲッベルスの才能を認めていたヒトラーは、彼をミュンヒェンの自宅に招き、彼を賓客のようにもてなした。ゲッベルスは演説をすることを許され、そのあとヒトラーは目に涙を浮かべて彼を抱擁した。ゲッベルスは確信した。「わたしはより偉大な男、政治的な天才に屈する」、と彼は日記に書いた。彼は、そのときから無条件にヒトラーにしたがった。

一九二六年十月、ヒトラーはゲッベルスをベルリンの大管区指導者に任命した。この帝国首都でナチス党は、それまで存在しないも同然だった。ナチス党には数百人の党員しかいなかった。ゲッベルスは、大きな労働者地区を擁した「赤いベルリン」を党のために征服するよう命じられた。彼は一方で、そのプロパガンダの重点を当時ベルリンで流行していた近代的な文化に対する闘いに置いた。また他方で彼は、反ユダヤ主義的な煽動をおこない、SAを「赤」とユダヤ人を攻撃する暴力的なデモに駆りだした。ゲッベルスは数多くの演説をする際に、多くの共産主義者が着ていたような革の上着を着て、共産主義のプロパガンダのスタイルをまねた。

当時三六歳だったヒトラーは、ヴァイマルの状況からすると並はずれて若い政治家だった。党のプロパガンダではナチス党の「若さ」が、たえず強調された。これは偶然ではなかった。ヴァイマル共和国の半ばごろ「若さ」をめぐって幅ひろい政治的な論争が起こったからだった。ヒトラーの党が自分のために利用しようとした若さの神話と言うことさえできる。というのもこの党は指導者への信頼によって

ヴァイマルでのナチス党の第二回帝国党大会に到着したヒトラー、1926年7月

していた。

のみ結束していたからである。ヒトラーは、党を体現

一九二六年七月、ナチス党は再建後最初の帝国党大会をひらいた。それはヴァイマルでおこなわれた。というのもヒトラーは、テューリンゲンで公開の場で演説することを許されたからだった。ヒトラーに歓声をおくるために八千人の党員がやってきた。そのうちのおよそ半数はSAだった。そうこうする間にSAの内部で、ヒトラーのかつての突撃班であるSS（親衛隊）が、「最優秀」の選抜チームとなった。

ヒトラーは、SSに「血の旗」の保管をゆだねることによってSSを優遇した。それは、ミュンヒェン一揆で行進隊列の先頭にかかげられていたハーケンクロイツの旗だった。それには、将軍廟近くで撃ち殺されたナチス党員の血のしみがついていた。旗は、一種の聖遺物になった。ヒトラーは、それによってSAの旗と識別標識を血の旗に触れさせて「禊をおこなった」。教会の風習をまねたこの厳粛な仮装行列は、党員とSA隊員に強い感銘をあたえた。これは、それ以後帝国党大会の不可欠の演目になった。

はじめてニュルンベルクで執りおこなわれた一九二七年晩夏の帝国党大会は、参加者があまり多くなかった。さらに民族主義的な志向をもつ労働者を獲得してナチス党員にする試みが、失敗したことも明らかになった。ヒトラーはそこで新しいスローガンとして、とりわけ下層中産階級に的をしぼることを告げた。たとえばそれは、いわゆる「ユダヤ人の」デパートコンツェルンの競争相手に脅かされていると感じていた小売業者だった。農民もまた、より強く引きつけなければならなかった。

しかし、いまだ事態は順調にはすすまなかった。一九二八年五月の帝国議会選挙は、二・六パーセントの得票率でまったく悪い結果となった。そのため、ヴァイマル共和国の最後の州としてプロイセンは、九月末にヒトラーへの演説禁止を解いた。人びとは、ナチズムは消滅するだろうと思った。しかし、それは間違いだった。ヒトラーは、十一月十六日にはじめて首都で最大のイベント会場であるベルリン・スポーツ宮殿で演説した。会場は、一万六千人の人びとで最後の席までいっぱいだった。演説は完全に成功し、ヒトラーは話題になった。ナチス党の党員数も増えた。一九二八年末にはすでに一〇万人以上の党員がいた。

ヒトラーが、いまやそのユダヤ人敵意のトーンを弱めたことは注目される。彼は、とりわけ市民階級の聴衆に語りかけようと思い、そのあまりにも強い反ユダヤ主義の口調によって彼らを怯ませたくなかった。そのかわり彼は、「民族共同体」により大きな重点を置いた。というのもドイツの経済状況は、共和国なかばの短期間の回復のあときわめて悪化していたからだった。一九二九年初頭にはすでにおよそ三〇〇万人の失業者がいた。ヒトラーは、敗者と不満分子に語りかけることによって、経済危機と社会的対立を自分の目的のために利用した。

一九二九年夏までに多くの州議会選挙が、政治の議事日程に組みこまれた。ひっきりなしに選挙集会と選挙宣伝が市民に降りそそいだ。ナチス党は、世間にたえず姿を見せることによってエネルギーと行動力のイメージをつくりだした。頂点としてヒトラーも、そのつど何度か演説をした。その結果党は、選挙結果をあきらかに改善したが、しかし五パーセントの得票率を超えなかった。

しばらく前からヒトラーは、市民的＝保守的なドイツ国家人民党（DNVP）によっても認められた。その党首は、強大な権力をもつメディア企業家アルフレート・フーゲンベルクだった。DNVPと他の民族主義的右翼の組織と一緒にナチス党は、いわゆるヤング案に反対する国民請願を実現する試みに加わった。この案では、戦時賠償の最終的な規定が問題だった。賠償金の支払いは、五九年間にわたって分割されることが決められた。ヤング案は、ドイツの利害に沿うものであったにもかかわらず、ヒトラーと彼のパートナーたちは、ヤング案と社会民主党にひきいられた帝国政府を攻撃する過激なプロパガンダを展開した。国民請願は失敗した。しかし、ヒトラーは、一夜にして民族主義的右翼の政界の大物になった。彼は、いまやミュンヒェンの極右の「太鼓たたき」であるばかりでなく、権力と金と影響力をもつ人士たちと近づきになることができた。

一九三〇年五月にナチス党は、ミュンヒェン市街の一等地、ブリーナー通り四五番地に十九世紀に建てられた大きな屋敷を買った。この購入金は、一部産業界の人びとの寄付と、また一部はすべての党員が義務を負った特別支払金がもとになった。——しかもこれは、世界大恐慌の真っただ中でのことだった。ヒトラーが、そのしばらく前にブルックマン家で知り合いになっていた建築家パウル・ルートヴィヒ・トローストが、屋敷を改築する注文を請け負った。トローストは、自身が青年時代から偉大な建築家になりたいと夢見ていたヒトラーの最初のお気に入りの建築家になった。一九三一年初頭、党はその新しい本部に入居した。これは、それ以後「褐色の家」と呼ばれた。というのも、ナチス党は、SAの制服のために褐色の色と結びつけられたからだった。この建物の設備のひとつは、とりわけミュンヒェンSAの旗と連隊旗が保管されたロビーだった。それには一九二三年の「血の旗」もふくまれていた。

ヒトラーの執務室は、この建物のかどの大きな部屋だった。その備品には、ベニート・ムッソリーニの胸像、第一次世界大戦中のヒトラーの連隊の戦いを描いた絵、ならびにヒトラーの執務机のうしろの壁に掛けられたプロイセン王フリードリヒ二世（「大王」）の肖像画があった。ヒトラーは、これによって自分をプロイセン王の後継とした。彼は、自身の指導性を、保守的なドイツの市民層のあいだでも高い信望をあつめていた歴史的模範によってささえようと思った。オーストリア人のヒトラーは、プロイセンとはそもそもほとんど関係がなかったが、フリードリヒ二世のことは尊敬していた。

ナチス党のプロパガンダは、党員たちにたえずナチス党の繁栄に心を砕き、自分の執務机で多くの時間を過ごす党指導者のイメージをつたえた。実際にはヒトラーは、めったに執務室では会えなかった。彼は、行政機構の必要な案件をまったく理解しなかった。彼の官僚機構と書類に対する嫌悪は、すでに権力掌握以前から知られていて、彼の部下たちをときに絶望させた。

一九三一年二月から党は、ベルリンにも本部をかまえた。党は、ヴィルヘルムプラッツのホテル「カイザーホーフ」の最上階を借りあげた。そこでヒトラーは、私室を自由につかうことができた。ホテルは、帝国宰相官房が見えるところにあった。これによってナチス党とその「指導者」は、目に見えるかたちで権力の門口に立った。

ヒトラー「プライベート」I

自己演出

出世のはじまりの時期にヒトラーは、自分の容姿を秘密にした。誰も彼を写真にとってはならなかった。政治的な風刺雑誌『ジンプリチシムス』は、一九二三年三月、こう質問した。「ヒトラーはどんな風体?」雑誌は、こういう結論に達した。「ヒトラーは、そもそも個人ではない。彼は、ひとつの状態だ」。これは、正鵠を射た表現だった。というのもヒトラーは、なにかを演じようと思い、誰かであろうとは思わなかったからだ。ヒトラーの腹心、報道写真家のハインリヒ・ホフマンは、確かにそのあと、じきにヒトラーの写真を公表しはじめた。しかし、こうした肖像画は、それが「指導者」のイメージに合うように、入念に準備され、撮られていた。

ヒトラーのトレードマークは、有名な口ひげ(「ヒトラー風ちょびひげ」)と、左から顔にかかった分けられた髪の巻き毛だった。この巻き毛を彼は、右手の彼独特の身振りでうしろにかきあげた。ヒトラーは、大きな幅広の鼻をもっていた。近くから見ると彼の顔は、好ましいものではなかった。彼の政敵たちは、彼をあきらかに醜いとさえ思った。それに対し、ヒトラーの支持者たちは、くりかえし彼の輝くばかりの青い目を指摘した。それには簡単な理由があった。ヒトラーは、自分に他のひとが好感をもつように、意識的に強く握手をし、相手の目を長く見つめた。この俳優をまねた技巧は、ほとんどいつも効果をあやまたなかった。

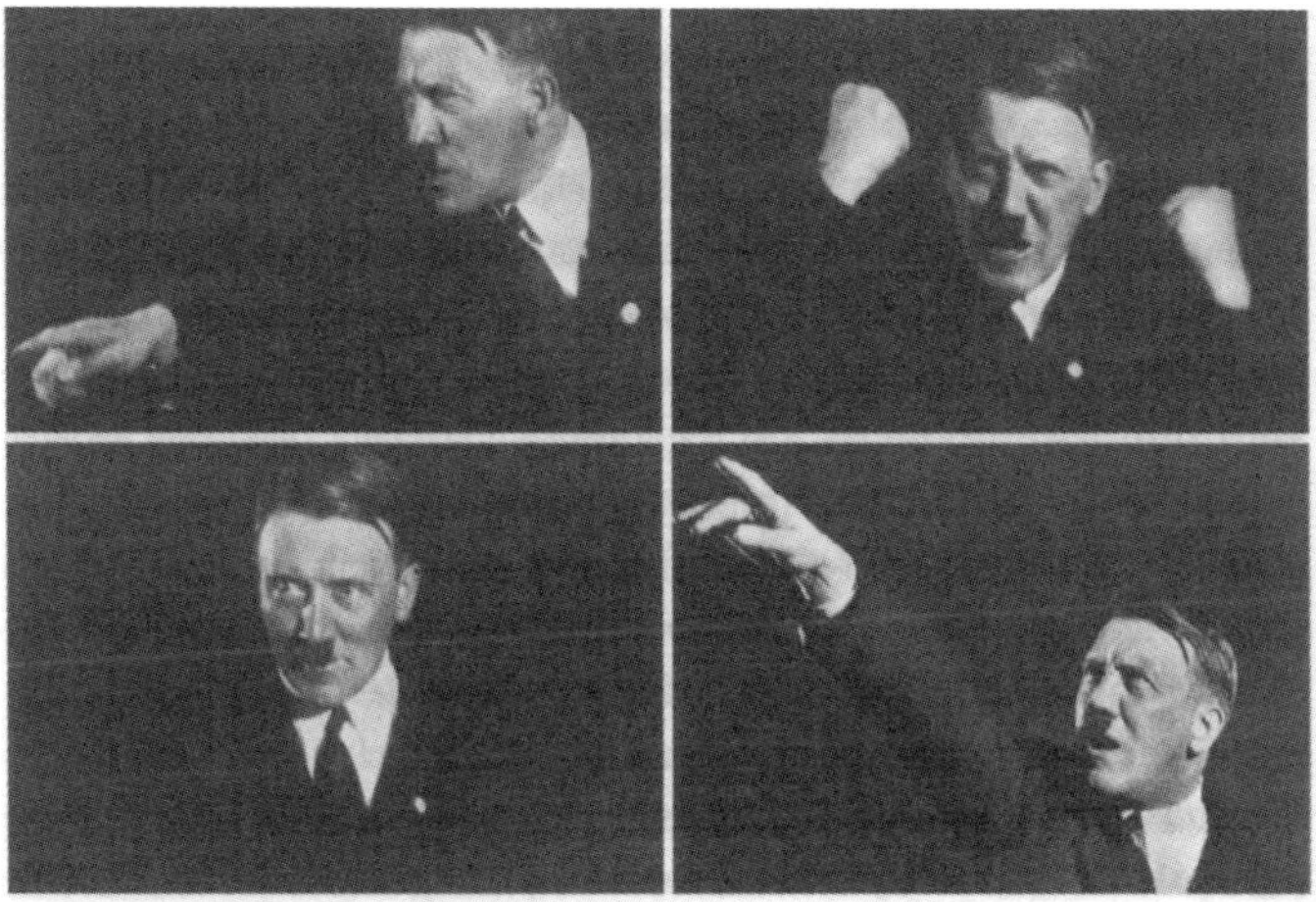

演説のポーズをとるヒトラー。ハインリヒ・ホフマンによる連作写真、1930年

そもそもヒトラーは、ヒトラーの伝記の最良の専門家であるイアン・カーショーが強調したように、天性の俳優だった。

彼のまわりにいた多くの男たちは、彼の人格が、数多くのさまざまな役割から成り立っていると思った。彼は、これらの役割をすべて完璧に演じ、ほとんど思いどおりに取りかえることができた。「ほんとうの」ヒトラーは、この役割のうしろに隠れていた。彼は、ほとんどいつも目に見えない仮面をつけていた。ヒトラーは、恥をさらしているところを写真に撮られたり、ばつの悪い瞬間を撮られたりすること以上に恐れるものはなにもなかった。

ヒトラーは、何時間も休むことなくヒトラー式敬礼のために揚げつづけることができた右腕を定期的にトレーニングすることをのぞけば、スポーツはしなかった。これは、確かに肉体的に最高度の能力を要したが、彼はそれを他人に気づかせなかった。演説のときヒトラーは激しく汗をかいたので、大きく体重が減った。しかし、彼は、演説によって最高の気分になることもできた。こういう日の終わりには、彼はへとへとになってばったり倒れこんだ。この姿はしかし、誰も見てはならなかった。ヒトラーの取りまきはその際、彼を好奇の目から守った。

最初ヒトラーは、たいてい簡素な青い背広と黒っぽい色のネクタイをしていたが、自由な時間にはバイエルンの革ズボンがいちばんのお気に入りだった。しかし、とりわけ彼は、よく好んで制服を着た――ヴァイマル共和国の政治的に活発な多くの市民と同じように。党の催しではそれは、たいていSAの褐色の制服だったが、彼は、帽子は被らなかった。乗馬ズボン、丈の高いブーツ、ハーケンクロイツの腕章、革の肩帯は、党の兵士としての彼の登場を完璧にした。さらに彼は、たえず第一次世界大戦時の勲章をつけた。数多くの選挙演説でヒトラーは、一九三三年以前には黒っぽい背広を着ていた。政治的な協議が長びくときや、ドイツ経済界の指導的な人物たちによって講演に招かれたときにも、彼は背広を着てあらわれた。つねにヒトラーは、ネクタイをしめていた。それはつまり、外見と取り捲きからの距離を重視していたということである。

生活習慣

ヒトラーは、演説の構想を練らなかったり、演説をしないときは、青年時代から馴れ親しんでいたように暮らすのがいちばん好きだった。彼は、自分の住まいで読書をして多くの時間を過ごした。この住まいは、さしあたりまだミュンヒェンのティーアシュ通りにある粗末な部屋だった。ヒトラーの自慢は、おもに歴史物と軍事物の作品からなる山積みの本だった。丹念に読むことは、あいかわらず彼の習慣にはなかった。彼は、新聞から情報を得、そこから自分の演説に使えるものを記憶した。

住まい以外ではレストランとカフェが、ヒトラーのお気に入りの場所だった。ピザハウスとイタリアンレストランが連邦共和国に登場するずっとまえに、ヒトラーは、すでにイタリア料理のファンで、『オステリア・バヴァリア』という名のレストランでよく時間を過ごした。このレストランは、ヒトラーがたびたびおとずれた『フェルキッシャー・ベオーバハター』紙の編集局の近くにあった。そことさらに贔屓にしたカフェー・ヘックに彼は、増えてゆく取り巻きたちをあつめた。

一九三〇年八月からは、ヒトラーと一緒にミュンヒェンの法廷に立ったヴィルヘルム・ブリュックナーが、これに加わった。彼は、ヒトラーの副官だった。ユーリウス・シャウプと同様に、ブリュックナーはほとんどいつも彼のボスに同行した。

ヒトラーが助言をもとめる場合、彼はこの自分に心服する集団と話をするのがいちばん好きだった。「わが総統《マイン・フューラー》」という呼びかけは、まだふつうではなかった。人びとは、党首を尊敬をこめて「ヒトラー殿《ヘア・ヒトラー》」と呼びかけた。ヒトラー自身は、命令に慣れた男たちのあいだではふつうのことだが、呼びかけに姓だけをもちいた。ヒトラーの部下たちは、おたがいのあいだではふつう彼を「ボス」と呼んでいた。

内輪の仲間に属する人びとは、大多数ＳＡに所属していた。夜になると護衛たちが、その住まいまで彼に同行した。ヒトラーと彼の護衛クリスティアン・ヴェーバーは、つねに犬用の鞭をもち歩き、ヒトラーはピストルももっていた。丈の長い黒っぽいコートに身をつつみ、つばの広い帽子を目深にかぶったこの党の指導者は、ギャング団の親玉のような印象をあたえた。ナチス党は、事実またそういう集団だった。

ヒトラーは、一九二五年から二六年にかけてミュンヒェンの住まいよりバイエルンのアルプスにいたほうが多かった。これは彼が、その間にミュンヒェンとベルヒテスガーデンのあいだを往復することが

ヒトラーと随行者たち：右からルードルフ・ヘス、ヘスとヒトラーの間にユーリウス・シャウブ、ヒトラーの左にヴィルヘルム・ブリュックナーとエルンスト・レーム、1931年

できる大きなメルセデス車を誇らしげに所有したため容易になった。ヒトラーが好んだ高貴な商標メルセデスをもつこの車は、ふたつの後部座席とコンプレッサーエンジンをもつ黒っぽいカブリオレだった。その値段は、二万六〇〇〇ライヒスマルクだった。ヒトラーは、どうやってこの大金を調達すべきかわからなかったにもかかわらず、すでにランツベルクの収監時にこの車を注文していた。最終的に彼の後援者ブルックマン夫妻が、ヒトラーにこの車を贈呈した。もちろん彼は、自分では運転しなかった。ヒトラーは決して運転免許証を持たず、身分相応にひとに運転させた。

ヒトラーは自分の護衛を引きつれて一帯を疾走すると、以前よりもっとアメリカのギャング団の親玉のような印象をあたえた。この振る舞いもまた、時代にかなっていた。「アメリカ」は、とりわけ若者たちの目から見るとよりよい未来を象徴していた。ヒトラーは、多くの同時代人と近代技術、とりわけ車への熱狂をわかち持った。

ヒトラーは、奇妙な生活習慣をもっていた。彼が遅く起きるという話はすでにした。例外はもちろん選挙戦で、そのときはゲッベルスと彼の協力者たちの日程計画にしたがった。ヒトラーは、わずかな食事しかとらなかった。彼は一揆のときまでは肉を食べ、適度に酒も飲んだ。ランツベルクを釈放されてからは、彼は、わずかに菜食主義の食事をとり、酒はきっぱりやめる方向に変わっていった。彼の食習慣のこの変化に対する簡単な理由は、彼が収監中に目に見えて太ったことに起因した。また一方でヒトラーは、ケーキやクッキーその他甘いものが異常なほど好きだった。これは、彼がたえず説いた健康な生活スタイルにうまく合致しなかった。

ヒトラーは、二〇年代末以降も贅沢な生活スタイルをおくっていたにもかかわらず、ひかえめに振舞った。そのために必要なお金は、最初裕福な後援者たちによってこっそり彼に渡された。一九三〇年からは彼は、自分の本を売って多額のお金を儲け、さらにそのうえ実業家から寄付金をもらった。夜になると彼は、好んでコンサートやキャバレーの催しや映画などに行き、そのときいつも護衛をともなった。これによってもヒトラーは、ベルリンで当時盛んだった大衆文化に与していた。

ヒトラーの生活水準の高まりを外面的にあらわすものには、その住居もあった。この住居によって彼は、同時に社会的地位の高いブルジョア階級のあいだで称賛を得ようと思った。一九二九年、彼は高級なミュンヒェンのプリンツレゲンテンプラッツの家の二階の広々とした九部屋ある住まいに引っ越した。しかし、ドアの呼び鈴のところには、彼の名前ではなく、彼の家政婦ヴィンター夫人の名前がつけられていた。

そうこうする間にヒトラーは、オーバーザルツベルクのすぐ近くに自身の別荘も借りていた。それは、「ハウス・ヴァッヘンフェルト」で、アルプスとオーストリアの町ザルツブルクのすばらしい眺め

ヒトラー宮殿「ベルクホーフ」の「大広間」の窓

が一望できた。ヒトラーは、ここで五部屋とタイル張りの暖炉のついた大きな居間を自由につかうことができた。さらに食糧貯蔵室のある台所と浴室とトイレがついていた。

ヒトラーはウィーンに住む異母姉で、その間に寡婦になっていたアンゲラ・ラウバルに問い合わせをして、彼女に彼の家政婦として別荘を管理してくれるよう頼んだ。公式には彼女は借家人だった。このようにしてヒトラーは税金を節約し、彼がバイエルンのアルプスで別荘に住んでいることから世間の目をそらした。

一九三二年夏、アンゲラ・ラウバルは、ヒトラーの代理である建築家に改築計画を依頼した。この改築は、権力掌握のあとすぐに実行された。いまや家に入る車寄せと正面にガレージがあった。ガレージの上に日当たりのいい大きなテラスがつけられた。家とテラスのつなぎとしてサンルームがつかわれた。さらにヒトラーは、家の右隣りに木造の建物を増築させて、そこには彼の護衛と副官と医者が詰めていた。

そのあとすぐにヒトラーは、この家を購入した。車寄せは木の門で閉ざされ、表札のとなりには「猛犬」注意と書かれ、通り抜けが禁じられた。こうして「ハウス・ヴァッヘンフェルト」は、すぐに「指導者」本人に会うためにオーバーザルツベルクに詣でる多くの訪問客の目的地となった。一九三六年までにヒトラーは、彼の別荘を、御前会議を開き国賓を迎えることのできる「ベルクホーフ」へと金をかけて拡張した。大きな日当たりのいいテラスが、いまやサンルームのまわりを取りまいていた。「大ホール」は立派な応接室として、そしてヒトラーの絵画コレクションの展示室として使われた。有名になったのは、居間のホールのおよそ三〇平方メートルの大きさの電動収納式のパノラマの窓で、そこからアルプスを見晴らす壮大な眺望がひらけていた。

ベルクホーフの写真、しかもカラーの写真はナチ時代に広く普及しており、総統崇拝を効果的に促進した。マルティーン・ボルマンは、いわゆる関心領域であるオーバーザルツベルクを管理していて、それを時とともに重警備地域に拡張し、多くの建物でおおった。たいていは農民だったその本来の地所の所有者たちは、売却をせき立てられたり、強要されたりした。

女性たち

ヒトラーは、自分のまわりに若い女性たちをあつめるのが好きだった。彼女たちに対して彼は、しばしば親切で愛想がよかった。彼の年配の女性の後援者たちが、彼の出世の初期にほどこした礼儀作法の修練は、効果を発揮した。しかし、そこからヒトラーが、女性を尊重していたと推論することはできない。彼は、青年時代から女性を見くだし、しばしば無礼なほど侮辱的な物言いをした。彼は、くりかえしドイツが自分の花嫁だから自分は結婚することは許されないと言った。しかし、これは、ただ彼の男女関係への不安と独断から傲慢に身をそらしただけだった。

ヒトラーは、ベルヒテスガーデンのホテル『ドイッチェスハウス』で『わが闘争』の第二巻を執筆していた一九二六年夏、十六歳のマリーア・ライターと知り合った。ヒトラーは、この若い少女に言い寄り、彼女は有名な政治家が自分に関心を持っていたために悪い気がしなかった。ヒトラーは、マリーア・ライターに会ったとき、すでに三十七歳だった。一九二六年のクリスマスに彼は、彼女に私的な献辞を添えた『わが闘争』を贈った。ふたりは、手紙を取りかわし、そのなかでマリーア・ライターは、ヒトラーに自分の愛を告白したに違いなかった。彼は、その返事で見くだしたように彼女を「おちびちゃん」と呼び、いつも彼女の本当の名ではなく、「ミッツィ」とか「ミッツェルル」と呼びかけた。彼は、彼女から「ヴォルフ」と呼ばれた。ヒトラーは、この名前をナチス党の初期に偽装のために使っていたが、しかし「狼」と結びついた強さと狡猾さのイメージをどうやら気に入っていたようだった。

一九二六年末にヒトラーは、マリーア・ライターにこう書き送った。「やあ、おちびちゃん、君はわたしにとってどれほど大事か、わたしがどれほど君を愛しているかわからないだろうね」。ヒトラーは、ほんとうは「ミッツィ」に大した好意をもっていなかった。翌年の春、彼はこの戯れの恋を終わりにした。戦後、マリーア・ライターは、自分がヒトラーと婚約していて、彼と愛の夜さえ過ごしたと主張した。これは、しかしありえない。というのも彼は、じきに新しい女性を手に入れたからだった。

「ゲリ」と呼ばれたアンゲラ・ラウバルにヒトラーは、どうやら惚れたらしい。彼女は、彼の異母姉の娘だった。

ゲリ・ラウバルも、ヒトラーより二〇歳年下で、若く陽気な女性だった。彼女は、リンツでアビトゥーアをとり、ミュンヒェンで医学の勉強を始めていた。のちに彼女は、音楽学生として大学に登録された。ここで叔父は、その姪に言い寄った――かつてヒトラーの父が、彼の母に言い寄ったよう

ハウス・ヴァッヘンフェルト近くの草原に横たわるヒトラーと彼の姪アンゲラ（ゲリ）・ラウバル、1930年

に。ミュンヒェンに到着したあとすぐにゲリ・ラウバルは、ヒトラーの運転手エーミール・モリースとつきあい始めた。立腹した嫉妬深いヒトラーは、一九二七年十二月にモリースを解雇した。それ以来数年にわたってユーリウス・シュレックが、彼の運転手になった。

一九二九年十月以降、ゲリ・ラウバルは、正式にティーアシュ通りのそれまでのヒトラーの家主たちの住居をまた借りした。実際には彼女は、プリンツレゲンテンプラッツの彼の新しい住居の一室に住んだ。彼は、彼女に贈り物や洋服を贈ってご機嫌をとり、食事に出かけるとき、しばしば彼女を一緒に伴った。ゲリは、彼の同伴で芝居や映画を見に行き、たびたびおこなわれたミュンヒェン郊外やオーバーザルツベルクへのヒトラーのハイキングについていった。彼女はミュンヒェンでヒトラーの費用で歌の授業を受けたが、本格的な音楽の勉学はしなかった。

ヒトラーとゲリ・ラウバルの関係がどのようなも

のであったかは、今日まで解明されていない。それが性的な関係だったのかはわからない。しかし、確かなのは、ヒトラーが彼の恋人を彼の個人的な所有物のようにあつかったということだ。彼女は、彼の考えによれば、彼の同伴がなければなにをしてもいけなかった。

ゲリ・ラウバルは、二年たってそれにもう耐えられなくなった。彼女は、オーストリアに帰ろうと思ったが、ヒトラーは彼女にそうすることを禁じたらしい。そのすぐあと、一九三一年九月十九日、ゲリはヒトラーの住まいで死体となって発見された。彼女は、叔父のピストルで胸を撃って自殺した。ナチス党は、彼女がヒトラーの銃器をもてあそんでいるときに誤って自分を撃ってしまったと主張した。別の説では、彼女は、自分の絶望的な境遇に注意を向けさせるために自殺を試してみただけだったが、そのとき住居で出血多量で亡くなったということだった。これらすべては、ゲリ・ラウバルが自殺したのは、彼女を所有した叔父によって死へ駆りたてられたためだということを示唆している。

ヒトラーは、深い衝撃を受けた。彼は、プリンツレゲンテンプラッツと別荘の彼女の部屋を一種の記念の場所につくりかえさせ、彼しかそこに足を踏みいれることはゆるされなかった。彼は、写真をもとにしたゲリ・ラウバルの肖像画を何枚か注文し、それをミュンヒェンの自分の住まいにかけた。

また一方で、彼の悲しみは、あまりに深かったというわけではなかった。というのも、ウィーンの中央墓地でのゲリの埋葬直後、ヒトラーはハンブルクに旅立ち、そこで聴衆に歓呼して迎えられた演説をおこなったからである。その翌日シュレックは、彼を車でハンブルクからウィーンまでぶっとおしではこび、そこでヒトラーは彼の姪の墓に詣でた。これは、彼がゲリ・ラウバルに敬意を表した唯一の機会だった。

エーファ・ブラウンが、ゲリの代わりとなった。彼女は一九二九年秋からヒトラーの写真家ハインリヒ・ホフマンのある支店で働いていた。エーファ・ブラウンもまた、ヒトラーより二三歳若かった。おそらくヒトラーは、ゲリ・ラウバルの死後になってようやく当時十九歳だった写真店の女店員と知り合いになったのだろう。

ホフマンが、ヒトラーの取りまきのなかで自身の立場を強めようとして、ふたりの関係を意識的にうまくはこんだことを証明するものがいくつかある。

ゲリ・ラウバルと違って、ヒトラーとエーファ・ブラウンの関係は秘密だった。大多数のドイツ人がその秘密を知ったのは終戦後になってからだった。彼女は、ヒトラーの余暇にも彼に同伴しなかった。ホフマンが撮った数多くのスナップ写真には、エーファ・ブラウンはめったに登場しなかった。ヒトラーのごく内輪のあいだでは、もちろん「エーファ」あるいはヒトラーの部下たちが仲間内で呼んでいた「EB」が、ヒトラーの愛人だということは知られていた。この場合にもしかし、ふたりに性的な関係があったかどうかはあきらかではない。そのための唯一証拠と誤解されたものは、戦後にあらわれたエーファ・ブラウンの手書きの日記だった。しかし、この記録が偽造だったことは大いにありうる。

確かなことは、エーファ・ブラウンが一九三二年に自殺を試みたことだ。それは八月か十一月だった。彼女は、またしてもこのようなスキャンダルに巻きこまれたくなかったヒトラーにどうやら無理強いしようとしたらしい。これは成功した。遅くとも一九三二年末から、

19歳のエーファ・ブラウン、自筆の署名のついた1931年の肖像写真

エーファ・ブラウンはヒトラーに寄りそう女性になった――ただし彼が、彼女のために時間があったときだけだが。一九三六年二月、ベルクホーフの改築が完成する直前、アンゲラ・ラウバルがオーバーザルツベルクでの家政婦の地位を辞した。それ以来、エーファ・ブラウンは、ヒトラーのベルクホーフを第二の住居と見なすことができた。ヒトラーとの一緒の時間は、大体は彼のそこでの休暇滞在に限られていた。

長いあいだ人びとは、エーファ・ブラウンはうわべだけの女性だと思っていた。しかし、ことはそう簡単ではない。彼女は、ヒトラーのかたわらや取り捲きたちのあいだでひたむきに自身の隠れた立場を強化したが、本当に彼のそばに寄りそうことはゆるされなかった。エーファ・ブラウンがヒトラーを尊敬し、彼を彼女の「指導者」と見なしていたのは確かだ。彼女が彼を愛していたかどうかはわからない。反対に、ヒトラーがエーファ・ブラウンを愛していたことは、ほとんどありえないように思われる。

ヒトラーが親密だったもうひとりの女性は、ヨーゼフ・ゲッベルスの妻だった。ヒトラーは、マグダ・ゲッベルスと彼女の家族と多くの時間を過ごした。友情に関してはヒトラーは悪口を言われる。しかし、彼が友情のようなものをいだいたとすれば、それはゲッベルス夫妻に対してだった。エーファ・ブラウンとちがって、マグダ・ゲッベルスは、しばしば彼女の夫が居合わせない場合にも、ナチス国家の「ファーストレディー」を演じることがゆるされた。夫婦は六人の子供をもち、その名前はみな最初の文字にＨ（Hitler のように）をつけられた。

権力への賭け

突破

一九二九年十月二十四日、ニューヨークの証券取引所で、為替相場の突然の暴落によって世界恐慌がはじまった。それはすぐにドイツに影響をおよぼした。ドイツの国民経済は、アメリカの出資者の借款に依存していた。ニューヨークの証券取引所の経済恐慌以来この借款の返還がもとめられると、多くの企業が倒産した。大量の失業者が生まれた。いまやナチス党のときが到来した。

一九三〇年三月末、ＳＰＤの帝国首相ヘルマン・ミュラーがひきいるヴァイマル共和国最後の民主的な政府は退陣しなければならなくなった。ミュラーは、彼の政府の瓦解がすでにずっと前から裏で準備されていたことを知らなかった。その決定的な人物のひとりは、このときはクルト・フォン・シュライヒャー将軍だった。彼は、ドイツ国防軍のなかで指導的な地位を占め、帝国大統領パウル・フォン・ヒンデンブルクと密接に協力しあっていた。ヒンデンブルクは、帝国大統領の信頼にのみ依存する新しい帝国首相を任命するようにというシュライヒャーの提案に同意した。候補者はカトリック中央党の政治家ハインリヒ・ブリューニングだった。彼は、第一次世界大戦で将校として勤務したため、それだけでもヒンデンブルクには好感がもてた。

ブリューニングは、大統領緊急令をつかって、すなわち帝国憲法の第四八条によって統治するよう命じられた。ただし帝国議会は、このような緊急令をあとから承認しなければならなかった。一九三〇年七月、ハインリヒ・ブリューニングは、公共支出を大幅に削減した予算案を呈示した。この予算案はとりわけ増大する失業者を苦しめるだろうということで、この法律は帝国議会で過半数をとれなかった。それに対してブリューニングは、同じ法案を緊急令としてもう一度出した。それは、SPDとナチス党の票で否決された。帝国議会が、その首相に従おうとしなかったため、ヒンデンブルクは国会を解散した。憲法がそもそもこのような措置を許容するかどうかは、法律家のあいだで意見がわかれた。いずれにせよ、いまや新たに選挙がおこなわれなければならなかった。それは、一九三〇年九月十四日におこなわれた。

帝国議会選挙は本来、一九三二年になってからおこなわれてもよかったものだ。前倒しされた選挙が、極右政党、とりわけナチス党を利するだろうことは予測できた。それゆえ帝国議会の解散は、重大な政治的あやまりだった。ナチス党員たちは、経済危機の真っただ中でのこの好機をまったく予期していなかった。彼らは狂喜した。ヒトラーは、その少しまえ、ヨーゼフ・ゲッベルスをナチス党の帝国宣伝部長に任命していた。ゲッベルスは、夢中になって選挙戦に身を投じた。ヒトラーの演説は、すごい数の聴衆を引きつけた。こうして彼は、九月十日にベルリンのスポーツ宮殿で一万六〇〇〇人の人びとをまえに演説し、二日後にはシュレージエンの町ブレスラウで優に三万人の人びとのまえで演説した。選挙結果は、あらゆる予想を上まわった。ナチス党は、一八・三パーセントの得票に達し、帝国議会で一〇七議席を獲得した。

ヒトラーはほぼ六五〇万人の有権者を党のために獲得したが、それは二年まえの八倍の数だった。有権者のおよそ四〇パーセントが中産階級出身だったが、しかしナチス党は他の社会階層をも獲得した。ナチス党は、これによってドイツで最初の国民政党になった――しかし、それは抗議の国民政党だった。この党はまた、たとえばSPDやカトリック中央党より近代的に組織されていた。この選挙のように政党情勢がこのように突然変わることは、過去においても今日までも一度かぎりのことだった。ナチス党は幅ひろい階層によるヴァイマル共和国への反感をみずからのために利用しつくすことに成功した。

この成功ほど大きな成果は他にない。一九三〇年九月からナチス党の党員数は、急激に増加した。この年の終わりには、ほとんど四〇万人の党員を数えた。それは一年前の二倍だった。一九三一年末には、党員数はさらにおよそ八〇万人に倍増した。ナチス党はいわゆる有力者たち、すなわち市長や市民団体を主導している人士たちを味方にすることにますます成功していった。

いまや、ナチス党を攻撃するような術策をめぐらすことはもはやできなくなった。帝国首相ブリューニングは、しかしヒトラーに大臣の職を提供することを拒絶した。一九三〇年十月はじめのブリューニングとの会談で、ヒトラーはいつもの長広舌のひとつをぶち、共産主義者、社会民主党員、フランス、ロシアを「殲滅する」自分の意図を興奮しながら告げた。ブリューニングは、それ以降もヒトラーを彼そのもの、すなわち危険な狂信家と見なした。ヒトラーはヒトラーでブリューニングを憎しみをもって追及した。

選挙の年一九三二年

一九三二年一年間は、選挙戦であけくれた。選挙戦は大統領選挙ではじまった。というのもヒンデンブルクの七年間の任期が終わったからだった。ヒトラーは彼の支持者たちがそう望んだため、ヒンデンブルクに対抗して立たなければならかった。二月末にゲッベルスが、立候補を告知した。

ヒトラーは、無国籍だった。帝国大統領になるには、彼はドイツ国籍が必要だった。この理由から、ナチス党員がすでに政府に参加していたブラウンシュヴァイクの州政府は、ヒトラーを参事官に任命した。こうして彼は、自動的にドイツ国民になった。彼は、ヴァイマル帝国憲法にかけて官公吏の誓約を誓った――それを彼は、その後最初の機会に踏みにじった。

共産党党首エルンスト・テールマンも、帝国大統領職に立候補した。しかし、選挙がヒンデンブルクとヒトラーのあいだで決せられるだろうことは、最初からあきらかだった。ヒトラーは、ほんとうに選挙マラソンをしてのけ、毎日違う町で演説した。第一回目の選挙ではヒトラーは、票の三〇パーセントをとり、ヒンデンブルクは四九パーセントだった。この帝国大統領は、これによってわずかに絶対過半数にとどかなかったので、決選投票が必要になった。

二次投票のために、ゲッベルスとグレーゴーア・シュトラッサーは、ヒトラーを飛行機で選挙戦に送りこむというまさに天才的なアイデアを思いついた。これはアメリカ合衆国ではすでに普通のことだったが、ドイツではまだひとりの政治家もこのアイデアを思いつかなかった。「ドイツの空を飛ぶ（を支配する）ヒトラー」が、「指導者」が、一九三二年の復活祭のあと開始したいわゆる最初のドイツ飛行の両義的なモットーだった。一週間もしないあいだにヒトラーは、ナチス党の大衆集会に押しよせたほぼ一〇〇万人の聴衆をまえにして二〇回の長い演説をおこなった。

多くの同時代人たちはヒトラーがこれほどしばしば場所を変えるので、ヒトラーにそっくりなひとがいるのだと思った。一九三二年四月十日の二次投票でヒンデンブルクは、五三パーセントを獲得し、それによって再選されたが、ヒトラーは得票を三七パーセントに伸ばすことができた。

そうこうする間に、帝国首相ハインリヒ・ブリューニングの余命はあとわずかとなった。その理由はブリューニングとヒンデンブルクが、四月十三日、ＳＡとＳＳを禁止したためだった。この措置には十

ルフトハンザ機内でのヒトラー、1932年。飛行機のキャビンは、当時暖房の効きが悪かった。ヒトラーがかぶっているようなボンネットは、オートバイに乗るときにもかぶられた

分な根拠があった。それはすなわち、いつの間にか四〇万人の隊員を擁するようになったエルンスト・レームの党の軍隊によるさし迫った一揆のくわだてをしめす明白な兆候があったからだった。しかし、裏で糸を引いていたクルト・フォン・シュライヒャー将軍は、SAの禁止をあやまりだと思った。彼は、SAを将来の軍部独裁の構築のために利用しようと思った。密かにシュライヒャーは、ヒトラーに「ドイツ国防軍はもはやブリューニングを支えないだろう」とつたえた。帝国大統領ヒンデンブルクは、ブリューニングを見放し、SAの禁止を解除し、帝国議会のための再選挙を決めるだろう、ともつたえた。

そして事態はこうなった。ブリューニングは五月末辞職しなければならなくなり、そのわずか数時間後にはヒンデンブルクは、ヒトラーにSAの禁止の解除と帝国議会の解散をつたえた。新しい首相フランツ・フォン・パーペンは、一九三二年六月一日にその職についた。実際には彼は、クルト・

フォン・シュライヒャーによって任命されたのだった。パーペンは、だれでも知っていたように政治的にはかなり愚鈍だった。

帝国議会選挙は、一九三二年七月三十一日に実施された。選挙戦は、暴力に塗りつぶされ、実際に内戦状態だった。その間にふたたびゆるされたSAと共産党の赤色前線兵士同盟は、ほとんど毎日市街戦を演じ、数多くの犠牲者を出した。一九三二年七月だけで八六人が殺されたが、大多数はナチス党員と共産党員だった。七月十七日にはハンブルク近郊のアルトナで、ナチス党によって挑発されたナチス党員と共産党員のとくに血なまぐさい抗争がおこった。一六名の無関係のアルトナ市民が、ナチス党部隊が引きあげたあと、警察官によって射殺された。

帝国首相フランツ・フォン・パーペンは、アルトナの「血の日曜日」を口実にして、オットー・ブラウン（SPD）ひきいるプロイセン政府を罷免した。パーペンは、みずからプロイセンの暫定首相に就いた。その言い分は、プロイセン政府は、アルトナも含む地域の安寧秩序を保証することができないということだった。ほんとうの理由は、プロイセンが貴族と軍隊の独裁を樹立するというパーペンの計画の邪魔になったのだ。彼のいわゆるプロイセン＝クーデターは、帝国憲法へのひどい侮辱だった。SPDは、それをなす術もなく受けいれなければならなかった。

そうこうする間にヒトラーは、ふたたび選挙戦の最中にあった。彼の三回目の「ドイツ飛行」は、彼を五十三カ所の町村に連れていった。七月三十一日の帝国議会選挙は、ナチス党員にふたたび党勢の拡大をもたらした。およそ三七パーセントの得票で、ナチス党はいまや二三〇人の国会議員を出すことができた。党は、それによって議会でずばぬけた最大の政治集団になった。その一方で、ナチス党は、あきらかにその本来の目標にはとどかなかった。党は絶対多数、すなわち票の過半数を獲得して、それによってヒトラーの独裁をもたらそうと思ったのだった。

したがってヒトラーは、権力へといいたる途上で支援を必要とした。一九三二年八月六日、彼は秘密の協議のためにクルト・フォン・シュライヒャーと会談した。事態が彼の考えどおりになったとしたら、彼は帝国首相に、ヴィルヘルム・フリックは内相に、ヘルマン・ゲーリングは航空相に、グレーゴア・シュトラッサーは労働相に、ヨーゼフ・ゲッベルスは宣伝相になるはずだった。そのうえヒトラーはプロイセン首相にもなろうとした。シュライヒャーとの話し合いはうまくはこんだ。確かにシュライヒャーは、すべての要求を呑もうとは思わなかったが、しかしヒトラーに大幅に譲歩する気だった。シュライヒャーは、とくにナチス党員の大量支持に関心があった。彼は、彼らの賛同によってドイツ国防軍の独裁を支えようと思った――そしてそれによってみずから独裁者になろうと思った。

シュライヒャーは、しかしヒンデンブルク抜きでことを進めた。この老人は確かに議会制民主主義の友ではなかったが、しかし、帝国首相ヒトラーを望んでもいなかった。この有名な陸軍元帥は、「ボヘミアの一等兵」ヒトラーについて軽蔑的な発言をしていた。ヒトラーの出生地ブラウナウを彼は、ボヘミアと思い違えていた。この状況下でヒトラーは、ふたたび一か八かの賭けに出た。彼は、クルト・フォン・シュライヒャーとフランツ・フォン・パーペンとの会談で、自分を首相にするよう要求した。パーペンは、ヒトラーに副首相の職を提供する気でさえあった。もしヒトラーが仕事を上首尾におこない、ヒンデンブルクの信頼を勝ち取ることができるならば、自分はその職を退き、ヒトラーに席をゆずる気でいる、とフランツ・フォン・パーペンは言った。

しかし、ヒトラーは拒絶した。彼の原則は一切か無かだった。それゆえ彼は、いまや自分の党に権力を得させる可能性をたたきこわしてしまった。しかし、ナチス党の支持者たちは、権力移譲以外のものは待っていなかった。SA隊員もまた不満だった。ヒトラーは、重大な戦術上のまちがいを犯してしまっていた。別の言い方をすれば一九三二年八月なら、危険を回避する可能性がもう一度あったことになる。

最終決戦

ドイツの経済状況は、一九三二年夏以降、ふたたび悪化していた。晩秋にはヴァイマル共和国の危機は、その頂点にあった。官庁の報告によれば、この時点で失業者はおよそ六〇〇万人だった。現実にはその数は八〇〇万人以上だった。議会制民主主義は、国民のあいだに支持をうしなった。一九一八年からつぎつぎと危機がおとずれた。自由主義的民主主義が社会の問題を解決するとは、だれももう信じていなかった。ナチス党は、その選挙宣伝で失業者たちの最後の希望として登場した。

依然として共和国に味方した唯一の党はSPDだった。しかし、この党は絶望的な状況にあった。強力な集団が舞台裏で糸を引いていたが、ドイツ国民はそれについてなにも知らなかった。この集団は大企業、とりわけ大地主とドイツ国防軍で構成されていた。彼らは、ヴァイマル共和国の終焉を望んでいた。決定的な人物は、ヒトラーとならんでフランツ・フォン・パーペン、クルト・フォン・シュライヒャー、そしてパウル・フォン・ヒンデンブルクだった。

クルト・フォン・シュライヒャーは、一九三二年八月以来、ヒンデンブルクがヒトラーを首相に任命したくないことを知っていた。しかし、ナチス党員がいなければ政府は、議会で過半数を取れなかった。ヒトラーが協力を拒んだので、この国は体制の危機におちいっていた。それゆえ八月末、帝国大統領は、帝国議会をもう一度解散するようにというシュライヒャーとパーペンの提案に同意した。再選挙は、一九三二年十一月六日と決められた。ヒトラーは再び「ドイツ飛行」に出発し、五〇回の演説をお

ハノーファー職業安定所のまえの失業者の行列、1930年秋。背後のバラックのヒトラーの選挙宣伝を注目すべし

こなった。選挙戦は金がかかり、ナチス党の金庫を空にした。今回絶対多数を獲得することに成功しなかったら、ヒトラーと党の未来がどうなるかわからなかった。

ゲッベルスが恐れていたように、ヒトラーは明らかに的をはずしてしまった。ナチス党は、二〇〇万票を失い、それまでの二三〇人の議員のかわりに一九六人の議員しか確保できなかった。ヒトラーの支持者たちは、彼が政権に参加することを拒んだことを悪くとっていた。ナチス党は、その選挙の成功の頂点を越えてしまっていたのだ。フランツ・フォン・パーペンは帝国首相のままだったが、彼を支える二つの党、ドイツ人民党（DVP）とドイツ国家人民党（DNVP）は、あわせて投票数の一〇パーセントしかとれなかった。そこでパーペンは、あらためてヒトラーに政権に加わる気があるかどうか問い合わせた。ヒトラーはふたたび拒絶したため、政府は一九三二年十一月十七日に退陣した。

そもそも新しい政府がどのように組閣されるべきかは、いまやまったくわからなくなっていた。ヒンデンブルクは、あいかわらずヒトラーを拒否しており、その間にクルト・フォン・シュライヒャーは、彼がひきいる帝国政府の計画を練り、ヒンデンブルクにパーペンを見放すようはたらきかけた。一九三二年十二月三日から、シュライヒャー自身が帝国首相になった。彼は、労働組合のあいだでも一定の信望をもっていたグレーゴーア・シュトラッサーを味方につけることによってナチス党を分裂させようと考えた。シュライヒャーは、個人的にシュトラッサーを知っていて、ヒトラーとそのもっとも重要な協力者のあいだの緊張を知悉していた。シュライヒャーの目から見ると、シュトラッサーは、彼にナチス党のかなりの党員の支持をもたらすのにうってつけの男だった。一九三二年十二月初頭、シュライヒャーは彼と密談を重ねていた。

しかし、クルト・フォン・シュライヒャーは、シュトラッサーのヒトラーに逆らう覚悟と能力を過大評価していた。シュトラッサーはヒトラーを批判したにもかかわらず、彼に完全に心服していた。ヒトラーは、この会談の件を知り、シュトラッサーを自分のいるホテル・カイザーホーフに呼びつけそこで激しい口論となった。十二月八日にグレーゴーア・シュトラッサーは、すべての党職から引退した。ヒトラーは、そのあと彼の党組織を解体し、ナチス党の組織指導部をみずから引きついだ。それに引き続きヒトラーは、グレーゴーア・シュトラッサーを「裏切り者」と呼んだ。ヒトラーは、彼がクルト・フォン・シュライヒャーと手を組んだことを決してゆるさなかった。シュライヒャーの計画がうまくいっていたなら、ドイツと世界はヒトラーの独裁をまぬがれていたことだろう。しかし、この計画は失敗し、結局それはヒトラーの権力への道を早めることになった。

というのもシュライヒャーは、シュトラッサーの失脚によって恥をさらしたからだった。つまり彼は、首相職に就くかつかぬうちにすでに弱体化していており、フランツ・フォン・パーペンは、シュライヒャーに復讐するチャンスと見ていた——ヒトラーとナチス党の力を借りて。しかし、シュライヒャーの失脚をはかったのは、フランツ・フォン・パーペンだけではなかった。東プロイセンの大地主の強力な利益代表者も、シュライヒャーに背を向け、アルフレート・フーゲンベルクも首相に敵対した。彼は、経済＝農業大臣の座を狙っていた。シュライヒャーがこれを拒否したため、フーゲンベルクはヒトラーに賭けた。

一九三三年一月四日、あるケルンの銀行家の家でヒトラーとパーペンの会談がおこなわれた。ヒトラーは、一九三二年八月の失敗から学んでいた。彼は、パーペンに対して腰を低くした。ヒトラーはもはや首相の職に固執しないだろう、とパーペンには思われた。パーペンは、帝国大統領に会談の結果をつたえ、そのあとさらにヒトラーとの会談をつづけた。

一月十八日に、両者はあらためて会談した。ナチス党は、その間に小国リッペ＝デトモルトの州議会選挙で勝利をおさめていた。このそれ自体はとるに足りない勝利は、ヒトラーに新たな活力をあたえた。彼は、いまやふたたび首相職を要求した。帝国大統領の政治的に愚直な息子であるオスカル・フォン・ヒンデンブルクとの二時間にわたる会談で――これにはフランツ・フォン・パーペンも参加したが――ヒトラーは自分のために首相職を、党のためにさらにふたりの大臣職「だけ」を要求した。パーペンは副首相、すなわちヒトラーの代理になるつもりだった。最終的に、ヒンデンブルクは同意した。ヒトラーのための道はひらかれた。

一月二十八日、クルト・フォン・シュライヒャーとその政府は退陣した。しかし、パーペンは条件を出した。三つのポストを除いて、ナチス党員は政府に所属してはならないというものだった。ヒトラーを保守的な大臣たちによって押さえこもうとした。ヒトラーは簡単に蹴落とされるだろう、とパーペンは考えた。パーペンは、アルフレート・フーゲンベルクを帝国経済相と農業相として推薦した。ヒトラーは、フーゲンベルクが、組閣後すぐの再選挙に同意するという前提でのみこの推薦に賛成した。この選挙によってヒトラーは、ナチス党とドイツ国家人民党の絶対多数を獲得し、そのあと議会自体を排除する全権委任法を帝国議会によって成立させようと思っていた。合意にはいたらなかったものの、フーゲンベルクもまた、ヒトラーはじきにまた厄介払いされるだろうと思っていた。

一九三三年一月二十九日午前、パーペンはヒトラーとゲーリングと大臣の配分を話し合あった。ヒトラーは帝国首相に、一九二三年の彼の一揆参加者ヴィルヘルム・フリックは帝国内相に、ヘルマン・ゲーリングは暫定のプロイセン内相になった。フランツ・フォン・パーペンは、プロイセンの帝国全権委員のままだった。他のすべての大臣ポストは、大部分すでにシュライヒャーの政府に所属していた人物たちによって占められた。これらの人物は、パーペンとフーゲンベルクの目から見ると、ヒトラーが独断専行しないための保証だった。フーゲンベルクは、「われわれは、ヒトラーを取りかこんでいる」、と言った。

一九三三年一月三十日午前、ヒトラーと彼の大臣たちは帝国大統領パウル・フォン・ヒンデンブルクによる宣誓のために呼ばれた。フーゲンベルクとヒトラーは、依然として再選挙の問題について論争していた。この論争のために彼らは、ヒンデンブルクを一時間待たせた。ヒンデンブルクは内心おもしろくなかったが、宣誓はとりおこなった。最後に彼は言った。「さて諸君、神とともに前進あるのみ！」

ヒトラー：避けることができなかったのか？

どうしてこうなったのだろう。アードルフ・ヒトラー、政府の仕事と近代国家の行政をなにひとつ知らず、法を無視し、殺害とテロで統治することを公言していたひとりの男が、ドイツを支配する権力を獲得したのは、どうして可能だったのか。ヒトラーの出世は、大部分が彼の功績ではなかった。

一九二三年の一揆まで彼は、ドイツ国防軍によって養成され、つづいてバイエルンの司法当局によって守られ、さらにつづいてすべての州政府によって過小評価された。ヒトラーは、幸運と彼の敵の無思慮によって逮捕、射殺、国外追放をまぬがれた。彼は、一か八か賭けることによって党のさまざまな危機をのりこえた。このやり方を彼は、のちにも、たとえば外交政策でもつかった。

一九三〇年九月のナチス党の地滑り的な勝利は、ヒトラーの党が、ドイツ政治の注目の的になるための決定的な前提だった。世界恐慌がなければこの成功は、ありえなかっただろう、がしかしまた、その綱領がアードルフ・ヒトラー自身だった「指導者党」へのそれに先行するナチス党の転換がなければ可能ではなかっただろう。一九三二年十一月、ナチス党の終焉と思われたものがはじまったとき、背後で糸を引く黒幕たちにとってナチス党は、関心の対象になった。

パーペンとフーゲンベルクは、ナチス党を、その有権者の支持者の力をかりてドイツ国防軍と大土地所有の独裁を樹立するために短期間だけ利用しようと思った。この独裁は、労働運動を排除し、議会制民主主義への回帰を永遠に阻止しようとするものだった。パーペンとフーゲンベルクは、どうやらヒトラーが彼自身の権力を彼らをだしにして拡大するだろうとは想像できなかったのだろう。彼は、これらの男たちより戦術においてけた違いに優れていた。

ヒトラーの独裁は、不可避ではなかった。それを阻止することができただろう時機は、くりかえしあった。しかし、第一次世界大戦以後のドイツの政治文化は、彼の台頭をうながし、十分民主主義的な政治家と市民が、憲法による秩序をささえながらかばうことをさまたげた。結局ヴァイマル共和国は、意識的に破壊され、アードルフ・ヒトラーが、自分の力では到達できなかったであろう——演説者と煽動者の能力にもかかわらず——権力を獲得するのをたすけた。

第3章 「総統」

一九三三年一月三十日午前、帝国大統領パウル・フォン・ヒンデンブルクは、ヒトラーと彼の政府にヴァイマル帝国憲法の遵守を宣誓させた。

ヒトラーの同盟パートナーたち、とりわけ副首相フランツ・フォン・パーペンは、憲法を廃止しようという点でヒトラーと意見が一致していた。すなわち、憲法への宣誓は虚偽の宣誓だった。さらにまた、いずれにせよ労働運動の政治的な口をも封じようと思った。それからどうするかは、意見が一致していなかった。帝国首相ヒトラーも、独裁をめざすこと以外に、はっきりとしたことはわかっていなかった。

ヒトラーと同職のヨシフ・スターリンも同様に「指導者」と呼ばれていたソ連とちがって、ナチズムは、いかなる「純粋な教義」も、すなわち、その信奉者たちが拠りどころにできるような文書をもっていなかった。一九二〇年の党綱領も『わが闘争』も、それにはふさわしくなかった。ヒトラー自身が綱領だった。ヒトラーは、怒らせてはならない帝国大統領と軍部を顧慮して、自分の独裁を憲法にかなった手段によって達成しようと思った。彼のまえには、ナチス党の助けをかりて手なずけ、それから破壊

ヒトラーの宣誓直後の幹部と官吏にかこまれたヒトラー内閣、1933年1月30日

座っている人物：（左から右へ）ヘルマン・ゲーリング（ナチス党、無任所大臣、プロイセン内相代理、1933年4月からプロイセン首相、1933年5月から航空相）、アードルフ・ヒトラー（ナチス党、帝国首相）、フランツ・フォン・パーペン（無所属、副首相）、立っている人物（左から右へ）：ナチス党経済幹部ヴァルター・フンク（1933年3月から宣伝省の事務次官、1938年2月から帝国経済相、1939年1月からさらに帝国銀行総裁）、参事官ハンス・ハインリヒ・ラマス（ナチス党、1933年3月から帝国宰相官房事務次官、1937年11月から無任所大臣、帝国宰相官房長）、「鉄兜団」隊長フランツ・ゼルテ（ドイツ国家人民党、のちにナチス党、帝国労働相）、ギュンター・ゲーレケ（キリスト教＝国民的農民・地方民党、数カ月間労働創設帝国特別委員）、ヨーハン・ルートヴィ・シュヴェーリン伯爵・フォン・クロージク（無所属、1937年1月からナチス党、帝国財務相）、ヴィルヘルム・フリック（ナチス党、1943年8月まで帝国内務相）、ヴェルナー・フォン・ブロムベルク（無所属、1937年からナチス党、帝国防衛相、1935年6月から1938年2月に解任されるまで帝国国防相）、アルフレート・フーゲンベルク（ドイツ国家人民党党首、1933年6月まで帝国経済・食糧相）。写真に写っていないのは、1938年2月まで帝国外務相コンツタンティーン・フォン・ノイラート男爵（無所属、1937年からナチス党）、1941年1月に死去するまで帝国法務相フランツ・ギュルトナー（ドイツ国家人民党、1937年からナチス党）ならびに1937年2月まで郵便・交通相パウル・フォン・エルツ＝リューベナハ男爵（無所属）

する法治国家があった。

独裁

一九三三年一月三十日にヴァイマル共和国は終わり、独裁、戦争、大量殺戮への道がはじまった。ヒトラーの背後には、大衆運動となっていたナチス党がいた。その党員たちは、「指導者」への職権移譲のなかに「新しい時代」の開始を見た。ゲッベルスは、この勝利の感情を、突撃隊員とドイツ国家主義的な「鉄兜団」の団員たちが一月三十日の晩中央官庁街を練り歩いた松明行列によってあらわした。

より近くによって見れば、松明行列は成功した芝居の興行であり、この日はまだ時代の変わり目ではなかった。しかし、ドイツ社会を程度の差はあれ暴力的な手段で根本的に変えようという「指導者」の要求も、プロパガンダのたんなるでっち上げではなかった。国民の幅ひろい層でヴァイマル共和国は失敗と見なされ、人びとは強力な指導とすばやい新秩序をもとめた。

ナチス党のプロパガンダポスター、1933年

ナチス党員は、それゆえ大量の賛同を結集することができた。ナチス党の指導者崇拝は、国家と社会に感染した。ヒトラーはじきにドイツ人の生活のどこにでも登場し、彼の党によって国民的シンボルに高められた。ナチ政権の初期のポスターでは、彼はまたしても突撃隊員の巨大な集団から成るドイツと同一視されている。彼らはみな、巨大なハーケンクロ

イツの旗を手にもつ「指導者」のまわりに群がっている。彼の頭上には、神の祝福の象徴として精霊が飛んでいる。

指導者崇拝は、ドイツ社会の幅ひろい層で調和と指導者性への深い憧憬に突きあたった。それは、ヒトラーの現実の姿とはほとんど関係がなかった。支配体制は、国民と「指導者」のあいだに相互作用があったのでうまく機能した。ひじょうに多くの人びとが、自分が新しい体制の犠牲者に属さない限り、その希望と期待をヒトラー個人に託した。

しかし、希望だけでは不十分だった。成果がなければならなかった。実際ヒトラーは、経済政策と外交政策において、人びとが権力移譲のときには不可能だと思っていたであろう成功をおさめた。一年のうちに「指導者」とナチス党は、それに先行する一九一八年以降のすべての政府よりも大きくドイツを変貌させた。

これに政府は精力的に取り組んだ、とドイツ人の大多数には思われた。外国にいるひとをもふくめて多くの観察者は、驚き目をこすった。大変革はきわめて徹底的で、そのスピードはきわめて速かったので、それは革命にも匹敵した。一九三四年八月にヒトラーは独裁者になっていた。

「強制的同質化」

パーペンとフーゲンベルクとヒンデンブルクは、それが戦術上の誤りであることを知っていたにもかかわらず、ヒトラーの再選挙の要求に同意した。すなわちヒトラーは、その首相職の第一日目からふたたび水を得た魚のようだった。彼が選挙戦を指揮した。その際「民族共同体」がキーワードだった。一九一四年以降、多くのドイツ人は、近代産業社会の緊張と対立を克服するのに役立つべきこうした民族の統一を夢見ていた。

一九三三年二月一日、首相はラジオを通じて一五分間の「ドイツ国民への呼びかけ」を読みあげた。彼は大量失業の悲惨さを嘆き、いまわしいボルシェヴィズムの脅威を口にした。わが政府はこの危機に対して国民を一致団結させ、再生させる委託を受けた、と彼は言った。ヒトラーは、意識的に共産党員と社会民主党員をいっしょくたにした。「マルクス主義者たち」は、ドイツを「廃墟」にしたというのだった。国を再建するために今後四年間で自身が計画していることについては、ヒトラーはほとんどなにも言わなかった。それにもかかわらず彼は、最後にこう叫んだ。「さあドイツ国民よ、われわれに四年の年月をあたえよ、そしてそのあとわれわれを判断し、裁け！」。

ヒトラーが、二月三日に機会を利用して、陸軍と海軍の首脳をまえにして自分の内政と外交の考えを説明した口調はもっとあからさまだった。聴衆には、国防相ヴェルナー・フォン・ブロムベルクとその大臣官房長ヴァルター・フォン・ライヒェナウ陸軍少将もいた。両者はナチス党員だった。ヒトラーは、「民主主義という癌を除去」し、「マルキシズムの根を断つ」ことを約束した。将来の戦争の目標は、「武装した手でドイツ民族の生存圏を拡大することだ」、それもおそらく東ヨーロッパに、とヒトラーは語った。そこでは征服した土地を「ゲルマン化し」、「容赦なく数百万の人間を追放する」、すなわち駆除するだろう。ヒトラーは、一般兵役義務の再導入とドイツ国防軍のひそかな軍備増強を約束した。将軍はだれひとり、彼の向こう見ずな戦争予告に反対しなかった。

その数日後、ヒトラーは、超満員のベルリンのスポーツ宮殿でのドイツ全土に実況放送された演説によって正式にナチス党の選挙戦を開始した。ゲッベルスは、この集会で演出を担当した。ヒトラーは、褐色の党の制服を着て登場した。彼は、聴衆に「国民同胞のみなさん」と呼びかけ、次第にどなり、マルキシズムをくそみそにけなし、その根絶を要求した。彼は、労働者と農民の「民族共同体」を階級闘争と議会主義に立ち向かわせ、国家の汚辱と腐敗を掃討することを約束した。

演説の頂点として、一種の信仰告白が主の祈りの調子でつづいた。「というのは、わたしは、そうなればいつか、いまわれわれを呪っている数百万の人びとが、われわれをうしろから支え、共同で生み出され、苦労して勝ちとられ、つらい思いをして獲得されたあたらしいドイツ帝国（ブラボー！）、偉大と栄誉と力と崇高と正義のドイツ帝国をわれわれとともによろこんで受けいれるときがやってくるという確信をゆるぎなく抱いているからである――アーメン！」。

神に遣わされた指導者としての首相――これがヒトラーが、ここで不遜にも主張した役割だった。彼は、いまやふたたび飛行機で町から町へと旅をし、舌端火を吐くような演説をした。これまでとちがって彼はいまや、国営の放送局も自由につかうことができ、それをゲッベルスはプロパガンダに利用した。そしてドイツの大実業家たちからの数百万の寄付が、ナチス党の空の金庫をみたすのにそれほど時間はかからなかった。ヒトラーとゲッベルスは、ふたたびあらゆる手段をつくすことができた。

そうこうする間にヘルマン・ゲーリングは、プロイセンでのナチス党の権力掌握を準備した。ナチス党員はパーペンが前年の夏、プロイセン政府を退陣させたことから利益を引きだした。ゲーリングは、プロイセン内相代理として、公式にはフランツ・フォン・パーペンの配下だったが、決定的な権力手段である警察は彼の管轄下にあった。すでに大管区指導者ゲッベルスが知っていたように、ベルリンの通りを支配する者が、ドイツの主要部分を支配した。突撃隊の暴力は、ゲーリングのもとでいわば国家任務となった。

プロイセン警察は、「共産主義のテロ行為と襲撃に対し」仮借なく銃器をもちいなければならない、とゲッベルスは命じた。これをおこなわなかった者は、懲罰を覚悟しなければならなかった。数日後、ゲーリングは、五万人の突撃隊員と鉄兜団の団員から成るいわゆる補助警察をつくった。

補助警察は武装し、ゲーリングの「発砲命令」によってテロをおこなう特権を得た。突撃隊員は、いまや自分たちの敵と決着をつけたくてたまらなかった。共産党員とユダヤ人は、補助警察によって恣意的に逮捕され、地下の拷問部屋に連行され、そこで激しく虐待されるか殺された。これは、強制収容所のはじまりだった。

ゲーリングは、褐色の部隊が手におえなくなることを恐れる必要はなかったのだろうか。このリスクを彼は意識的におかした。というのもゲーリングは、ヒトラーとゲッベルスと同様に、共産党員が新しい政府を倒そうと試みるだろうことを強く確信していたからだった。彼は、KPDを腕づくで掩蔽地からおびきだすことによって、この妄想によるクーデターの機先を制しようと思った。共産党員が反乱をくわだてれば、その党はすぐに禁止されるよう手はずをととのえた。

保安警察官とSA＝「補助警察官」、1933年3月

二月二十七日の夕方国会議事堂が炎につつまれた！放火犯は、若いオランダ人マーリヌス・ヴァン・デア・ルッベだった。彼は左官で、しばらくのあいだ彼の国の共産党に所属していたが、KPDとはなんの関係ももとうとしなかった。ヒトラーは、二月二十七日の夜、まだ燃えている国会議事堂のなかで感情をたぎらせ、復讐の空想にふけった。「共産党の幹部は、誰であれ出会った

ところで射殺される。共産党の国会議員は、今夜のうちにも絞首刑にされなければならない。共産党員と結託しているすべての者は、拘留されなければならない。社会民主党員に対しても、いまやいかなる斟酌もくわえない！」。ゲーリングも、似たような発言をした。

裁判手続きを経ない処刑は、この段階ではまだ考えられなかった。しかしこの夜、警察は共産主義の幹部と国会議員を大量に逮捕しはじめ、そのなかにはKPD党首エルンスト・テールマンもいた。内務省のひきだしには、一九三二年十一月から、内戦が始まった場合の非常事態の発令のための計画書が眠っていた。いまやフリックは、この発令に手をつけた。ヒトラーは、当初この件にはまったく関与していなかった。二月二十八日の「国民と国家を防衛するための」緊急令――たいていは「国会放火令」と呼ばれていたが――は、彼の考えではなく内務省の考えだった。

この緊急令は、「当分のあいだ」憲法にもとづく基本権を失効した。さらに帝国政府は、いわゆる秩序を回復するために「必要な措置」をとることのできない州の権限を引きつぐことがゆるされた。この緊急令は、形式的には憲法にかなっていた。というのもそれは帝国憲法第四八条に依拠していたからだった。しかし、実際にはそれはナチスによる非法治国家の創立定款だった。

世界共産主義の罪を「証明する」ために、警察は、KPDの帝国議会議員団の議長と三人のブルガリア人の共産党員を逮捕していた。彼らは、ヴァン・デア・ルッベと一緒にライプツィヒの帝国最高裁判所に告訴されたが、証拠不十分で無罪を宣告された。これは、この裁判のそもそもの主唱者であるゲーリングへの手ひどい平手打ちだった。ヴァン・デア・ルッベは、それに対して死刑を宣告され、ライプツィヒで斬首された。というのもヒトラーは放火犯を絞首刑にできるように、人間を危険にさらす放火に対して過去にさかのぼって死刑を導入していたからだった。

これは、大昔からの法の原則に対する重大な違反だった。すなわち、誰も犯行の時点で認められていない法律によって有罪宣告されてはならない。帝国最高裁判所は、ヒトラーにある程度譲歩した。すなわち帝国最高裁判所は、ブルガリア人たちに無罪を宣告し、ヴァン・デア・ルッベに司法殺人をおかした。ヒトラーは、これに満足しなかった。彼は、政治的な特別法廷として「民族裁判所」を設立させた。

ナチス党は、国会議事堂放火のあとマルキシズムに対してその誹謗中傷を強めた。共産党員は迫害され、社会民主党員は一部活動を大幅に妨害されるか、同様に逮捕された。一九三三年三月五日の帝国議会選挙の結果は、新しい連立政権が絶対過半数を獲得するだろうというヒトラーの予想が正しかったことをみとめた。ナチス党とドイツ国家人民党（DNVP）にひきいられた「黒・白・赤闘争戦線」は、あわせて票のおよそ五二パーセントを獲得し、その際ナチス党はおよそ一一パーセント積み増しして、四四パーセント得票した。一月にヒトラーは、自分はナチス党の票の獲得後も内閣を改造しないとDNVPに約束していた。この約束を、彼はいまや破った。彼はすでにずっとまえから計画されていたように、ゲッベルスを「国民啓蒙宣伝」の帝国大臣に任命した――その際「国民啓蒙」は、決して国民の啓発を意味したのではなく、政権の意向に沿って全面的に国民を感化することを意図した。

すなわちヒトラーは、彼の党の独裁だけでは満足しなかった。彼の支配要求は、すべてを包括する全体主義的なものだった。誰もその要求からまぬがれてはならなかった。プロパガンダは、ドイツ社会の「強制的同質化」を引きおこすものでなければならなかった。ゲッベルスは、ある歴史家が的確に表現したように、ナチ＝「意識産業」のまがう方なき主であり名人だった。ゲッベルスは、ドイツでなにを聞き、読み、見るべきかを決めた。彼の配下のナチス党のプロパガンダの指導部は、党員に「指導者」の言葉を思いださせ、忠実な従順を呼びかけることを意図した「週間スローガン」を雨あられとあびせた。

ゲッベルスは、「指導者」の像とイメージをどんな小さな村にもつたえる写真、絵、ポスターをつくらせた。この宣伝相は、その際商品宣伝から手法をまなび、商品宣伝はこれまたアメリカを模範にした。洗剤「ペルジル」は、近代的な宣伝によってドイツの購買者の頭にしみこんだ最初の商標だった。容易にそれとわかる人物像「白衣の女」は、純粋さと幸運を象徴していた。ヒトラーは、政治の世界の「白衣の女」だった、すなわち彼流の商標名だった。

ヒトラー政権は、国営のラジオ放送を意図的に自分の目的のために投入したドイツで最初の政府だった。電気会社は、手ごろなラジオを製造する義務を負った。このラジオは、「国民受信機」としてきわめて広範囲に広がり、ゲッベルスのもっとも重要なメガホン(「ゲッベルスの口」)となった。一九三三年、ドイツではおよそ四〇〇万台のラジオがつかわれていた。戦争勃発時にはその数は三倍になり、国民受信機ばかりでなく、もっと値段の高いラジオもつかわれた。

そのうえ宣伝省によって命じられた「共同聴取」もあった。学童、官庁職員、工業会社の「総従業員」は、特定の時間に呼びあつめられて、ラジオ中継を聴取する義務を負った。このようにして連帯感を強めるよう図られた。

ナチス党は、KPDとSPDの報道機関を接収した。それにつづいて大管区指導者と管区指導者は、市民新聞と教会新聞に手をのばした。新聞雑誌全国指導者で、ナチス党所有のエーアー出版局の局長だったマックス・アマンは、じきに巨大な報道コンツェルンを管轄した。編集者法は新聞出版者の権利を大幅に制限し、編集者は宣伝省があらかじめ決めたことを書かなければならなかった。ゲッベルスは、宣伝省での毎日の記者会見と、それにしたがわなければならなかった地方新聞への指示によって新聞の方針を統制した。

最後にゲッベルスは、映画への介入も確保した。最初は、まだ平凡なプロパガンダ作品によって影響をおよぼそうと試みた。しかし、映画ファンの巨大市場にとってはべつの映画、とりわけ人気のある俳優が出演する娯楽映画やレビュー映画が必要とされた。ゲッベルスは、好んでこの世界にひたり、とくに自分と関係のあった女優たちにかこまれるのを好んだ。「映画製作者たち」のほうも、儲けの多い注文や役をあたえてくれる宣伝相の招待によろこんでしたがった。

ナチス党は、ヒトラーのために権力を獲得した。彼は権力を手にしたいま、もはや党を必要としなかった。「運動」は、いまや目標をもっていなかった。したがって運動は、「革命」をはじめた。というのもナチス党の幹部たちは、国家と行政を支配することにやっきになったからである。彼らは、党がヒトラーの権力掌握を手助けしたことに対して報われることをのぞんだ。

ヒトラーのほうも、ナチス党をある程度鎖から解き放った。というのも彼もまた国家を征服しようと思ったからだった。すなわちドイツ国家人民党員やナチス党員によってまだ統治されていない州がいくつかあった。それは、ハンザ都市ハンブルク、リューベック、ブレーメン、ならびにヘッセン、バーデン、ヴュルテンベルク、ザクセン、シャウムブルク＝リッペ、バイエルンだった。これらの州の政府は、退陣させられた。これによって、ナチス党の本来の権力掌握がはじまった。

そのやり方は、おどろくほど簡単だった。ヒトラー党の大管区指導者が、SAをはたらかせたのである。SAは、行進と暴力行為によって「国民の怒り」を演出し、意図的に「放置しがたい状態」をつくりだした。それから内相フリックは、もちろんナチス党に所属する全権委員を帝国全権委員《ライヒスコミサール》に任命した。これは、数日のうちに、つまり一九三三年三月五日から九日にかけておこなわれた。すなわち、

「下からの」暴力に、「上からの」法律による介入がつづいた――これは、ナチスの支配体制の典型的な構成要素だった。

ほとんどあらゆるところで州政府の長は屈服した。ただナチス党の故郷であるバイエルンでだけは、バイエルン人民党（BVP）の首相ヘルトの時間稼ぎの抵抗にあった。フリックが、フランツ・リッター・フォン・エップ将軍を帝国全権委員に任命したあと、ようやくヘルトは辞職した。エップは首相代理になった。親衛隊長官ハインリヒ・ヒムラーは、ミュンヒェン警察長官代理からバイエルン政治警察長官に出世した。彼の最初の職務行為のひとつは、彼の前任者たちが「指導者」について作成した分厚い書類を押収させることだった。それは、ヒトラーの個人的な鋼鉄製金庫にしまわれ、終戦直前に彼の命令で破棄された。

バイエルンでもSA＝補助警察が、プロイセンに倣って編成された。補助警察は、三月前半にKPDと社会民主主義のドイツ国旗党とSPDの幹部を逮捕した。逮捕された人びとは、ナチ国家の最初の強制収容所に拘留された。ヒムラーは、ミュンヒェンのすぐそばの小都市ダッハウにそれを建設させた。それは公然とおこなわれた。ヒムラー自身が記者会見をひらいた。多くの新聞は、新しい収容所について報道した。「ダッハウ」は、すぐに拷問と殺害の代名詞となった。これは、実際そのようにも意図されていた。というのも彼らは不安と恐怖を広めようとしたからだった。形式的には、「保護検束」の命令は合法的だった。すなわち、それは国会放火令に依拠していたのである。

ナチス党の党革命は、その間にかなり無軌道にすすめられた。管区指導者と地区指導者は、SAの力をかりて「マルクス主義的な」、あるいは自由主義的な市長を腕づくで執務室から追いだし、一部は殺害し、自陣営の特別委員をその地位につけた。しばしばSA指導者たちは、警察の指揮を引きうけた。

ナチ幹部の暴力的なやり方は、国民のあいだに極度の不安を引きおこした。

それゆえヒトラーとその部下たちにとって、再選挙された帝国議会をポツダムで開催するという帝国内務省の決定は、渡りに船だった。そもそもこの計画は、必要に迫られたものだった。すなわち、焼失した国会議事堂では会議をひらくことができなかった。ポツダムは、しかしプロイセンの象徴だった。帝国大統領ヒンデンブルクの臨席は、帝国議会開催をプロイセンの偉大な日に変えるだろう。ここは、ナチス党にとってプロイセンの歴史を自分の目的のために利用する好機となった。「プロイセンの輝かしさと栄光が、帝国議会選挙でナチス党員の若い運動と結婚した」、と報道は告げた。

一週間まえから宣伝相だったゲッベルスは、「指導者」の能力を証明することにあらゆる努力をはらった。彼の重要な寄与は、この大事件をラジオで帝国中に実況放送し、「ポツダムの日」、すなわち三月二十一日を他の都市でも祝わせることだった。帝国大統領は、帝国時代の軍服を着てあらわれ、群集に熱烈にたたえられた。燕尾服を着てへりくだったヒトラーは、むしろ背後にひかえた。KPDの選ばれた国会議員が逮捕されていたためにこれに参加できなかったことを不快に思う者はだれもいなかった。

プロイセン王フリードリヒ二世が葬られていたポツダムの軍営教会で、帝国大統領と首相がこの亡くなった王に敬意を表した国家的行事がとりおこなわれた。ヒトラーは、その演説でたくみに穏健な政治家であるかのように見せかけた。ドイツ国防軍部隊とナチス党の隊員による何時間ものパレードがそれにつづいた。「ポツダムの日」は、ほんとうの感激を引きおこした。ドイツで「第三帝国」――ナチスの国家――は、第二帝国――帝国《カイザーライヒ》――の遺産を受けつぎ、それを真の国民運動の新しい生命で満たしたように思われた。

これほど現実から遠いものはなかった。それは、二日後に帝国議会が新たに、今度はベルリンの中心部の使われていない劇場であるクロル・オペラ劇場でひらかれたときあきらかになった。「国民と国家の困難を除去する法律」が、議事日程に載っていた。それは、ヒトラー政府に帝国議会の承認なしに法律を公布する権限をあたえた。事態がどうなっているかは、外面からあきらかになった。演台の背後の正面の壁に、巨大なハーケンクロイツの旗がひときわ目立っていた。SA隊員が行進してきて、威嚇するように建物を取りかこんだ。ヒトラーは、党の制服を着てあらわれた。

SPD党首オットー・ヴェルスは、逮捕を覚悟しなければならなかったにもかかわらず、この法案を拒絶した。ヴェルスは、その勇気ある演説のなかで、法治国家、「人間性と正義、自由と社会主義の基本原則」への支持を表明した。ヴェルスの言葉は有名になった。「自由と生命は奪うことができるが、名誉は奪えない」。ヒトラーは、あくまでみずからヴェルスの発言に応答しようとした。彼は怒っていた。そして彼の信奉者たちの大きな歓声のなかでばかにしたように、あけすけにこう言った。ヴェルスは、敵を葬るというわたしの意図を過小評価してはならない。

いわゆる全権委任法は、全国会議員の三分の二の多数によって可決されなければならなかった。ナチス党とDNVPを合わせても、この多数にとどかなかった。SPDがこの法案に反対投票をし、共産党員は会議に出席できなかったので、成否はカトリック中央党次第ということになった。ヒトラーは教会の権利と施設を保護し、ローマの教皇の国家であるヴァチカンと良好な関係をつくりだすという約束によって中央党にすり寄った。こうして中央党は、全権委任法に賛成した。帝国議会はみずからを締め出し、ヒトラーに独裁をゆだねた。この法律は四カ年と期限がきられていたが、しかし政府、すなわちヒトラー自身は、好きなように延長することができた。それは、一九三七年と一九四一年に更新された。

ナチス党は州における権力を獲得していたが、ヒトラーは州の存続には関心がなかった。州は、ナチの典型的な言葉をつかえば、「強制的同質化」された。州の憲法にもとづく諸権利は取りのぞかれ、たいていはナチス党の大管区指導者だった「帝国地方長官」が任命された。プロイセンに対して、ヒトラーみずからが帝国地方長官を自任し、それによってこれまでの帝国全権委員《ライヒスコミサール》だったフランツ・フォン・パーペンを追いはらった。そのすぐあとヒトラーは、ヘルマン・ゲーリングをプロイセン首相に任命した。ヴァイマル共和国の憲法によれば、諸州は本来帝国政府があまりにも大きな権力をもたないように監督しなければならなかった。これは、おそくとも一九三四年一月には消えていた。帝国参議院（Länderkammer）は解散させられた。ベルリンのライプツィヒ通りに置かれていた帝国参議院の建物は、ゲーリングが執務をとる邸宅になった。

ヒトラーは、その間に政治のスーパースターになった。戸籍役場は、新しく生まれた子どもにどうしても「ヒトラー」や「ヒトレリーネ」の名前をつけたがる両親と渡りあわなければならなかった。役場は、「指導者」の名前を台なしにしたくなかったので、両親は、そのかわり「アードルフ」や「アードルフィーネ」を出生証明書に書きこんだ。「アードルフ」は、もっとも人気のある名前のひとつだった。数カ月もたたないうちにヒトラー式敬礼は、世間に広まっていた。一九三三年六月、帝国内相フリックは公務員にヒトラー式敬礼の実施を義務づけた。その理由はこうだった。ナチス党の指導者は、今後単独で帝国を指導するゆえに、党の敬礼は同時にドイツの敬礼になる。全ドイツ国民とその「指導者」の結びつきが、これ以上すばらしく表現されることはほとんどあり得ない。

一九三三年五月十日、ベルリンと他のほとんどの大学町で焚書がおこなわれた。それは、みずからを「精神的ＳＡ」と自称した「ドイツ学生同盟」によって組織された。極右の学生たちは、ユダヤ人の教授や学生や職員を追いまわし、あらかじめ用意されたリストにしたがっていわゆる非ドイツ的な書物を図書館や書店から選びだした。ベルリンでは大学の向かい側のオペラ広場で、薪の山が燃やされた。楽団が音楽を演奏した。作品が同様に燃やされたドイツ系ユダヤ人の詩人ハインリヒ・ハイネは、十九世紀にこう書いていた。「本が燃やされるところでは、最後には人間も燃やされる」。これは予言的な言葉だった。

ラジオは、焚書行動をドイツ全土に実況中継し、それぞれレポーターが配置された町から町へと場面を切り替えた。ベルリンでは週間ニュース映画が、この出来事を撮影した。現代の「今日のニュース Tagesschau」の前身である週間ニュース映画は、映画館で本来の映画のまえに見せられる、重要な出来事についてのみじかい映像作品を編集したものだった。一九三三年からゲッベルスが、週刊ニュース映画を監督した。

焚書は、おそるべき無関心さで受けいれられ、一部ではあきらかに歓迎されさえした。庶民の大多数は、現代文学をどっちみちもてあましていた。しかし、教養ある読者層も、大体においてたいして異論はとなえなかった。ゲルハルト・ハウプトマンやシュテファン・ゲオルゲのような作家は歓呼した。彼らは、文化的な革新運動に参加していると思った。彼らは、ナチスのテロを大目に見た。

振りかえってみると、ドイツ社会がいかに上機嫌に独裁体制に入っていったのかは理解しがたいように思われる。「人生を楽しめ!」が、一九三三年一月からはじまった多くの祭りの行列の合言葉だった。さまざまな市民団体が、突撃隊と他の党の組織と一致団結して民衆のそばを行進した。ハーケンクロイツは、伝統的なシンボルと混ざりあった。社会生活のナチス化は、すばやく進展していった。「強制的同質化」は、下からの自己同質化と軌を一にした。

数多くの式典と祭りの行事が、じきにナチ国家のカレンダーを形づくった。国家と党の多くの式典の

1934年9月のニュルンベルクの帝国党大会でSAとSSの点呼による死者の顕彰、丘の中腹にヒトラー（中央）、ヒムラー（左）、新しいSA隊長ルッツェ（右）

意味は、人びとがたとえば四月二十日の「指導者の誕生日」や五月一日の「国民労働の日」にヒトラーを生で体験し、聞き、すくなくとも遠くから彼の姿を見、彼に歓声をあげることができることにあった。ナチスの祝祭カレンダーの最大の大衆行事は、すでに一九三三年以前にニュルンベルクでおこなわれていて、ヒトラーが決めたように、将来「恒久的に」この都市で開催されるべき九月のナチス党の帝国党大会だった。帝国党大会への参加は、ナチス党員に喜びに満ちた服従と大衆への同化の機会をあたえた。

指導者を信じきった女流監督で、ヒトラーの友人でもあったレーニ・リーフェンシュタールは、一九三四年の帝国党大会を映画に撮って「意志の勝利」として賛美し、それによって政権の自己理解に手ごろな表現を提供した。

ヒトラーとナチス党にとって失敗した一揆の記念日は、最高の位置価値をもっていた。十一月八日の夕方、ヒトラーは、ビュルガーブロイケラーで古参党員をまえに演説した。その翌日に、一九二三年十一月九日に殺された「戦死者」が顕彰された。つねにゲッベルスが演出をおこない、印象深い死者崇拝のお膳立てをした。帝国党大会と十一月九日は、同時にキリスト教からもっとも大きく借用した集会でもあった。ナチズムは、「運動」の最高の司祭としてのヒトラー、殉教者、祝福と清祓、光と暗闇をともなった代替宗教としてあらわれた。

一九三四年以降このような国家と党の式典では、ドイツ国歌の最初の一節（「ドイツ、世界に冠たるドイツ」）が、SAから借用されたホルスト＝ヴェッセルの歌の第一節と第四節といっしょに歌われた（「旗を高く掲げよ、隊列は固く団結した」）。出席者は全員、この目的のために立ちあがり、ヒトラー式敬礼をしなければならなかった。学校では国旗掲揚式と、腕を高くあげてふたつの国歌を斉唱することが、義務化されたプログラムになった。「非アーリア人」は、しかしそこから排除された。

組合と党の禁止

一九三三年五月、ヒトラー政府は組合の力をうばった。全ドイツ組合同盟（ＡＤＧＢ）は、すくなくとも四〇〇万人の組合員を擁していた。ナチス党は、ＡＤＧＢの組織を破壊する意図はなかった。ナチス党は、この組織をそっくり引き継ごうとした。

ゲッベルスは、間近に迫った組合運動の無力化を彼のプロパガンダの傑作によって覆い隠した。労働運動の伝統的な闘争記念日である五月一日は、あっさりと「国民労働の日」として法的な祝日と宣言され、大規模な大衆集会で祝われた。ベルリンのテンペルホーフ広場だけで、一〇〇万人の人間が出席したといわれる。ゲッベルスとヒトラーは、その演説のなかで「民族共同体」を喚起した。

歓声とおごそかな気分に暴力がつづいた。五月二日、ＳＡとＳＳの補助警察が出動し、計画どおりドイツ全土の労働組合の建物と出版社を占拠し、指導的な幹部と編集者を逮捕した。ＡＤＧＢは、麻痺したも同然だった。ＡＤＧＢはこの襲撃を予想していなかった。労働組合の建物と財産は、五月十日に「ドイツ労働戦線」（ＤＡＦ）として創設された組織がかすめとった。その責任者は、ナチス党幹部のローベルト・ライだった。すべての非雇用者と雇用者は、ＤＡＦに加入しなければならなかった。資本と労働は、「民族共同体」の旗じるしのもとに協力しあい、その対立を克服しなければならない、とプロパガンダはつたえた。

労働運動が無力化されたあと、政府はＳＰＤの排除に取りかかった。ＫＰＤは、一度も公式には禁止されなかったが、しかし国会放火令と大量逮捕によってすでに脇に追いやられていた。一九三三年六月二十二日、帝国内相フリックは、SPDを「国民と国家に敵対する組織」と宣告した。というのも、党指導部の一部がプラハに逃れていて、そこからヒトラー政権の打倒を呼びかけたからだった。党の禁止は、新たな残虐さをともなった。SAとSSは、ベルリン＝ケペニックで共産党員と社会民主党員を追いまわした。五〇〇人の人間が連行され激しく虐待され、優に九一名が殺された。この「血の一週間」の終わりには、数千人の社会民主党員が拘留されていた。

SPDが禁止されたあと、他の政党も事態がどういう状況なのかわかった。これらの政党は、いまになってようやく自分たちが全権委任法に賛成したことによってみずからを用無しとしたことに気づき、解散した。七月十四日には帝国議会は、「党の新設を禁止する」法律を公布した。このなかには短く簡潔にこう書かれていた。「ドイツには唯一の政党として、国民社会主義ドイツ労働者党が存在する」。

ヒトラーは、「国民」に呼びかけることによってみずからの権力を強化した。それは、すでに一九三三年三月に大きく成功していて、独裁の確立のあともさらにつづいた。こうしてヒトラー政権は、一九三三年七月にそれによって有権者に国民投票を呼びかけることのできる法律を公布した。このような国民投票の最初の機会は、十月にやってきた。ヒトラーは、おどろいたことにジュネーブ軍縮会議からの離脱と国際連盟からのこの国の脱退を公表した。これは、軍備拡張と戦争へ向かう大胆な一歩だった。ヒトラーはたしかに五月、ドイツの平和への意志を強調していたが、しかし国際連盟からの脱退によってシュトレーゼマンの協調政策は、正式に終わることになった。

これに関する国民投票をヒトラーは、さらなる帝国議会選挙とむすびつけた――その際もちろんひとつの党だけが、投票用紙に書かれていた。十一月十二日、有権者はつぎのような質問を提示された。「君、ドイツの男よ、そして君、ドイツの女よ、君は君の帝国政府のこの政策を承認し、それを君自身の考えと君自身の意志のあらわれとして宣言し、おごそかにその支持を表明する気があるか」「帝国政府」が、もはや名前で呼ぶ必要のないヒトラーであるのはもちろんだった。

およそ九五パーセントが、「はい(Ja)」にばつ印をつけ、それは、約四〇〇〇万人のドイツ人にのぼった。同様に興味深いのは、帝国議会選挙の結果だった。ナチス党は、有権者の九二パーセント以上を獲得し、彼らは統一リストに賛成票を投じた。いくつかの選挙結果の歪曲があったにもかかわらず、結果は、かなり的確に国民の考えを反映した。一九三三年十二月に、ナチス党を「ドイツの国家思想の担い手」に格上げするさらなる法律が施行された。これによってナチス党員の独裁が、法律上承認された。

「民族共同体」

ヒトラーは、国民のあいだでの自身の名声をまずそしてとりわけ大量失業の克服のおかげとしたが、この克服はといえばナチスの「経済復興の奇跡」に由来するものだった。すでに一九三六年にドイツは、ふたたび完全雇用を達成していた。きわめて多くの同時代人の感覚からすると、終戦後のドイツを震撼させた絶えまない危機に、「よい年月」がとって代わった。

この安定の重要な理由は、失業者雇用対策とむすびついた軍備拡張だった。失業者雇用対策は、ヒトラーが生みだしたものではないが、最初のドイツの首相としてこれを利用した。この対策は、イギリスの国民経済学者ジョン・M・ケインズの、当時まだほとんど知られていなかった学説、経済危機の時代に景気を活性化し需要を高めるためには国家が負債を負わなければならないという学説にしたがっていた。

同時代人の思い出のなかで、とりわけアウトバーン建設が記憶にのこった。この建設は、たびたびヒトラーの肯定的な業績と見なされる。しかし、アウトバーンも彼の発明ではなかった。これに対応した計画は、すでに二〇年代末から引きだしにしまわれていた。ヒトラーはこのアイデアに夢中になり、それを帝国交通省と帝国鉄道の反対に抗して断行した。一九三三年九月のフランクフルトとダルムシュタット間のアウトバーンの最初の鍬入れは、入念に演出されたプロパガンダの行事で、そのとき「労働兵士たち」は、肩にスコップをかついで「指導者」のまえを行進した。出発して取りかかるこうした写真は、アウトバーンが、実際には大量失業の緩和にほとんど寄与しなかったにもかかわらず、大きな効果をあげた。

アウトバーン建設は、大衆のモータリゼーションのためのヒトラーの計画と密接に結びついていた。自動車と技術のファンだった彼は、じきにドイツでアメリカ合衆国と同じくらい多くの自動車が走るだろうことを夢みた。そのため彼は、「国民車（フォルクスワーゲン）」と名づけた手ごろな小型車を万人のためにつくるという設計技師フェルディナント・ポルシェの提案にとびついた。じきにドイツ人は誰でもこうした車を運転できるというヒトラーの予告は、魅力的に思われた。この自動車は、隣接都市とともに一九三八年からわざわざこの目的のためにつくられたヴォルフスブルクの工場で製造されることになった。この名前は綱領だった。ヒトラーは、しばしば自分につけた「ヴォルフ」というあだ名をもてあそんだ。ヴォルフスブルクを「ヒトラーの車の町」にしようと思った。企業は、ローベルト・ライのドイツ労働戦線（DAF）によって資金が提供され、ドイツ労働戦線は組合から略奪した財産をそれにつぎこんだ。このようにして国家はお金を節約した。「国民同胞」は、その「国民車」のために貯金した。しかし、誰もこの車を手に入れられなかった。というのも国民車工場は戦時中、軍需品を生産しなければならなかったからだ——ただしヒトラーは、VW（フォルクスワーゲン）のキャブリオレーを所

新しい帝国アウトバーンに最初の鍬入れをするヒトラー、1933年9月

有していて、それでオーバーザルツベルクでの散策のあと帰り道をベルクホーフまで送らせた。

断然いちばん大きな国民集団であった労働者は、近代的な商品の消費への刺激によって国家に好感をいだき、動員されなければならなかった。彼らは、政治上の権利の剝奪と低い賃金に腹を立てるかわりに、軍備拡張ためにあくせくはたらかなければならなかった。約束された消費社会の見本は、アメリカ合衆国だった。国民車とならんで、国民受信機があり、国民冷蔵庫等々の計画もあった。こうした消費への大部分の期待は、かなえられなかった――終戦後になってようやく大衆消費は、西ドイツで本格的に隆盛を見ることになった。ナチ時代に目覚めさせられた期待を、いまや実現することができた。

労働者は、そもそも新しい政権に満足する理由はほとんどなかった。完全雇用はたしかに達成されたが、生活水準はほとんど改善しなかった。おそらく決定的だったのは、政権が被雇用者に、社会的地位はもはや給料袋に個人がどれだけお金をもっている

VWのオープンカーに乗ったヒトラー、1944年春。後部座席にはSS長官ヒムラー、ハンドルを握るのは運転手エーリヒ・ケムプカ

かに左右されないという感情を植えつけたことだろう。人びとは、たしかにみずからの権利をうばわれたが、しかしすくなくともふたたび職場と規則的な収入を得た。たしかに賃金は低かったが、しかしドイツの労働者と会社員は、はっきりと以前より多くの休暇の権利をもった。今日では被雇用者が、休暇旅行をするのはあたりまえだが、当時はけっしてそうではなかった。

ＤＡＦの下部組織であるナチ共同体「歓喜力行団」によって企画された旅行は、「国民同胞」の一部に、これまでブルジョアのものだった観光旅行に自宅を離れて参加する機会をはじめて提供した。彼らは、なるほど休暇の地でナチス党の共同体の集会に参加しなければならなかったが、しかし旅行ができるので、それは受けいれられた。ドイツの大衆ツーリズムは、大戦前にはじまった。それは、終戦後さらに高い水準で継続された。

ナチス国家は、多くのドイツ人にたんなる強制では達成できなかったであろう平等感と共属意識をあたえることに成功した。しかし、これらすべてが軍備の好景気によってのみ可能だったことは忘れてはならない。軍備なしには完全雇用はなかったし、完全雇用がなければ「民族共同体」もなかっただろう。

しかし、軍備拡張の費用は借金でまかなわれたのだ。一九三三年だけで軍備目的のために三六〇億ライヒスマルクの額が見こまれた。それは全国家財政の六倍だった。このお金は、企業と総合銀行の秘密の借款によって調達され、国におさめられた。この借款は、軍備拡張を秘密裏におこなわれなければならなかったので隠蔽されていた。西側列強がヴェルサイユ条約のこの破綻にいちはやく気づけば、さしあたりドイツが対処できないだろう戦争の危機がせまる、とヒトラーは確信していた。

「長いナイフの夜」

ヒトラーは、数カ月もしないうちにドイツ人を自分の味方に引きつけたように思われた。しかし、彼の支配が実際にいかにもろいものであったかは、一九三四年春にあきらかになった。経済は危機に瀕し、不満と「文句」が広まった。というのも、軍備拡張が外国への支払い手段の不足をいちじるしく招き、食料品の供給が悪化したからだった。

さらにナチス党指導部は、SAを掌握していなかった。SAは、ヒトラーがその支配の初期にすでに軍部と結んでいた同盟をおびやかした。ドイツ国防軍は一〇万人の兵力だったが、SAにはすでに一九三三年初頭でその四倍の隊員がいた。その翌年のうちにこの党の軍隊は、SAに編入された鉄兜団のかつての隊員を算入しないで、三〇〇万人に脹れあがった。

SAは、不満をもつ党員たちの受け皿だった。彼らは、たびたび自分たちを、つましい党員がわが身を犠牲にしてはたらいた一方で、権力掌握後不当に贅沢三昧していた堕落した党幹部たちの犠牲者だ、と思っていた。したがって権力獲得はさらにつづかなければならない、と彼らは思った。SA幕僚長エルンスト・レームは、それをこう言いあらわした。「一九三三年一月に国民革命がはじまった。いまや国民社会主義革命を起こすときだ」。

すなわちここに、ヒトラーが無力化したと思っていた党の左派の抵抗が如実にあらわれた。そのうえレームには、ヒトラーのドイツ国防軍との蜜月路線が気に入らなかった。彼の考えによれば、ドイツ国防軍は突撃隊に編入され、それによって突撃隊はナチスの人民軍になるべきだった。しかし、ヒトラーは、征服戦争をこのような民兵団によって遂行することはできなかっただろう。そのためには彼は、近代的でよく統率された軍隊を必要としていた。エルンスト・レームは、ヒトラーの目から見るとそれにふさわしい男ではなかった。レームは、実際に政治的には愚直で、彼とその組織に迫った危険を想像もしなかった。おそくとも一九三四年三月から、帝国国防相ブロムベルクと彼のもっとも重要な部下ライヒェナウは、レームの権力剝奪に向けて画策した。

ほぼ同時期に、パーペンを取りまく保守的な貴族の集団が、ヒトラー打倒の計画を練っていた。理由は、その情報がパーペンの副宰相官房であつめられた新しい政権の無数の法律違反と暴力行為だった。この男たちは、ヒトラーを不法国家の精神的な首謀者かつ原動力と見なしていたが、それはまったく正しかった。したがってSAばかりでなく、ヒトラーもすぐにいっしょに権力をうばわれなければならなかった。軍部はクーデターをおこし、軍部独裁を樹立すべきだった。そしてそのあとできればドイツを君主制へ回帰させようと思った。ブロムベルクとライヒェナウは、しかしドイツ国防軍をつかってあえてヒトラーに対するクーデターをおこそうとはまったく考えなかった。彼らは、「指導者」とその党ではなく、ＳＡを厄介ばらいしたいと思った。

おそらく一九三四年六月十七日のマールブルク大学でのフランツ・フォン・パーペンの演説が、ＳＡ指導部と保守的な反対派を排除しようというヒトラーの決心の引き金になったのだろう。マールブルクの演説は、国内外に大きなセンセーションを捲きおこした。両方向を攻撃することは、あきらかにヒトラーの考えだった――権力政治的には賢明な策略だった。しかしまた、ヒトラーが意図的にまちがった情報によって、ＳＡが現実に彼を打倒しようとしているという信念を強めたのもたしかである。彼は、またしても激怒し、分別をなくした。今日なおこの事件は、たびたび誤って「レーム一揆」と呼ばれている。

一揆のうわさの火付け役は、どうやらSSだった。SSは、レームを攻撃する行動のなかに、突撃隊の影から抜けだし権力を獲得する好機を見た。ハインリヒ・ヒムラーとかつての海軍将校だった彼の右腕ランハルト・ハイドリヒは、そうこうする間にベルリンで重要な権力ポストを得ていた。そこへいたる途上で、強制的同質化された諸州――当初はプロイセンをのぞいて――の政治警察は、ヒムラーの管轄下にはいっていた。そこにはベルリンのプリンツ・アルプレヒト・パレーに本部を置く「秘密国家警察局」があった。この建物は、ナチ＝テロの権化となった。ヒムラーは、いまや総裁官にしてプロイセン秘密国家警察（ゲシュタポ）の長官代理だった。しかし、この秘密国家警察は、まだプロイセン首相ヘルマン・ゲーリングの管轄下にあった。

したがってヒトラーは、ゲーリングに、ベルリンのSA指導者と保守主義者の逮捕を準備するよう命じた。彼自身は、六月三十日の朝、ミュンヒェンに飛んでバート・ヴィースゼーの保養ホテルで休暇を過ごしていたレームとその仲間を逮捕した。バイエルンでは親衛連隊「アードルフ・ヒトラー」が作戦行動をとるよう指示された。これは、彼に対して個人的に忠誠を誓うSS部隊で、鉄道で移動した。ミュンヒェンに到着すると、ヒトラーは当地のSAのいわゆる一揆の準備を知った。ヒトラーは怒り狂った。彼は、みずからミュンヒェンの最高位のSA指導者たちを逮捕し、彼らに銃殺刑を告げた。それにひきつづいてヒトラーの車列は、バート・ヴィースゼーに向かって疾走した。

エルンスト・レームは、彼の保養ホテルで眠りからたたき起こされて、目のまえに「指導者」が立っているのを見た。ヒトラーは、ピストルをふりまわし、レームを裏切り者と呼び、彼に逮捕を宣告した。隣室で、ブレスラウの警察署長エトムント・ハイネスが起こされた。このSA大将は別の男とベッドのなかにいた。レーム、ハイネス、他の突撃隊指導者たちが同性愛者だったのは有名だった。ヒトラーは、このことをそれまで気にしてはいなかった。しかし、ハイネスの逮捕の目撃者であるゲッベルスは、ヒトラーの殺害命令をセックススキャンダルで隠蔽するために、この同性愛をそれから数日間大いに利用した。

ヒトラーと彼に部下たちは、「褐色の家」へ行った。ナチス党の党本部でヒトラーは、集まった党の幹部とSAの幹部のまえで気ちがいのように怒り狂った。彼は、文字どおり口から泡をふいた。帝国首相がこのように感情に流されるのを、多くの聴衆は奇異に思った。そこにはいまやヨーロッパでもっとも強大な首相が立ち、世界史上最大の背信だ！　と大声でわめいた。すべての謀反人を銃殺にしろ！

ヒトラーみずからが死のリストにかぎ印をつけ、その間に到着していた親衛連隊の隊長ゼップ・ディートリヒにこう命じた。「SAの指導者を国家反逆罪と国事犯のかどで銃殺刑に処せ」。ディートリヒはしたがった。ミュンヒェンとヴィースゼーで逮捕された者たちが収監された未決監シュターデルハイムで、SAの指導者たちはつぎつぎに絞首刑に処された。この犯罪のための武器は、ドイツ国防軍が渡した。ただレームだけは、さしあたり生きていた。

ヒトラーは、その間にベルリンへの帰りの飛行機に搭乗し、ベルリンに着いたときは完全に疲弊していた。ゲッベルスは、朝方ゲーリングに電話をし、取り決めたキーワード「コリブリ」をつたえた。そのあとハイドリヒは、SS隊員にSA指導者と「反動分子」を逮捕するためにリストをもたせて送りだした。彼らは、一部はプリンツ・アルプレヒト・パレーのゲシュタポの刑務所で、しかし大部分はベルリン＝リヒターフェルデの親衛連隊の兵舎で銃殺された。むかしの多くの借りがかえされた。ヒトラーの敵だったグレーゴーア・シュトラッサーは、ゲシュタポの地下の小部屋のひとつで殺された。公式には彼は、自殺をしたことになっていた。ヒトラーの前任者の首相クルト・フォン・シュライヒャーと彼の妻は、ゲシュタポの職員によってポツダム近郊の彼の家であっさりと撃ち殺された。シュライヒャーの腹心フェルディナント・フォン・ブレード将軍も射殺された。おそらくヒトラーは、パーペンも射殺させたかっただろう。だが彼は、政治的にそれをあえておこなうことはできなかった。というのもそうなれば外国に多大なセンセーションを捲きおこしただろうからである。パーペンは、彼の住まいに自宅軟禁された。のちにヒトラーは、彼をウィーンに送り、そこでパーペンはオーストリア「併合」を準備することをゆるされた。

そうこうする間にヒムラーとゲーリングは、ヒトラーにエルンスト・レームも殺すようしつこく迫った。最終的にヒトラーは同意した。しかし、ヒトラーは、彼の友人ができるなら強いられて自殺するよう望んだ。ヒムラーは、ダッハウ強制収容所所長でSS少将テーオドーア・アイケをシュターデルハイムに送った。レームは、自殺しようとしなかったので、アイケと彼の副官が、レームをピストルで殺害した。

すくなくとも八五人の人間が、「長いナイフの夜」の犠牲になったが、犠牲者は、すくなからぬ評価によれば二〇〇人にまでなる。SAは、その新しい幕僚長ヴィクトーア・ルッツェのもとで「粛清」された。SAのうち残ったものは、もはやなんの重要性もなかった。

ドイツ国防軍の指導部は、さし迫った大虐殺を知っていて、SSに武器と弾薬を供給した。国防軍指導部は、レームの権力剝奪をおおいによろこび、卑怯にもシュライヒャー将軍とブレード将軍の殺害については沈黙した。内閣でブロムベルクは、ヒトラーの政治家かつ軍人としての偉大さを称賛した。ブロムベルクとライヒェナウは、自分たちが新しい国家のなかで自立を守ったと思った。事態は反対だった。軍部は、ヒトラーの殺人の共犯者になりさがり、彼にしばりつけられた。

法相ギュルトナーは、ヒトラーの口頭による命令は、正規の法律も同然であると主張した。ナチスのスター法律家カール・シュミットも、「指導者が法律を庇護する」と思った。政府は、七月三日に、国家任務による殺害は、さかのぼって適法と宣せられるという法律を可決した。

ヒトラーは、さしあたりバルト海の海辺で静養し、そこでゲッベルス一家と休暇を過ごした。そのあと彼は、バイエルン・アルプスの休暇用の自邸にもどった。そして固唾をのんで待たれていた演説、すなわち七月なかばにクロル・オペラ劇場で帝国議会議員のまえでおこなおうと思った演説を練りあげた。レーム作戦の犠牲者たちの知り合いか友人だった数多くのSA指導者たちが広間にいた。そのためヒトラーは、親衛連隊の出動を手配した。武装した護衛たちが、演壇のすぐとなりに立っていた。レームと保守主義者たちに対する非難に満ちた長く苦い演説の終わりに、「指導者」は攻勢に出た。「そしてだれもが、国家を打ちくだくために手を振りあげるならば、確実な死がみずからの運命となることを永久に知らなければならない」

演説は完全に成功した。ヒトラーは、幅ひろい階層で考えられていたことを語っていた。彼は、「秩序を生みだし」、みずからの名声を回復した。彼が、SAのテロを（たとえ暴力的であっても）終わらせたことに世間は一様によろこんだ。たしかに国民は、無関係な人びとも死んだことに不安を感じていた。しかし、そのことでヒトラーを非難することはできない、と多くの人びとは言った。あまりにも多くの「国民同胞」が、ヒトラーは、ナチ独裁国家の犯罪を知らないと思っていた。これは、総統崇拝の最悪の結果だった。このようにして人びとは、自分の責任への不都合な問いにかかわらずにいることができた。それに対する人口に膾炙した言葉はこうだった。「総統がそのことを知っていてくれたらなあ！」。彼は、もちろんすべてを知っていた。公衆道徳は、「指導者」の星が高くのぼるにつれて堕落していった。

その間に帝国大統領パウル・フォン・ヒンデンブルクは、ますます衰弱していった。この老人がまもなく死ぬだろうことを確信するために、ヒトラーは、一九三四年八月一日にヒンデンブルクの東プロイセンの領地ノイデックに出かけた。帝国大統領にはもはやヒトラーの見分けがつかず、彼に「陛下」と呼びかけた。ヒトラーは、帰るとすぐに内閣に帝国大統領の職と帝国首相の職を統合する法案を提出した。この法律は、一日あと、すなわち一九三四年八月二日のヒンデンブルクの死とともに施行された。いまやヒトラーは、国家元首でもあった。

帝国国防相フォン・ブロムベルクは、その日のうちに全軍隊にヒトラーへの忠誠を宣誓させた。それは、彼が考えたことであって、「総統」の考えではなかった。一九三四年八月一九日ドイツの有権者は、帝国大統領の職と帝国首相の職を統合すべきかどうかの問いに最終的に投票しなければならなかった。ほぼ九六パーセントの投票のうち、ほとんど九〇パーセントが、この問いに「はい（Ja）」と答えた。

この結果は、ヒトラーの政策への実質的な同意を反映している。彼は、いまや押しも押されもしないナチス党の指導者であり、国家元首、帝国首相、最高指揮官をも兼ねた、ようするに「総統兼帝国首相」になった。

「総統国家とテロ」

「指導者原理」

戦争勃発までのそれからの数年間を多くの同時代人は、その後長く「よい年月」として振りかえった――すばやい経済の回復とささやかな豊かさの年月として。なかには、新しい政権が、帽子のなかから手品で取りだした多くの活動や業績を目の当たりにして、陶酔したように暮らす人びともたくさんいた。しかし、独裁体制は強固になり、暴力が増大した。

ヒトラー党の党員数は、すでに一九三三年に飛躍的に増大した。一月にはまだ八五万人の党員数だったが、四月には二五〇〇万人になった。こうした新しい党員の多くは、党の「若々しい」活力に魅了され、ともに参加したいと思った。軽蔑的な呼称「三月ナチ党員」――一八四八年の革命の犠牲者への本来の意味を逆転した当てこすり――は、しかし第二の真実を的確に表現していた。すなわち多くはたんなる順応姿勢が入党の理由だった。人びとは、ナチス党の党員資格が自身の出世に役立つことを期待した。

ナチス党は、その使命をドイツ人を「強制的同質化する」ことのなかに見ていた。ナチス党は、国家政党を自認し、プロパガンダで「民族共同体」の庇護者を気どった。党は、巨大なダイオウイカのように社会のなかへ喰いこんでいった。

一九三三年の夏ヒトラーは、多くの高級幹部を、いっしょに「ナチス党帝国指導部」を形成する「全国指導者」に任命した。「全国指導者」は、最高位の党の階級で大管区指導者と混同してはならなかった。九月にヒトラーは、彼と同じくランツベルクに収監されたルードルフ・ヘスをナチス党内の「総統代理」に昇格させた。九月にヘスは、無任所帝国相になり、政府内で党を代表した。外部に対して彼は、権力があったが、実際にはたいした影響力をもたなかった。ヘスは、管理業務をミュンヒェンの党本部の彼の「スタッフ」にまかせた。

一九三三年一〇月からそこの職員たちは、あつかましく野心家だったひとりのナチス党幹部によって統率された。それは全国指導者マルティーン・ボルマンだった。彼は、義勇軍運動の出で、一〇年前にひとりの共産主義の裏切り者といわれた男を残虐に殺害させていた。そして彼は、そのために数年間刑務所で刑期をつとめなければならなかった。当時の殺人者たちのなかには、のちのアウシュヴィッツ強制収容所の所長ルードルフ・ヘスもいた。ボルマンのスタッフは、たえず数を増し、権力を獲得していった。

国家のそれまでの官僚機構は、党革命がおわり、官職の階層が「粛清」されたあともおおむね維持されていた。官吏は、しかしナチス党の圧力にさらされ、指導者原理に服さなければならなかった。彼らは、ヒトラー式敬礼をする義務を負い、一九三七年からは、「ドイツ帝国と国民の総統アードルフ・ヒトラー」に忠誠の誓いをたてなければならなかった。さまざまなかたちでの順応が決まりとなり、抵抗はまれだった。すくなからぬ官吏は、ヒトラーとナチス党を信奉していたため、先をあらそって服従をしめしさえした。

三〇年代なかばにはおよそ七〇万人の人間が、街区監視人、細胞指導者、地区指導者、管区指導者あるいは大管区指導者としての職務機能をもった。「偉大な指導者」は、無数の「小さな指導者」を生みだした。このナチス化の外的な特徴は、しだいに街頭の風景をつくりだした制服や階級バッジやそうした類のものだった。これに、ヒトラーとならんでナチズムのもっとも重要な象徴である多くのハーケンクロイツの旗が加わった。

ヒトラーの個人的な権力が強まれば強まるほど、帝国政府は重要性をうしなっていった。全権委任法までは帝国首相は、閣議をまだまじめに受けとっていたが、しかしじきに内閣は、ヒトラーの法案を、それがそもそも管轄する大臣のデスクにとどいたとしても、承認するためだけに存在した。というのも、党機構は、しだいに立法と混ざりあったからだった。閣議が開かれることはますますまれになり、その最後は一九三八年二月五日だった。

ヒトラーは、政治においても自然のなかと同様、能力闘争が支配すべきで、その際最強の者が、勝利をおさめなければならないと考えていた。すなわち彼は、ダーウィニズムの原則を政府の仕事にも応用した。したがって、党の幹部は、相互にもまた高級官吏とも闘い、私設全権委員と特別全権委員も、相互にまた権力と影響力をめぐる他のすべての利害関係者と闘った。権力への近さは、ナチズムにおいてはヒトラーへの個人的な近さだった。大多数のナチ幹部にとって「総統」が、手の届かない神であったとしても、この近さが追いもとめられた。

人びとは、ヒトラーがなにを望んでいるか知っていたか、知っていると思った。というのも彼らは、『わが闘争』を知っていたからだった。だれもが、ヒトラーが、「敵」との闘いを国家の行動の最上位の原則と見なしていたことを知っていた。したがって、「敵対者」の迫害は、もっともよく能力をしめすことのできる領域だった。権力と影響力を目ざすなかで、幹部たちは、たがいに競いあって政策を強化するための提案をおこなった。ヒトラーの総統国家では、この過激化を押さえるブレーキとして作用することができたであろうすべての安全装置が消えてなくなった。これは、ナチ国家が、なぜあれほど犯罪的だったのかを説明する重要な要素だった。

ヒトラーは、じきにまた彼の大臣たちにとっても手のとどきにくい存在となった。ただわずかな政治家たちだけが、たえず彼と面会できた。たとえば、それは、ベッゲルス、ヒムラー、ときにゲーリング、さらにのちには彼の贔屓の建築家アルベルト・シュペーアと指導的な党幹部マルティーン・ボルマンだった。「総統」は、そのなかに入りこむことのむずかしい古参のナチス党員、副官、護衛の集団をまわりにあつめた。日常の政府の業務は、ドイツ帝国宰相官房のヒトラーの事務次官で法律家のハンス・ハインリヒ・ラマスがおこなった。ヒトラーを素通りして、それどころか彼の意思に反して決定をくだすことは総統国家では不可能だったので、ラマスは、ひんぱんにヒトラーと協議しなければならなかった。彼は、その際副官たちが、彼を「総統」に面会させなかったり、ヒトラーが避けたりしたため、協議はますます困難になった。

管轄部門の明確な配分もなかった。人びとは、なにも信用することができなかった。ヒトラーは、いつでも自分が興味をもったり、自分にとって重要と思われる案件に介入することができた。ナチスの法律の専門家の考えによれば、法律と同等とみなされたいわゆる総統布告が、ますます法律にとってかわった。ラマスは、ヒトラーの口頭の指示を「総統」があとは署名すればよいだけの法律や布告に書きかえた。

すべての職業集団と年齢集団は、ひとつのナチ組織、またしばしば複数のナチ組織に統合された。党は、人間の生活を日常のなかまで規制し浸透すべきだった。若者たちは、ナチ国家の介入にほとんど無防備にゆだねられた。落ちこぼれだったヒトラーは、ギリシア語やラテン語のような言語や人文主義的な教科における基礎教育を無用なものと見なした。自然科学ととくにスポーツは、それにかわってより大きな役割を果たさなければならなかった。

「若さ」は、ナチス党において高い位置価値をもった。ヒトラー・ユーゲント（ＨＪ）は、一九三四年／三五年に、とりわけそれまでしばしばまったく青少年労働がなかった郊外でますます人気を博した。一九三四年プロテスタントの青少年団が、こぞってＨＪに加入した。カトリックの青少年団はいじめられ、最終的に完全に禁止された。ユダヤ人の青少年グループも同様だった。

ベルリンのHJ（ヒトラー・ユーゲント）がニュルンベルクの帝国党大会に向かう「アードルフ＝ヒトラー＝行進」：行進部隊の進発、1937年8月1日

一九三五年の帝国党大会でヒトラーは、五万人の熱狂したヒトラー・ユーゲントの団員をまえにして演説した。彼の要求はこうだった。未来のドイツの若者は、「しなやかで、グレーハウンドのように俊敏で、皮のように強靭で、クルップの鋼のようにたくましく」なければならない。一九三六年からヒトラー・ユーゲントは、国家青少年になった。「若者が若者を指導する」というモットーのもとに、ＨＪとドイツ少女団（ＢＤＭ）は、ブルジョア階級の出でない青年たちにも出世のチャンスを提供した。少女たち

は、ＢＤＭを自由な活動の場と見なすこともめずらしくなかった。というのも、彼女たちは、両親の監視からのがれ、比較的大きな集団に責任を負うことができたからだった。

市民的な青年運動の伝統が、さまざまに受けつがれ、旅行やハイキング、さらにまた程度の差はあれはっきりとイデオロギー的な教育もおこなわれた。少女たちは、「優美な」体操の練習、旅行、夕べの集いによって母になることと「民族共同体」への奉仕の心がまえを修練された。党が、若者たちに影響をあたえ、統制することにどの程度成功したかは、異論の余地がある。しかし、ＨＪの団員が、一九三八年一一月のポグロムのようなユダヤ人への暴行に平均以上に強く関与していたことは人目を引く。若者たちのヒトラー心酔は、芝居ではなかった。大多数の若者は、「総統」に向かって歓声をあげ、彼を崇拝した。

一九三九年三月から少年団とＨＪないしはＢＤＭへの帰属が、法律的に規定された。しかしこの時点で、すでに青少年組織は魅力的ではなかった。戦争準備をさらによくおこなえるよう、若者たちにはますます軍事訓練が増えた。これに加えて、労働奉仕と兵役があった。どの年齢層からも、その人生の二〇年間がうばわれた。戦後の幻滅は、彼らにとって何倍にも苦しいものになった。

大都市では、若者たちは、学校の義務を口実にしてますますＨＪの奉仕をなまけようとした。なかには自立を支援する者たちもいた。彼らは、グループにまとまって、国家とＨＪの指図にさからった。たいていはこれらの若者は、労働者階級に属した。ハンブルクではブルジョア家庭の青少年が、スウィングダンスが、公衆の場で禁止されていることにしたがわなかった。非政治的な抗議としてはじまったことは、国家によって政治的な抵抗として追及された。独自のＨＪ警察、すなわちパトロール隊が、これらのグループの監視にあてられた。ゲシュタポは、数多くの若者たちを捜査し逮捕した。戦争中は少年と少女用の特別な強制収容所さえあった。しかし、大多数の若者たちは、ナチスと行動をともにした。

ユダヤ人迫害

いわゆる「民族共同体」の裏面は、それが政治的な理由であれ、イデオロギー上の理由であれ、ナチスが共同体に属さないと考えたすべての人びとへのテロだった。ヒトラーへの権力移譲は、ドイツのユダヤ人にとってショックだった。というのもヨーロッパで初めて狂信的な反ユダヤ主義者が、ここで首相になったからだ。反ユダヤ主義が、選挙宣伝でうすめられたにもかかわらず、一九三〇年以降ナチス党に投票した多くの有権者はみな、自分がドイツでもっとも反ユダヤ主義的な政党に投票したことを知っていた。ナチス党員の目から見ると、ユダヤ人は、ドイツでもっとも危険な敵であると見なされた。ナチス党の暴力は、したがって最初からユダヤ人少数派に向けられた。この少数派は、ドイツに住んでいたおよそ五六万人の人間で、そのうちベルリンには一六万人が住んでいた。

SA部隊は、一九三三年二月と三月に小売商人の商店、弁護士事務所、医者の診療所を攻撃した。ユダヤ人は、公衆の場であざけられ、乱暴された。この暴力行為は、アメリカ合衆国で激しい批判を招き、そこのユダヤ人組織の一部は、ドイツの商品をもはや買わないよう、すなわちそれをボイコットするよう呼びかけた。狂信的なユダヤ人嫌いのユーリウス・シュトライヒャーは、それに対して、ユダヤ人はドイツに宣戦布告したと主張した。ヒトラーにとってこれは、党とSAの政治エネルギーをユダヤ人に向ける好機だった。

四月一日、SAとSSと鉄兜団の隊員は、小売商人の商店、デパート、弁護士事務所、診療所にユダヤの星や「ユダはくたばれ」といった合言葉を殴り書きし、そこに「ドイツ人よ！　身を守れ！　ユダヤ人のところで買うな！」というポスターをはった。顧客はおびえ、商店に入るのをじゃまされた。多くの主婦は、市民としての勇気をもっていて、こうした事態にもかかわらず行きつけの店に買いものにいった。商店には、びっしりと見物人が群がった。彼らの多くは、不満も賛同も口にしなかった。ゲッベルスは、ユダヤ人に対する「国民の怒り」を期待していた。彼の目から見ると、この作戦は失敗だった。それは、予定より早く中止された。

一週間後、政府は、社会民主党員の官吏とユダヤ人の官吏を強制的に退職させることのできる法律を発布した。すべての官吏に、いまや「アーリア人証明」が要求された。ユダヤ人の祖父母のうちひとりをもっている者は、法律の主旨からユダヤ人と見なされた。ここではまたしても「下」と「上」の逆転が見られる。すなわち、まずSAとSSによる暴力とボイコットがあり、それから法律ができる。

ドイツのユダヤ人にとって、一九三三年四月一日は大きな節目、すなわち、ナチスによる支配のそもそもの開始だった。同胞市民がなにもしないのは、彼らが見放されたことを意味した。教会からは、批判的な言葉はひと言も聞こえてこなかった。この年のうちに三万七〇〇〇人のユダヤ人が、その故郷を離れるか、外国からもはやもどらなかった。一九三四年と一九三五年には、それぞれおよそ二万人が出国した。

ドイツ国民の「敵」と目された人びと、とりわけユダヤ人を害する文書による法律と通達が山のようにあった。ユダヤ人少数派の財産は、「アーリア化」された。非ユダヤ人の取引相手、競争相手、ナチス党幹部は、ユダヤ人が所有する企業をかすめとり、しばしば二束三文で買いとった。一九三五年末には、すでに「ユダヤ人の」企業の四分の一が所有者を変えた。

そうこうする間に、少数派に対する暴力行為はふたたび数を増した。ヒトラー・ユーゲントの団員は、この暴力行為にたびたび加わった。ヒトラー自身は、そのあと一九三五年に帝国議会議員が、帝国議会ですでにかなりまえから準備されていたニュルンベルク人種諸法を可決するよう指示した。これによって、ユダヤ人と非ユダヤ人の婚姻は禁止され、ユダヤ人と非ユダヤ人の婚姻外の性交は罰せられた。「帝国公民法」は、ユダヤ人がもはや帝国公民であってはならず、それによっていかなる公職にも就くことができず、選挙もできないことを確定した。ニュルンベルク諸法は、ユダヤ人の少数派をドイツ社会から排除し、彼らを二級国民にした。これらの法律は、ユダヤ人を打ちのめした。

キリスト教に改宗したユダヤ人の子孫も、打撃をこうむった。というのもナチ人種イデオロギーでは、「ユダヤ人の」特性を捨てることは不可能だからだった。ナチス党員は、ユダヤ人は「人種」であると主張したにもかかわらず、また一方で動かしがたい肉体上の特徴を確定することにも成功しなかった。したがって彼らは、宗教上の所属にしたがった。ニュルンベルク諸法の主旨によるユダヤ人は、一九三五年の最初の通達によれば、すくなくとも三人のユダヤ人の祖父母をもっている人間だった。ふたりのユダヤ人祖父母ないしは両親のうちひとりがユダヤ人である場合は、「第一級混血児」となり、祖父母のうちのひとりがユダヤ人の場合は「第二級混血児」になった。これによって、ユダヤ人として排除されるひとの数は大幅に増えた。

この措置は、ゲシュタポと保安諜報部内の過激な反ユダヤ主義者たちの要求に大きく合致した。彼らのなかには、のちに死の収容所への移送を指揮した若い親衛隊将校アードルフ・アイヒマンがいた。ニュルンベルク諸法は、ユダヤ人を強制的に国外移住させようとするものだった。彼らの市民としての同権は無効にされた。いまや彼らは、完全に追放されるべき存在だった。同時に国家は、少数派への経済的圧力を強めた。ユダヤ人からの略奪は、それまでほとんど組織化されずにおこなわれていた。今後は国家が、いっしょに収奪した。厳しい経済状況のために一九三六年まで大幅に容赦されていた大企業も、いまや「アーリア化」された。私腹をこやすことと汚職が飛躍的に増大した。

国外移住するユダヤ人は、さらに「帝国逃亡税」を科され、一九三八年には所得税よりも大きな利益をもたらした。ユダヤ人はまた、国を離れるまえに、自分の財産のますます大きくなる負担分を国家に差しださなければならなかった。戦争勃発までにこの負担分は、九六パーセントにまで上昇した。

SS国家

そうこうする間にSSは、ナチ独裁国家のもっとも強力な組織に成長した。ヒトラーは、ヒムラーの「黒色軍団」を一九三四年七月に独立した党組織へと昇格させ、それをみずからの管轄下に置いた。それは、エルンスト・レームと他の人びとの殺害への褒美だった。一九三四年六月三〇日にはハイドリヒは、SS大将、すなわち将軍の階級へと昇進していた。

一九三六年六月ヒトラーは、ヒムラーに「帝国内の警察業務の統一的な統括」を委嘱した。ヒムラーは、いまや「SS全国指導者兼内務省のドイツ警察長官」を自称した。ヒムラーは、みずからをナチス国家の警察大臣と見なした。警察機構は、保安警察、地方警察、ゲシュタポ、SS保安課報部（SD）、刑事警察を統括した。ゲシュタポとSDは、ハイドリヒの指揮下で「公安警察」へと統合された。ヒムラーの考えによれば、公安警察は、「民族共同体」の名のもとにテロと殺人の権限をもった戦闘能力に秀でた国防組織でなければならなかった。

暗い色の革のコートを着てあらわれるゲシュタポの職員は、たとえ自分が政権の敵に属していなくても恐れられた。SDの無給のスパイは、国民の声を盗み聞きし、人びとの考えや気分を定期的に報告した。また一方で、ゲシュタポは、たがいに監視しあい告発しあうドイツ人の気持ちを当てにすることができた。一九三三年から指導者、国家、党にかんする意見表明は、「悪意」として処罰された。特別裁判所、すなわちヒトラーの考えにしたがったナチスの司法の機関が、有罪判決をつかさどった。

SSは、一九三四年七月からすべての強制収容所も管轄した。ヒムラーは、ダッハウを模範にして初期の「乱雑な」強制収容所を、国家による強制収容所に置きかえるよう手配した。レームを殺害したテーオドーア・アイケは、ダッハウ収容所所長から「強制収容所監察官ならびにSS監視部隊指導者」に昇格した。強制収容所自体は、もはやまったく必要なかっただろう。政治的抵抗は、すでにほとんど打ちくだかれていた。一九三五年夏には、収容所のなかには「わずかに」四〇〇〇人の拘留者がいただけだった。それにもかかわらず、一九三六年／三七年にはふたつの大きな強制収容所が、ベルリン北方のザクセンハウゼンとヴァイマル近郊のブーヘンヴァルトに建設された。

これらの建設は、戦争準備と関係していた。SSは、武装ブームにあやかって、いまやそのために強制収容所で安い労働力が自由につかえる独自の経済企業を組織しようと思った。また一方で、強制収容所の目的は、もはやテロによってナチ国家の政敵を弾圧することばかりではなかった。それは、むしろSS首脳部で言われていたように、「民族の肉体」を病気と害毒から解放するために寄与するものでなければならなかった。SSは、ますます自分の役割を人種主義的な原則にしたがう一種の健康警察のなかに見るようになった。これに該当したのは、社会的なアウトサイダーと見なされた人びとで、そのなかには、同性愛者やエホバの証人、「反社会分子」やシンティ・ロマもいた。収容所は、そのうえ数万人の「職業的犯罪者と常習犯」ならびに二度の大規模な波状攻撃で逮捕された「仕事嫌い」でいっぱいになった。

シンティ・ロマを人びとは、当時まだ侮蔑的に「ジプシー」と呼んでいた。彼らの一部は、派手な色の箱馬車で国々を旅してまわり、短期間か長期間にわたってキャンプをはった。他のシンティ・ロマは、西ヨーロッパにひじょうにしばしば見られたように、定住し、多数派社会に順応した。「ジプシー」という呼称は、ドイツ語圏では数百年前から存在した。この少数民族への偏見は、世間に広まっていた。ヒトラーへの権力移譲のずっとまえに、この「反ジプシー主義」は、すでに人種主義的な仮想敵を負わされていた。ナチスのドイツでは、この反ジプシー主義は、「人種の専門家たち」によって強められた。彼らは、シンティ・ロマは、生まれながらに特徴をもつ集団に分類することができると主張した。刑事警察は、「予防的な犯罪撲滅」の枠内でシンティ・ロマに厳格に対処し、彼らは、特別な収容所に閉じこめられるか、いわゆる「反社会分子」として強制収容所に収容された。彼らの運命は、ユダヤ人のそれと同じだった。

軍備拡張と戦争準備

ドイツの民族主義的な政府であればだれでも、一点を議事日程のいちばん上にのせたことだろう。それは、ヴェルサイユ条約を取り消すことだった。この問題において、ヒトラーと彼の保守主義的な同盟パートナーたちのあいだに意見の相違はなかった。軍備拡張、兵役義務の再導入、ラインラントの「国防権」の再獲得、可能ならばオーストリアの併合——これらすべては、ヒトラーが権力を引きついだときすでに話題にされていた。戦後秩序はもはや、とうの昔に安定していなかった。ヒトラーは、諸国民の自決権を引きあいに出し、敵の弱点を利用して、嫌悪すべき「ヴェルサイユ体制」を暴力と威嚇によって倒壊させた。

一九三四年一月ドイツは、ポーランドと相互不可侵条約をむすんだ。この条約は、ポーランドの同盟国であるフランスの立場を弱めた。一年後ヘルマン・ゲーリングは、空軍の存在を公に発表した。空軍は、あきらかにヴェルサイユ条約に違反していたにもかかわらず、西側列強は、これに介入しなかった。その結果帝国政府は、五日後に一般兵役義務の再導入を決めた。ドイツ国防軍《ライヒスヴェーア》は、いまや正式に「国防軍《ヴェーアマハト》」と呼ばれた。新しい国防軍の兵力は、およそ五〇万人と定められ、それは、これまでの職業軍隊の五倍だった。

さらに一年後の一九三六年三月にヒトラーは、国防軍を非武装化されたラインラントに進駐させることを決心した。彼の軍事顧問たちは引きとめた。彼らは、国防軍では太刀打ちできないであろうフランス軍部隊の介入をおそれた。三月七日の帝国議会演説でヒトラーは、耳をつんざくような「ハイル」のかけ声のなかでおごそかに、帝国政府は、本日をもってラインラントの非武装地帯に完全かつ無条件の主権を回復したと告げた。

実際にはヒトラーは、今後起こるであろうことを極度に緊張して待っていた。というのも彼はまたしても一か八かの賭けに出たからだった。フランス軍の決然とした反撃は、実際国防軍をラインラントから追いだし、場合によっては全ドイツを占領するのに十分だっただろう。ヒトラーは、このような敗北から政治的に生きのびることはできなかっただろう。彼の独裁国家は潰えたことだろう。しかし、彼は、彼の人生でたびたびそうだったように、ついていた。フランスはなにもしなかった。ためらう軍部に対して、結局ヒトラーの言うとおりになった。彼は、いまや自分を無謬だと思った。

ドイツ国民が自分を見いだし、自分がドイツ国民を見いだしたのは奇跡だ、と彼は大声で叫んだ。摂理が、自分、すなわちヒトラーをその祖国を救済するために遣わしたのだ。実際にはヒトラーの使命感は、誇大妄想と高い掛け金でばくちを打つ――今度とさらにその後長く成功した――賭博師の本能にすぎなかった。ドイツ人の熱狂は、際限がなかった。ヒトラー崇拝は、この数週間で思いもよらないほど高まった。

一九三六年八月一日ヒトラーは、夏季オリンピックの開会を宣言した。二週間のあいだベルリンは、すばらしい夏の天気にめぐまれ、ハーケンクロイツとオリンピックの旗に飾られてきらめいた。首都は、世界に開かれていた。大部分のメダルは、ドイツチームの手に帰した。しかし、スターは、アメリカ合衆国のアフリカ系アメリカ黒人の陸上競技選手ジェシー・オーエンスで、それがヒトラーには非常に腹立たしかった。完璧なプロパガンダ=演出の書き割りの裏を見た者はほとんどいなかった。この演出は、レーニ・リーフェンシュタールのオリンピア映画によってさらに高められた。多くの外国からの来訪者は、競技の組織化、新しい帝国の強さと見せかけの平和への愛に感銘をうけていた。

ドイツは、この時期イタリアとの同盟を画策していた。イタリアの独裁者でファシストたちの指導者ベニート・ムッソリーニは、この同盟をミラノでの公式の演説の場で「枢軸」と呼んだ。それは、便利な言葉だった。一九三七年九月二五日「ドゥーチェ」は、彼の最初の外国訪問でドイツに到着し、そこで最大限の栄誉をうけ歓迎された。ヒトラーは、テンペルホーフ広場での大集会でイタリアのファシズムとナチズムの同盟と、ムッソリーニの「天才的で創造的な仕事」を称賛した。ドゥーチェは、ドイツ語で応じ、あらためて両国家の無条件の平和への意志を誓った。

しかし、それはヒトラーにとって論外だった。一九三七年一一月五日の午後ヒトラーは、陸軍・空軍・海軍の首脳と国防大臣フォン・ブロムベルクを自分のいる帝国宰相官房に呼びつけた。ヒトラーは、自分の戦争計画をくわしく説明した。彼は、国民に休む暇をあたえないことの必要性を強調した。そうしないとナチ政権が大衆の支持を失いかねないためである。おそくとも一九四三年か一九四五年にはドイツは、その「生存圏問題」を解決しなければならない、すなわち戦争をしなければならないと彼は言った。そのまえに機会がおとずれれば、自分は一九三八年のうちにオーストリアとチェコスロヴァキアを攻撃する決心だとも述べた。「そうすれば帝国は東部の安全を確保でき、国防軍を強化し、食糧資源を獲得できるだろう。イギリスとフランスは重大な敵ではない。両国は、とうの昔にオーストリアとチェコスロヴァキアをあきらめている」

ヒトラーの聴衆は納得しなかった。なかには仰天する者さえいた。軍指導部は、性急な戦争をおそれた。しかし、表だった反論はなかった。戦争それ自体については意見の相違はなかったが、しかしそこに至るテンポについては見解が分かれた。軍の高級将校たちは、戦争がはじまるまえに軍備拡張を終えたかった。ヒトラーは、軍備拡張をさらにつづけるために、戦争を意図した。戦争は、いわばみずから栄養補給すべきだった。

一九三八年、ナチ国家は過激化した。内政的にはそれは、とりわけヒトラーが一連の大臣を交代させたことから読みとることができた。これは周到に計画されたものではなく、偶然の産物だった。帝国国防相ヴェルナー・フォン・ブロムベルクは、ある売春婦と性急に結婚したことで恥をさらしていた。陸軍の最高司令官ヴェルナー・フォン・フリッチュに対して、彼は同性愛者だ――それは正しくなかったが――という非難があがった。ヒトラーはこのふたりの軍人を罷免し、さらにいくつかのポストの入れ替えをおこなった。外務省はヒトラーを信奉するかつてのゼクト（シャンパン）代理商ヨーアヒム・

フォン・リッベントロップが引きついだ。将来的にはもはや国防大臣は存在せず、ヒトラー直属のヴィルヘルム・カイテル将軍指揮下の「国防軍最高司令部」（OKW）が生まれた。カイテルと彼のもっとも重要な助言者アルフレート・ヨードルは従順な将校で、ヒトラーは好きなようにあやつることができた。軍の独立性は、陸軍がその新しい司令官ヴァルター・フォン・ブラウヒッチュ上級大将の指揮下でOKWの管轄下になかったにもかかわらず、最終的に消滅した。

ナチスの政策が、ドイツでますます先鋭化するあいだに、帝国は外に向かってさらに拡大していった。ナチズムは、これ以後軍事力ないしは暴力の威嚇によって外国に「輸出」された。ヒトラーは、オーストリアをすくなくともドイツに完全に依存した「衛星国家」にしようと決めていた。いずれにせよすでに一九二〇年のナチス党の党綱領は、「併合」の要求をふくんでいて、ヒトラーは、この要求を『わが闘争』で「血でつながった」血縁関係によって根拠づけた。

オーストリアには、なかばカトリックでなかばファシズム的な政権があった。しかし、ナチ政権との内的な類似性があったにもかかわらず、オーストリア政府は、クルト・シュシュニクのもとで自分の国をヒトラーにくれてやろうとはしなかった。シュシュニクは、ムッソリーニをオーストリアの独立の庇護者と見なした。オーストリアのナチス党は、一九三四年ヒトラーの同意を得て政府を転覆しようと試みて以来、禁止されていた。そのときシュシュニクの前任者エンゲルベルト・ドルフースが殺害されていた。

ゲーリングは、ヒトラーにシュシュニクに直接会って圧力をかけるようすすめた。会談は、一九三八年二月一二日にオーバーザルツベルクでおこなわれた。ヒトラーは、シュシュニクをおどすために高位の軍人たちを列席させた。ヒトラーは、すぐさまオーストリアの連邦首相を頭ごなしにどなりつけた。

天意は、自分、すなわちヒトラーをオーストリアを消滅させるよう遣わしたのだ。「いいか――わしは、あっという間にウィーンにたどり着くかもしれん、春のあらしのようにな。そうすればあんたを痛い目にあわせてやる」

この脅迫は効果があった。シュシュニクは、ナチス党の活動をふたたび認め、彼の国を実質的にドイツと合併させる義務を負った。さしせまった進駐自体は、いまやもはや必要なかった。それにもかかわらずヒトラーは、三月一二日オーストリアを占領する命令をくだした。ゲーリングとヒトラーは、オーストリアのナチス党員がシュシュニクと入れかわれるように、彼に退陣を迫った。ムッソリーニは介入せず、「枢軸」が具体的なかたちをとるためにオーストリアを見捨てた。

一九三八年三月一三日早朝、ヒトラーのオーストリアへのいわゆる「親善訪問」がはじまった。オープンカーのメルセデスに乗って彼は、午後象徴的に彼の出生地のブラウナウで国境を越えた。リンツに向かう途上でヒトラーの車列は、熱狂的な大群衆が何時間も通行をはばんだため、それ以上先にほとんど進めなかった。「総統」がようやく彼の青春時代の町に到着したとき、鐘が鳴らされた。市庁舎まえの群集は喜びのあまり我を忘れた。ヒトラーは深く感動して泣いた。この歓声に感銘してようやく彼は、オーストリアを完全に併合することを決心した。

一九三八年三月一五日、彼は、ウィーンのヘルデンプラッツにあつまった二五万人の人びとのまえで演説した。ホーフブルクのバルコニーの上で彼はこう叫んだ。「ドイツ国民と帝国の総統かつ首相としてわたしは、いまわたしの故郷のドイツ帝国への編入を告げる」。数分間にわたる耳をつんざくような拍手がおこった。このことをちょっと想像してみよう。無能者のヒトラーは、一九一三年ウィーンからミュンヒェンに逃げだした。二五年たらずのちに彼は、人気のある独裁者として帰ってきた。ベルリンでもオーストリアでの成功のあと、盛大な歓迎がヒトラーに用意された。

オーストリアのユダヤ人にとって「併合《アンシュルス》」の日は、早くも悪夢のはじまりだった。ヒムラーとハイドリヒは、すでにその数日まえにウィーンに到着していた。オーストリアの合併は、ユダヤ人少数派に対する残虐な暴力行為と軌を一にしていた。ウィーンではユダヤ人は、ナチス党の支持者や反ユダヤ主義的な傍観者があざけるなかを、ブラシで歩道を磨くよう強いられた。その後非常に大規模な略奪と強奪の喧騒がおこった。

数日のうちにおよそ二万人の人間が逮捕され、その多くは共産党員とユダヤ人だった。リンツ近郊にはマウトハウゼン強制収容所ができた。そこでは拘留者は、親衛隊所有の企業のために石を切り出さなければならなかった。彼らは、リンツに国家と党のための新しい大規模建造物を建設する計画にわり当てられていた。一九三八年までオーストリア人は、ユダヤ人敵意のプロパガンダを浴びていなかったにもかかわらず、ユダヤ人迫害は、ドイツよりもオーストリアのほうが過激だった。これは、三〇年代のヨーロッパで反ユダヤ主義がすでにいかに強く広がっていたかをしめしている。しかし、じきに以後の「オストマルク」はユダヤ人敵意のプロパガンダキャンペーンに取りこまれてしまった。前年に開催された巡回展覧会『永遠のユダヤ人』はウィーンでも開かれ、大勢の観客が押しよせて大成功した。「併合」からほどなくしてアイヒマンがウィーンにやって来て、オーストリアのユダヤ人から略奪し、追放する業務を指揮した。

ヒトラーが一九三七年一一月に予告したように、チェコスロヴァキアがつぎの番になる運命だった。この国の北西部にドイツ語を話す少数派、スデーテン・ドイツ人がいて、彼らを「故郷の帝国へ」連れかえるよう画策された。ここでおこなおうとしたことは、ナチスの「生存圏」を東ヨーロッパでつくりだすための第一歩だった。ヒトラーが一九三八年九月一二日の帝国党大会でチェコ人を侮辱するひどい演説をしたあと、イギリス首相ネヴィル・チェンバレンは迫りくる戦争を土壇場で回避し、ヒトラーと個人的に交渉することを決めた。チェンバレンが九月一五日にオーバーザルツベルクに着くと、ヒトラーは、彼を丁重に迎え、それから威嚇と見せかけの従順さをおりまぜながら巧みに交渉した。

しかし、ヒトラーは申し出を受けいれず、つねに新たな要求をした。というのも、彼は戦争をあきらめたくなかったからだ。そのためイギリス政府は、ヒトラーに、フランスがチェコスロヴァキアをたすけた場合にはイギリスはフランスを支援するだろうとつたえた。いぜんとしてヒトラーは、戦争をするつもりでいた。しかし、そのあとムッソリーニが仲介者として介入した。彼もまた、大戦争をおそれていた。こうしてヒトラーは、不承不承交渉による解決に同意し、戦争は回避された。

九月三〇日早朝、ヒトラー、チェンバレン、フランス首相ダラディエ、ムッソリーニは、ケーニヒスプラッツの新しい「総統の建物」でミュンヒェン協定に署名した。その協定は、「ズデーテン地方」のドイツへの即時の併合とドイツ軍によるその占領を見こんでいた。

イギリス首相はロンドンに帰り、そこで国民の歓声のなか平和を告げた。ヒトラーもまた、ベルリンで熱狂的に迎えいれられたが、それは大多数にとってなんの意味もなかったズデーテン・ドイツ人のためではなく、戦争を回避したことのためだった。チェコ政府は、署名の日になってようやく自分の国が分割されることを知らされた。

戦うことなくドイツは、協定によってチェコスロヴァキアの経済的価値の高い地域を手に入れた。ミュンヒェン協定は、ヒトラーとナチス・ドイツに対する他の国々の宥和政策、アヽピヽーヽズヽメヽンヽトヽの頂点となった。ここで指導的な役割を演じたイギリス政府には、しかし理由があった。ロンドンでは幻想をいだいていなかった。彼らは、ドイツの独裁者が、早晩ヨーロッパ戦争をしかけてくるだろうと確信していた。イギリスは、当面このような戦争の準備ができていなかったので、とくに時間をかせぎたいと考えた。それに対しヒトラーは、イギリスとフランスをいまや弱腰で言いなりになると思いこんだ。

ミュンヒェン協定は、また一方でヒトラーに対する軍事的抵抗を弱めた。すなわち、幾人かの高位の軍関係者と官吏は、ヒトラーをその無責任な戦争政策のかどで帝国宰相官房で逮捕し、裁判にかけ、場合によってはその場で射殺することさえ計画していた。この計画はミュンヒェン協定のために中止された。弱腰の西側列強がヒトラーの独裁を救った、と共謀者たちは辛辣に非難した。彼らの多くはその後一九四四年七月二〇日のヒトラー暗殺に関与した。

ポグロム

一九三八年の過激化は、とりわけユダヤ人に向けられた。オーストリアで春におこったことは、一九三八年一一月九日／一〇日のポグロムの夜に継続された。それは、ある若いポーランド系ユダヤ人が、パリの大使館の職員にくわだてた暗殺のためのいわば「自発的な国民の怒り」のあらわれだった。彼の両親は、それ以前にゲシュタポが組織したドイツからポーランド系ユダヤ人を強制的に国外追放した措置の犠牲者だった。そしてこのようにしてポグロムの暴力もまた組織され、しかも帝国全土でおこった。ここではじめて全国家機構が、ユダヤ人少数派をテロによって無理やりドイツから追いだすために彼らに対する暴力を行使した。ヒトラー自身がゲッベルスに、ユダヤ人に「国民の怒り」を感じさせるよう指示した。ミュンヒェンでは独裁者の命令によってかつての「突撃班アードルフ・ヒトラー」

が、オヘル・ヤコブ・シナゴークを破壊し焼き払った。これにはヒトラーの副官ユーリウス・シャウプが決定的に関与した。

ようするに「自発的な国民の怒り」などありえなかった。しかし、ナチ国家は、ユダヤ人憎悪を人為的に生みだす必要もなかった。あちこちの場所でナチ指導部の指示がとどくまえに、暴力行為がはじまった。他の場所ではポグロムは、公式におわったあともつづいた。ドイツとオーストリアのいたるところでこの夜、ゲシュタポ、SA、ヒトラー・ユーゲント、ナチス党幹部が、シナゴークと会堂を焼き払い、「ユダヤ人の」商店を破壊し、略奪した。およそ一五〇〇カ所の礼拝所が、炎につつまれ、七〇〇〇軒の商店が破壊された。消防隊は、命令にしたがってそれらの家屋を焼けるにまかせた。暴力行為は、ドイツ国民の目のまえでおこなわれた。たびたび人びとは、喝采をおくった。なかには暴力の規模にショックを受ける者もいたが、しかしユダヤ人に同情をしめす者はごくわずかだった。

ミュンヒェン：1938年11月10日の夜の「突撃班アードルフ・ヒトラー」による焼却後のオーヘル・ヤコブ・シナゴーグのダビデの星をかつぐ若者

教会と軍指導部は沈黙した。ポグロムは、公式におよそ一〇〇人の犠牲者を出した。しかし、数百人のユダヤ人が、テロへの恐れから自殺した。そのうえゲシュタポは、およそ三万人のユダヤ人を逮捕し、彼らを強制収容所へおくった。逮捕された人びとは、しばしば市街地の真ん中を追いたてられ、傍観者たちの見せものにされた。この拘留者たちの多くは、収容所で意図的な残忍さによって命をおとした。ポグロムのあいだとそのあとで、おそらく一五〇〇人におよぶ人びとが命をうしなった。

「水晶の夜」——ポグロムは、このように些末なことのよう

バーデン＝バーデン：逮捕されたユダヤ人の男たちの隊列が、SS部隊によって通行人のそばを歩かされる。右手の壁の上で一人の傍観者が撮影している、1938年11月10日

に呼ばれた――のあとドイツのユダヤ人は、暴力行為の多大な物的損害を支払うために、一〇億ライヒスマルクの額の賠償を工面しなければならなかった。実際にはナチス党員自身が、損害を引きおこしていたのだった。職業の禁止によってもユダヤ人少数派の大多数は、仕事と収入をうしなった。彼らは、ますます貧しくなっていったので、迫りくる運命からのがれるチャンスはますます減っていった。というのも、三〇年代にはヨーロッパのいたるところで反ユダヤ主義が高まっていたからだった。ドイツからのユダヤ人の亡命者を受けいれようとする国は、ますます少なくなっていった。それらの国は、貧しいユダヤ人の亡命者に悩まされたくなかったのだ。一九三八年に四万人のユダヤ人がドイツから亡命したにもかかわらず、ナチ指導部は、その目標にちかづいたわけではなかった。反対に、オーストリアの「併合」後、さらにおよそ二〇万人のユダヤ人の国籍保有者が加わった。その数は、それまで海外移住した

ユダヤ人の二倍だった。じきにナチスは、べつの「解決」をさがした。

ヒトラー「プライベート」Ⅱ

取りまき

ヒトラーの生活様式は、初期の帝国首相としての規律ある仕事をへたのち、彼がウィーンとミュンヒェンに暮らしていた時期に馴れ親しんだ、芸術家になりそこねた男のスタイルにもどった。あいかわらず彼はあの、かつての後援者エルンスト・ハンフシュテングルが軽蔑して「運転手野郎」と呼んだ男たちに取りまかれるのが好きだった。彼らは荒っぽい護衛、運転手、副官で、ヒトラーの政治的出世のはじめから付きしたがっていた者たちだった。帝国宰相官房には、「総統兼帝国首相の私設副官職」があった。この部署には、彼の女性秘書ヨハンナ・ヴォルフとクリスタ・シュレーダーも属していた。帝国宰相官房の家政監督官アルトゥル・カネンベルクは、ヒトラー付きの重要な地位をしめていた。このかつてのベルリンの飲み屋の主は、「総統の家政」（食料品と飲み物の注文、レセプションの手配、台所の監視等）を切り盛りし、宮廷道化師としてジョークやアコーディオンの演奏で彼の主人をたのしませた。

副官たちは基本的にはもっとましな走り使いだった。ヒトラーの副官たちは大きな権力をもち、その権力はいずれにせよ通常あたえられるであろうものより大きかった。ヒトラーのところへ行こうと思ったら、彼らを素通りできなかった。やっと会う約束をもらっても、「総統」は集中できなかった。というのも、短時間のうちに私設の副官のだれかが会話のなかに割りこんできたからだった。

すでに言及したヒトラーといっしょに一揆をくわだてたヴィルヘルム・ブリュックナーが、副官長として勤務し、そのあいだにSAの将軍の位階に出世していた。彼は、副官の人員を調整し、ヒトラーの日程表を管理し、ヒトラーの個人的な安全に配慮し、旅行を計画し、どこへでも彼に随行した。ヒトラーの部下たちのあいだで、ブリュックナーは人気があった。

彼とならんでのちのSS将軍ユーリウス・シャウプも、つねにヒトラーの身近にいた。シャウプは、ヒトラーの〝生きているメモ帳〟だった(「シャウプ、書いてくれ!」)。彼は、ヒトラーの親しい知人仲間へのクリスマスのプレゼントを手配し、ヒトラーの請求書を支払い、家事万端なんでもする女中としてつかえた。ブリュックナーのほうが賢かったにもかかわらず、あるいはまさにそれゆえにヒトラーは、シャウプをひいきにした。一九四〇年彼は、ブリュックナーを解雇し、シャウプを彼の副官長に昇格させた。ナチ国家の主要な政治家や軍人は、賢明にもシャウプと仲良くしようとつとめ、しばしば見苦しいほど取り入った。

全国指導者マルティーン・ボルマンの弟アルベルト・ボルマンは、同様にヒトラー付きの副官だった。しかし、このふたりの兄弟は、ひどく仲たがいしていた。アルベルト・ボルマンは、ヒトラーの私設官房長をつとめ、私信を管理した。彼の執務室には、ブリュックナーと彼が、関連するファンの手紙をあつめた「頭のおかしい」というラベルの貼られたいくつかの書類ファイルがならんでいたと言われる。また一方で、アルベルト・ボルマンは、山のような投書や請願書からドイツ人の気持ちをきわめて正確に知っていた。そのため彼は、「総統」に対してある種の影響力をもっていた。それは、戦時中になってようやくヒトラー付きの重要な地位にたどりついた彼の兄の怒りをかった。

軍部もまた、副官が代表していた。「総統兼帝国首相」の国防軍の副官長は、一九三八年から、ヒトラーのお気に入りの軍の副官と見なされたルードルフ・シュムントだった。第二次世界大戦中に軍部の副官が、以前より重要になったのは理解できる。彼らはみな、ヒトラーの職務で高い地位についた。

帝国宰相官房内のヒトラーの身近な側近には、さらに「総統官房」長のフィリップ・ブーラーならびに彼の医者たちが属した。この医者たちのなかには、随行医のカール・ブラント博士とヒトラーの侍医で泌尿器科医のテーオドーア・モレル博士がいた。

同様にほとんどいつもヒトラーのまわりにいたのは、商売上手な写真家ハインリヒ・ホフマンだった。ヒトラーはナチスの写真プロパガンダの真ん中に立っていたので、このプロパガンダは、ヒトラーの写真を焼き増しする権利を独占的にもっていたホフマンによって大部分つくりあげられた。この写真を彼は若者への贈り物として人気があり、大きな売れ行きをしめしたさまざまな本で一般に広めた。日刊新聞と絵葉書も彼の写真を広めた。

ホフマンは、わたしたちと変わらない普通の人間としての「日常の」ヒトラーを読者に紹介した。ぞくぞくするような効果は、国民に近い「総統」とのあやまって思いこまれた親密さと、たえず存在する彼が全能であるという意識との共存から生じた。もちろんこれはすべて演出だった。一九三三年以降なにかしらポーズをとっていないヒトラーの写真は、一枚も印刷されなかった。ライン川下りのプロパガンダの旅で、しかしひとりの写真家が、構えることがいかにヒトラーに多くの力を要求するか予感させる写真を許可なく撮った。最初の写真からは、ホフマンが「総統」をどのように演出するかがわかる。そのすぐあとこの写真家は、ヒトラーを見られていない瞬間にすばやくとらえた。そこでヒトラーは、自分の席にくずおれるように不機嫌にすわっている。もう一枚の写真、オーバーザルツベルクのピンボケのスナップショットは、ヒトラーのふざけているところを写している。この写真は、もちろん生前一

1936年の「ドイツのライン川」上のヒトラー、ハインリヒ・ホフマンによる写真の演出

しばらくのち：ヒトラーは、見られていないと思っている

「ベルクホーフ」の「大ホール」でのヒトラー（前景）、彼のミュンヒェンの家政婦アニ・ヴィンター（左）、彼の秘書ヨハンナ・ヴォルフ（なかば隠れている）、1937年

ベルリン、ウンター・デン・リンデン、ソ連大使館の丘で：メルセデス・ベンツ770K W150IIのヒトラー（立ち姿）、1939年5月1日。後部座席左から宣伝相ヨーゼフ・ゲッベルスとドイツ労働戦線長官ローベルト・ライ、ヒトラーの後方右手に彼の近侍で護衛ハインツ・リンゲ、ハンドルを握っているのはエーリヒ・ケムプカ

度も公開されなかった。

ヒトラーは、すでに「闘争時代」に対人保護に非常に大きな価値を置いていた。一九三三年以後この保護の必要性は、急激に高まった。一方で、ヒトラーは、実際暗殺のくわだてにおびやかされていたので、用心深さが必要だった。また一方で、総統神話は、ヒトラーがつねに大衆のまえに姿をあらわすことを要求した。彼がオープンカーのなかで立って群集に挨拶をおくるパレードの走行は、そもそもまったく軽率だった。というのも彼は、射撃手にとって格好の標的になったからだ。しかし、ヒトラーは、この登場をあきらめることができなかったか、あきらめようとしなかった。

ブリュックナーとシャウプは、二〇年代のヒトラーの乱暴者のエリート部隊である「突撃班アードルフ・ヒトラー」にすでに所属していた。SSの創始者であるユーリウス・シュレックは、一九三六年に死ぬまでヒトラーの運転手をしていた。そのあとエーリヒ・ケムプカが、この任務を引きついだ。ヒトラーは、権力移譲の前年、それ以降彼の護衛となるさらに七人の屈強な男たちといっしょに彼を「SS護衛部隊」に引きいれていた。ヒトラーの私設副官職とSS護衛部隊は、すなわちおもに「闘争時代」の同じ暴力的な環境から出てきていた。

ケムプカは、ほとんどもっぱらぜいたくな商標メルセデス・ベンツの車から成るヒトラーの保有車両に責任を負っていた。一九四五年には帝国宰相官房は、優に四〇両の大型のメルセデス・リムジンを保有していた。ヒトラーがもっとも好んでつかったのは、三人掛けのオープンカーのパレード用の車だった。自動車は車体と窓ガラスの装甲も含めて、技術の粋をあつめた装備がなされていた。おもちゃ会社は、この車のモデルを製造し、もちろん制服を着た「総統」自身も、おもちゃの人形として買うことができた。こうしてヒトラーと彼の車は、クリスマスや誕生日の贈り物として少年たちの子供部屋にやってきた。

護衛部隊の配備をしゃくの種に思っていたヒムラーは、一九三三年春刑事警察官から成る「総統護衛部隊」を設置し、彼らは護衛部隊よりも巧みに対人保護の仕事に精通していた。「総統」が、自家用車で外出するときは、重装備の対人保護護衛員をのせた二台の車がぴったりあとにつづいた。一台目には護衛部隊がのり、二台目にはヒムラーの部下がのった。たしかに二つのグループには競争はあったが、しかし全体として協力はうまくいった。

護衛部隊にはヒトラーの近侍も属していた。これは、ホテル専門学校で教育を受け、それから帝国宰相官房に配属されたSS護衛連隊のとくに体格の大きい見栄えのする隊員たちだった。ヒトラーの最初の近侍は、海軍水兵のカール＝ヴィルヘルム・クラウゼで、彼は、一九三四年七月にその勤務についた。近侍のひとりは、ヒトラーの服を用意するなど、彼のためにたえず用をはたさなければならなかった。車のドライブで近侍は、ヒトラーが必要とするすべてのものを手配しなければならなかった。手配されたそれらは前方へわたされた（メガネ、バターを塗ったパン、薬）。

ときとともにさらに多くのSS隊員が、ヒトラーの数多くのレセプションで待機するために、ホテル専門学校で教育を受けた。近侍たちは、黒いズボンをはき、襟にSSのバッジをつけた白いジャケットを着た。彼らは、危険に際してヒトラーを守ることができるようにつねにピストルを携行していた。もちろん彼らは、ヒトラーを撃ち殺すこともできただろう。しかし、近侍たちは、十分な給料をもらい、その家族は、ヒトラー個人の負担によって生命保険で身の安全を守られ、近侍たちは、「総統」の近くにいることをゆるされることを誇りにしていた。近侍も、ヒトラーと外出するときは黒いSSの制服を着た。近侍のひとりは、車のなかで自動小銃をかまえてすわっていたが、万一のときは「総統」のために一身を投げだす覚悟をしていなければならなかっただろう。

ヒトラーの部下たちにとって、そのうち「わが総統《マイン・フューラー》」という呼びかけが義務になった。首相に「ヒトラー殿《ヘア・ヒトラー》」と呼びかけることをゆるされた古参の従臣たちは、彼のまわりからますますいなくなっていった。SS護衛部隊は、ブリュックナーかシャウプからその指示をもらった。近侍たちは、もちろんヒトラーから直接命令を受けた。その際彼は、ひかえめな命令口調をつかった（「クラウゼ、明日わたしを九時に起こしてくれ。新聞と電報は戸口に。おやすみ」）。彼は、すべてが彼の満足にいったとき、ときどき「ありがとう」とも言った。彼のまわりの男たちは、しばしば「主人」の気まぐれに気づかされた。たとえばクラウゼとブリュクナーは、些細なことで解雇された。

「旅の総統」

ヒトラーは、大衆との直接のふれあい、大集会、歓声をとりわけ好んだ。一九三六年／三七年には彼は、いつも数日間しかベルリンにおらず、そのほかはたえず政治集会、行進、パレード、演説、展覧会の開会式、ナチス党首脳部の会議等々で出かけていた。「総統」が、公衆のまえにあらわれることは、総統神話の重要な構成要素だった。彼は、一九三六年八月の夏季オリンピック競技のあいだ連続してもっとも長く首都にとどまった。

ヒトラーは、すなわち「旅の総統」だった。交通手段としては、帝国鉄道が彼に自由につかわせた特別列車や飛行機、自動車が利用された。安全上の理由から彼はいつも出発直前にどこへどうやって行くか告げた。飛行機で行く場合、車両はすべて、着陸後に彼を乗せて目的地に連れてゆくために、急いで先にいっていなければならなかった。鉄道をつかう場合、ヒトラーが交通手段を自由に変えられるように、飛行機と自動車が随行しなければならなかった。飛行機はもっとも快適だった。というのもヒトラーは、車の進行を何度もさまたげて歓声を上げる群集にわずらわされずにすんだからだった。飛行機は特別列車よりも早く手配できた。しかし、飛行機のほうが危険でもあった。

一九四二年からヒトラーは、彼の飛行機「コンドル」の改良された機を利用した。それは、重装甲板をもち武装された安全装備をそなえていた。彼の椅子には、パラシュートがはめこまれていた。緊急の場合ヒトラーは、取っ手を引けばよかった。そうすれば床のはね蓋がひらいて、「総統」はパラシュートで軟着陸するだろう。このシステムは、しかし一度もつかわれなかった。終戦時飛行機の編隊は、四〇機の飛行機を保有していた。基本的にはそれは、ヒトラーとナチのお偉方のための自前の航空会社だった。「総統＝航空」と言いたくなるほどだ。

彼は、週末をたいていオーバーザルツベルクで過ごし、彼の長期間の休暇もそこで過ごした。ベルクホーフは、住居であるばかりではなく、支配の場所でもあった。ここで彼は数多くの内外の客や外交官を接見した。ヒトラーが休暇で滞在しているあいだに、ナチのお偉方は、ヒトラーをとりまく側近の数を増やした。ゲッベルス、ゲーリング、シュペーアその他は、オーバーザルツベルクに住居をかまえた。彼らは、ヒトラーの近くにいるためにヒトラーのあとを追って旅行し、だれが彼にちかづくか邪推をもって観察した。ラマス大臣は、政府の仕事をヒトラーと密接にコンタクトをとらなければおこなえなかったので、やむをえず第二の帝国宰相官房がベルヒテスガーデンに設けられ、そこでラマスと彼の部下たちは、ヒトラーがベルクホーフに滞在中作業宿営地をかまえた。彼らは、「総統」がいつか彼らのために時間を空けてくれるまで待たなければならなかった。

ヒトラーがいないときは、エーファ・ブラウンが「ベルク」で実権をにぎった。彼女は、しばしば彼女の女友達やその子供たちをお客に招いた。話し方は、それ以外ではばか丁寧だった。婦人たちは、ヒトラーから「奥様」と呼びかけられた。エーファ・ブラウンは、従業員たちにとって「奥様」だった。彼女は、彼を第三者がいるときは「わが総統」と呼びかけなければならなかった。彼は、彼女を「ブラウンお嬢さん《フロイライン・ブラウン》」と呼んだ。ごく親しい仲間内でだけ、ふたりは名を呼んだ。賓客が来るときは、エーファ・ブラウンは、自室に引っこまなければならなかった。この関係は、秘密にされなければならなかった。

エーファ・ブラウンは熱狂的な写真家で、オーバーザルツベルクで数多くのカラーの8ミリ映画を撮った。この映画にはヒトラーとその取りまき、ナチの大物やシェパード犬ブロンディといっしょのヒトラーが見られる。エーファ・ブラウンの撮影も、入念に演出されていた。彼女はハインリヒ・ホフマンの物覚えのいい生徒――さらにひきつづき彼に雇われていた――で、ドイツ人の大多数と同様「総統」を信じていた。

資金

ヒトラーは、裕福な男として公職に就き、一二年後に自殺したときは非常に金持ちだった。一九三三年ヒトラーは、自分は帝国首相の給料を放棄し、作家の報酬だけで暮らすと公に告げさせた。実際には彼は、帝国大統領職を引きついだとき以降その給料も自分に振りこませていた。彼は、そのほかに巨額の収入も得ていた。一九三二年ヒトラーは、およそ六万五〇〇〇ライヒスマルクの年収があった。『わが闘争』の販売数が、大幅に増えた翌年、彼はおよそ一二〇万ライヒスマルク（換算すると約五〇〇万ユーロ）をかせいだ。そのための所得税を彼は払わなかった。一九三四年末からは彼は、もはや課税されることはなかった。

『わが闘争』は、終戦までに一五〇〇万ライヒスマルクの印税をエーアー出版局のヒトラーの口座にもたらした。およその半分は現金で支払われた。この資金源は不正だった。というのも町の戸籍役場は、この本を購入し新婚夫婦にプレゼントする義務を負っていたからだった。開戦以降は国防軍が、『わが闘争』の程度の差はあれ自発的な最大の買い手になった。郵政相は、ヒトラーに「総統」の顔が描かれた多数の特別切手の料金を支払わなければならなかった。これは多額のお金を金庫にもたらした。終戦までにさらに七億ライヒスマルクが、いわゆるアードルフ・ヒトラー基金――産業界の企業からの程度の差はあれ自発的な金銭贈与――からヒトラーの口座に流れた。このお金によってとりわけ彼のメルセデスの儀装自動車の代金が支払われた。多年にわたるあわれな男としての暮らしののち、彼はいまや湯水のようにお金をつかった。

なんのためにヒトラーがお金を支出したのかはほとんどわかっていない。というのも、彼の公的な金庫と私的な金庫はほとんど区別できず、領収書は破棄されたからだった。多少の金はベルリンとオーバーザルツベルクの彼の住居の改築と増築に流れ、また若干は彼の個人的な美術コレクションにも流れた。さらにヒトラーは、功績のあるナチの指導者や将軍たちにプレゼントを贈った。彼らは、田舎の領地や芸術作品や高額の現金をもらった。ヒトラーの贈り物が「総統」に無批判にしたがう期待とむすびついていたのはあきらかである。

ヒトラーの資金は、ナチス党幹部の恥知らずな蓄財の一部である。ヘルマン・ゲーリングは、周知のように堕落していた。ユダヤ人少数派からの財産没収は、すでに言及したように蓄財と同族経営を野放しにした。

住居

新しい帝国宰相官房は、今日まで余波をのこすアードルフ・ヒトラーをめぐる神話の一部である。ベルリンのフォス通りにあるこの巨大な建物はアルベルト・シュペーアによって計画され、一九三九年初頭に使用がはじまった。すでにその四年まえにシュペーアは、ヴィルヘルムプラッツに面した帝国宰相官房の側面にヒトラーによる製図にもとづいたバルコニー、「総統」が歓声を受けることができるようなバルコニーを取りつけさせた。その場所は、偶然選ばれたのではなかった。まさにこの場所でヒトラーは、彼が首相に任命された晩熱狂する支持者たちに挨拶したのだった。

「総統住居」：旧帝国宰相官房、ヴィルヘルム通り77番地、1938年の絵葉書

当時はこの窓のうしろに帝国首相としての彼の仕事部屋があった。じきにこの部屋は、彼にとって手狭になり、あまり見栄えがしなくなった。新しい執務室が、旧帝国宰相官房（ヴィルヘルム通り七七番地）の裏手にしつらえられた。しかし、これにもじきにヒトラーは満足しなくなった。シュペーアの新帝国宰相官房のヒトラーの執務広間は、外国の訪問客に感銘をあたえるための純粋な書き割りだった。ヒトラーは、そこで一度も仕事をしたことはなかった。

多くの人びとは、ヒトラーがその新帝国宰相官房に住んでいたと思っている。しかし、ヒトラーは、そもそもベルリンにいたとすればだが、旧帝国宰相官房の建物の比較的小さな公舎に住んでいた。ヒトラーは、旧帝国宰相官房を一九三四年春までに「総統住居」へと改築させた。その結果は、一階の応接室と謁見室と上階のヒトラーの公舎の合体だった。すでに帝国首相ブリューニングがつかっていたこの住居には、ほとんど変更の手がくわえられなかった。それは、仕事部屋、居間、寝室、風呂ならびに風呂付きの「客間」から成っていた。エーファ・ブラウンは、ベルリンにいるときこの部屋に住んだ。しかし、それはめったになかった。これに隣接してこの公舎の部屋の外に、ヒトラーの女性秘書たちが「階段部屋」と呼んだ飾り気のない部屋があった。彼が口述筆記のために彼女らを呼んだとき、ここで待機していた。

室内設計は、ヒトラーの最初のお気に入りの建築家の妻ゲルディ・トローストが引きうけた。「総統住居」の室内写真を見ると、趣味のいい室内装飾におどろかされる。ヒトラーは、個人的な空間では、ひとが考えるほど大きさとか通俗には価値を置いていなかった。彼は、むしろなかば市民的でなかば王侯的なイメージをめざした。

人目を引くのは、彼の私的な仕事部屋のなかの多くの本棚である。一九三三年までヒトラーは多くの本を買ったが、それがあらかじめ自分のいだいている考えを確証してくれるような独自の読み方をした。権力移譲後彼は、本をとりわけ贈り物として受けとった。彼の書庫には、最終的に優に一万六〇〇〇冊の書籍があった。彼は、たとえばイギリスの劇作家ウィリアム・シェイクスピアの全集――そこから彼は、原文通りに引用することができた――、作家カール・マイの全集、プロイセンのフリードリヒ二世の書簡を所有していた。彼は、こうした本の大部分を一度も読まなかった。また一方でヒトラーは、毎晩本を読んでいると言いはった。それはとりわけ軍事的な作品には当てはまるだろう。歴史的な文献や建築史的な文献も「総統」は、まさにむさぼるように読み、この分野にかんしては多くのことを知っていた。

彼の私室は、「総統住居」全体と同様、効果が考えられていた。芸術的な室内装飾では、専門的知識に価値を置いていた。ヒトラーは、とくに十九世紀の芸術作品をあつめた。しかし、彼は、ドイツとイタリアのルネサンス期絵画のえり抜きの絵も何枚か所有していた。大戦中全ヨーロッパの芸術作品を奪いあつめさせたゲーリングとちがって、ヒトラーは、大部分の作品をお金を払って所有するか、それを長期貸し出し品として美術館から引きわたしてもらった。

彼は、さらに本書の最初のほうで述べた彼の母親の絵も所有していた。それをヒトラーは、クララ・ヒトラーの唯一の写真をもとに作成させていた。それは、彼のベッドの枕元の上にかかっていた。この絵を除けば「総統住居」全体には、ヒトラーの生い立ちと私生活を推測させるようなものはなにひとつなかった。ヒトラーは、自分の気まぐれな生活の現実とはなはだしくちがって、自分にも他人にも、芸術的かつ文学的にきわめて繊細な人間としてドイツ国民のためにのみ生き、はたらいているように見せかけた。

帝国宰相官房の一階には広い大ホールがあり、どうやらヒトラーはそれを自慢にしていたようだ。ひとは、二枚の大きなタペストリーのあいだにある観音開きの扉をとおってこのホールに入った。タペストリー、扉、絵画は、くつろぎと贅沢と趣味の良さの印象を呼びおこした。暖炉の上にはやがて一九世紀のもっとも有名な絵のひとつ、アルノルト・ベックリーンの一八八三年の『死の島』がかけられた。この絵は、今日ではベルリンの国立美術館で鑑賞することができる。美術館をおとずれるほとんどのひとは、これをかつてヒトラーが所有していたことを知らないだろう。

大ホールには、近代的な娯楽の技術がほどこされていた。これによってヒトラーは、その時代の流行にどっぷりつかっていた。彼は、たいていの「国民同胞」と同様に映画ファンだった。入口右手の壁には、ラジオとレコードをおさめたキャビネットがあった。その上からむしろ不細工なカーテンが、壁の開口部をおおっていた。そこをとおして本式の映画館の映写機が、一九三七年以降その映像を映しだした。スクリーンは、暖炉の方に向かって据えつけられた。

映写機のカーテンの左隣りから、一八世紀の様式で建てられた「婦人サロン」に入ることができた。

ヴィルヘルム通り77番地：ヒトラーの「居間ホール」の室内：暖炉に向かって左手方向への眺め、この暖炉の上にのちにベックリーンの『死の島』がかけられた。階段の前に1937年から映画の上映用のスクリーンが下げられるか固定して据えつけられた

同じ「居間ホール」、楽器を収めた家具に向かって右手方向の眺め。その上にカーテン、その背後に映写用の開口部が隠れている

そこにはフリードリヒ二世の肖像画がかけられていた。この絵は、大戦中ヒトラーとともに彼の軍の大本営、最終的には「総統防空壕」にももっていかれた。そこで彼は、最後の日々にこの絵のまえで重苦しく思案しながらすわり、プロイセン王をじっと見つめた。この王は、彼より戦争の運があった。

「喫煙サロン」をとおって、ヒトラーの公舎の屋上テラスの下にある食堂にゆくことができた。これもまた、プロイセンの伝統を思いださせるようにつくられていた、すなわちポツダムのサン・スーシー宮殿のフリードリヒ二世の有名な円卓の騎士たちを思い出させるように。しかし、ヒトラーの客たちは、とりわけ聴衆だった。彼らは、「総統」が長話しを始めようとすると、拝聴しなければならなかった。食堂からは、「冬の庭園」へ入ることができた。そこは、端が半円になって帝国宰相監房の庭につき出ていた。ヒトラーは、そこで過ごすことが好きで、新帝国宰相監房のなかですでにもっと大きな部屋を自由につかうことができたときになっても、接見のためにこの冬の庭園をつかった。

この独裁者は、外国の訪問客をそれにふさわしい舞台で迎えることができることに大きな価値を置いていた。この理由から冬の庭園の右端に二階建ての増築した建物が、隣接する外務省の庭のなかに建てられた。この広間はめったにつかわれなかった。上階には、帝国宰相官房の職員の官舎があった。そのうえヒトラーの運転手ケムプカのために、三〇年代半ば外務省の庭に彼専用の家が建てられた。大臣の庭に運転手——これは、ヒトラーの運転手と護衛が、いかにきわだった地位を占めていたかをしめしている。

庭の広間の建物には、完備した地下室がつくられていた。そこにはヒトラーと彼のもっとも身近な部下たちのための防空壕があった。彼は、彼の住まいの寝室のまえのテラスから地下室へと通じる吹き抜けをとおって防空地下壕に達することができた。

日課

ヒトラーの仕事日は、一〇時ごろにはじまり、場合によっては昼ごろになることもあった。最初の会合の約束は、つねにブリュックナーとシャウプとの程度の差はあれみじかい会合だった。それから、タイトな旅行日程に割りこませた会議がつづいた。

一九三四年以降ヒトラーの日課は、たとえばこうだった。まえの晩に彼は、近侍にいつ起こしてもらいたいか、翌日のためにどの服を出しておけばよいかをつたえた。起床時間の一時間半まえに、新聞と電報を「客間」の彼の寝室のまえにある椅子に置いておかなければならなかった。約束した時間に近侍は、ヒトラーの寝室のドアをノックし、つぎのような言葉――「わが総統、九時三〇分です」――で彼を起こし――あるいはどんなに時間がかかっても――彼の返事を待った。ヒトラーは、流行おくれの寝間着をはおって戸口に来て、少しドアをあけ、彼がベッドで読むのを習慣にしていた書類に「あてずっぽうに」手をのばした。彼はメガネをかけたが、公の場でメガネ姿を見られたくなかった。彼が、第三者が居合わせるときに読むことになる法案は、特別大きな文字でタイプされていなければならなかった。

近侍が地階で朝食を用意しているあいだに、ヒトラーは、最新の新聞と書類にざっと目をとおし、簡単にバスをつかい、ひげをそり、服を着た。それは、たいていいつもの制服だった。左の折りかえしに金の党バッジをつけた褐色のジャケット、左胸に鉄十字勲章と傷痍軍人記章ならびに左腕にハーケンクロイツの腕章。起きてからおよそ二〇分後に、朝食が用意されていなければならなかった。それは、なまぬるいミルク、チョコレートを少々、数枚のビスケット、ときにはまた紅茶、クネッケにリンゴ一個だった。

ヒトラーは、たいていあわただしく立って朝食を食べた。その際彼は、昼食のメニューを見せられ、どんな食事を出したらいいか選び、食卓の隣席者を決めた。そのあと近侍は、ヒトラーに先立って、人びとが旧帝国宰相官房の上階の宴会場にはいるまで、彼のためにドアを開けていなければならなかった。基本的にはこれは、王侯がつねづね守っていたような宮廷風の儀式だった。

「主《あるじ》」は、彼の女性秘書たちの部屋を横切り、みじかく挨拶をし、さらに彼の副官たちのところへ行った。それから日々の職務がはじまった。最初にいつもラマスと新聞情報局長オットー・ディートリヒが、彼らの用件を報告した。それにひきつづく約束の会合は、長い昼休みの中断のあと、たいてい旧帝国宰相官房の公用の仕事部屋で、午後にはまた冬の庭園でもおこなわれた。義務による仕事とならんで、昼食と夕食が、それにつづく自由時間とともにヒトラーの一日を満たした。

たいていは午後早くになってようやくはじまる昼休みの開始とともに、ヒトラーは彼の女性秘書たちのところへもどってきて、いくぶんゆっくりと時間をかけて、贈答用発送品、名誉市民証書等々をながめるか署名をするかして、そのあとちょっと自分の住まいにもどった。それにつづいてヒトラーは下へおりてゆき、喫煙サロンでおよそ二〇人の昼の客に会った。

この客たちは、ヒトラーの副官によって彼の指示にもとづいて電話で招待された。たいていは大管区指導者や他の党の幹部だった。しかしまた、いつでも食事を申しこめるお偉方もいて、そのなかにはつねにヒトラーの向かいの席が空けられていたゲッベルスもいた。女性が居合わせた場合は、ヒトラーは自分のテーブルパートナーの腕をとって、彼の「円卓の騎士」の真ん中のテーブルに席をもうけた。そこにはブリュックナーとシャウプもすわっていた。彼はテーブルではたいていひとりで座を取りもった。ゲッベルスがいるときは、この宣伝相との愉快な会話も成りたった。質素にたもたれた昼食は、すぐに終わった。「総統」が昼食会をおひらきにするまで、たいてい三〇分以上かからなかった。

ヒトラーは、ひとりでいることをひどく嫌い、美しい女性たちをまわりにあつめるのが好きだった。こうした女性たちを彼の副官たちは探しだして、招待しなければならなかった。それは、夕食への招待のこともあるが、芸術家のレセプションへの招待のこともあった。このときヒトラーは、燕尾服を着てレセプションに臨み、映画スターや俳優のために愉快なホスト役を演じた。ヒトラーが外での会合の約束がなかったり、週末にかけて旅行に出かけなかったときは、七時か八時に夕食がはじまり、それには同様に数人の客がやってきた。夕食のあとこの小さな集団は、ヒトラーの住居ホールにゆき、そこで映画の上映がはじまった。

映画の常備の在庫とならんで、宣伝省はつねに選りすぐりの最新の映画を供給した。リストは夕食のときにヒトラーに差しだされ、彼が選んだ。家の主が、ことに映画が気に入らないと荒っぽい言葉でしばしば上映を中断するために、三本の映画がつぎつぎとスクリーンに映しだされることもあった。

ヒトラーは肩の凝らない映画を高く評価した。それは犯罪映画、プロイセンの映画、海軍の映画、さらにまた彼が、ゲッベルスから一九三七年のクリスマスにプレゼントされたウォルト・ディズニーの『ミッキー・マウス』のようなアメリカの製作による映画(「彼は、これをとても喜んでいる。彼は、この宝物をすごく気に入っている」、とゲッベルスは彼の日記に書いた)、恐怖映画の古典『キングコング』、アメリカの市民戦争映画『風と共に去りぬ』だった。彼がチャーリー・チャップリンの天才的なヒトラー風刺映画『独裁者』を見たかどうかはわからないが、しかし十分考えられることだ。

真夜中頃、一同は喫煙サロンにもどってきて、近侍が軽食を給仕した。寒い季節には暖炉に火が燃やされた。コーヒー、紅茶、アルコール類を飲みながら「おしゃべり」をした。たいていは他愛もないことや陰口やうわさ話だった。ヒトラーは自分のまわりでタバコを吸うことさえゆるしたが、しかしふたたび会話を独占した。二時間から三時間は、こうしてある程度愉快にすぎていった。それから客たちは、ようやくいとまごいをすることがゆるされた。

ヒトラーの一日は、しかしまだ終わってはいなかった。彼は翌日の日程表をもらい、国立の通信社の報道にざっと目をとおし、朝の四時ごろ、寝室に一杯の紅茶が用意されている自宅に帰った。ヒトラーは、禁酒論者と見なされていたが、夕方紅茶のために少量のコニャックを注文したといわれる。それも不思議ではない。彼は寝つきがわるかったのだ。しばしば彼は五時頃かもっとおそくに寝た。したがって、彼は昼になってようやく起きた。

どうやら彼の家庭用映写機の設備によって、ヒトラーは昼と夜をとっちがえ、昼ごろになってようやく面談可能になったらしい。「ミッキー・マウス」をつかって政府の日常に抗する――これは、アードルフ・ヒトラーについて多くを語っている。職業政治家のハードな仕事の日常とこれらすべては、ほとんど関係がなかった。べつの言い方をすれば、ヒトラーは、かなりの怠け者だった。

ベルクホーフでの日課は、帝国宰相官房での日課と似ていた。ここでもまた取りまきたちは、ヒトラーの住居ホールの暖炉のまわりに遅い時間にあつまった。会話はときに帝国宰相官房のときほど退屈ではなかったといわれる。というのも、ヒトラーは歴史、建築、芸術、音楽についておもしろく語ることができたからだった。しかし、ほんとうの歓談は生まれなかった。じきに彼の基本テーマがくりかえされるのだった。ときおり彼自身、自分の長広舌がたのしい集いを窮屈なものにしていることに気がついた。そうすると彼は、二、三枚レコードを聴こうと提案した。ヒトラーが明け方やっと就寝すると、住居ホールの一同は生気をとりもどし、やがて自分たちも寝る時間になった。

第4章　最高司令官

独裁者たちの条約

ヒトラーは、戦争をのぞんでいた。ミュンヒェン協定の下のインクが乾くか乾かぬうちに彼は協定をやぶり、「残りのチェコ」の占領を準備するよう命令をくだした。スロヴァキアは、ドイツの傀儡国家になるよう画策された。チェコスロヴァキアへの進駐をヒトラーは、政治＝ギャングのように準備した。彼は、チェコの大統領エミル・ハーハに彼の新帝国宰相官房の執務ホールではげしく脅したため、大統領は脱力発作にかかり、ヒトラーの侍医モレルの注射によってふたたびたすけ起こされなければならなかった。それからハーハは、ドイツの庇護をねがう請願書に署名した。

一九三九年三月一五日の朝、ドイツ軍兵士は、戦うことなくチェコスロヴァキアを占領した。市民は通りの端に立って、なすすべなくこぶしを固めた。ヒトラーは、彼の新しい領土を正式に手中に収めるため、昼に特別列車で出発した。その地はそれ以後「ボヘミア＝モラヴィア保護領」と呼ばれた。翌日にはヒトラーはベルリンにもどり、そこでいつものように勝利者として迎えられた。

ドイツの最後の無血の侵略は、一九三九年三月二一日に起こった。リトアニア政府は、ドイツの圧力のもとに、メーメル地方をドイツに割譲する用意があると表明した。しかし、ヒトラーにはドイツ人の多数派住民より、メーメルの港とポーランド戦のさらなる出撃陣地のほうが大事だった。この東の隣国は、いまや南と北から挟み撃ちにされていた。

西側列強は、ミュンヒェン協定の違反をだまって受け入れるだろうというヒトラーの希望ははずれた。イギリス政府は、これ以上のドイツの侵略行為に武力をもって立ち向かうと宣言した。宥和政策は終わった。フランス政府もまた、ドイツに抵抗することを決然としめした。ポーランドがヒトラーのつぎの攻撃目標と見なされた。ポーランドのドイツ人少数派とポーランドの民族主義者のあいだに存在する緊張は、ドイツに戦争の口実をあたえるために、ヒトラーの命令で彼のダンツィヒの大管区指導者アルベルト・フォルスターによってあおられた。対外的にはドイツ＝ポーランド紛争において、「ただダンツィヒと回廊だけが問題だった。実際にはヒトラーは、ポーランドを占領し、国家として完全に排除しようと思っていた。

この独裁者は、西側列強に対するドイツ軍の軍備の優位を利用するために、時間をうしないたくなかった。一九三九年五月二三日に彼は、新帝国宰相官房の執務ホールに将軍の一団をあつめた。ドイツの経済問題を解決するために他国を征服しなければならない、と彼は言った。「つまり、ポーランド問題を寛大にあつかうことは忘れさられ、最初のしかるべき機会にポーランドを攻撃する決意が残るのだ」。ドイツは、さらにオランダとベルギーを蹂躙し、フランスを打ちくだき、それにひきつづいてフランスの海岸からイギリスを打ちまかすだろう、と彼は言った。ヒトラーの見るところ、イギリスとの戦争が決定的に重要だった。彼は第一次世界大戦と同様にイギリス海軍が、海上からの輸入をはばむだろうことを知っていた。

それゆえイギリスとの戦争は非常に長くつづくかもしれない、「生死を賭けた」対決になるだろう、とヒトラーは将軍たちに言った。彼は、もっとも早いドイツの攻撃期日を（すでに一九三七年に言ったように）いぜんとして一九四三年と言った。すなわちドイツがまだまったく大戦争に向けた軍備を整えていないことはあきらかだった。

また一方で、すべての出席者は、ポーランドが一九三九年に攻撃されることになることも知った。したがってそこでは短期決戦しか考慮されなかった。そこで手に入る戦利品は、西側での戦争の継続を可能にすべきものだった。将軍たちは、おそろしさに身の毛がよだったにちがいないだろう。しかし、一九三七年一一月とちがって、彼らはヒトラーから聞かされたことに不安をいだかなかった。六月なかばに、ポーランド戦に対するドイツ陸軍総司令部（ＯＫＨ）の計画は完成していた。彼らは、ドイツ軍の進発を軍事演習に偽装しようと思った。

ソ連の独裁者スターリンは、ポーランドを保護するための西側列強の行動を注意深く見まもっていた。西側列強がソ連の支援を必要とするだろうことは、スターリンにはあきらかだった。四月なかば、彼は、西側列強ともドイツとも交渉の協議を開始していた。スターリンは、まずＵｄＳＳＲ――ソビエト社会主義共和国連邦が、一九二二年以来ソ連の公式名称だった――が、両陣営の一方との同盟によってなにが獲得できるかを探りだそうと思った。彼は、彼のスパイによって、ヒトラーの命令の直後、ドイツが秋にポーランドを攻撃するだろうことをすでに知っていた。

イギリスとフランスとの交渉がさらに長びいていた間に、ドイツの提供するものの基本的概要が提出された。これは、ポーランドとバルト三国をドイツとソ連で分割することを目的にしていた。ヒトラーは、スターリンが知っていたように急いでいた。スターリンは、しかし「総統」とその外相リッベントロップをわざとじらせた。

ヒトラーは、ヨーロッパを奈落の淵へと引きこんだ。平和が危機に瀕しているにもかかわらず、彼はリラックスした風をよそおい、いつもの年間予定表にしたがって各地を旅行した。ベルリンにはほとんど姿を見せなかった。一九三九年八月には彼は、ほとんどずっとオーバーザルツベルクにいた。彼はそこで人間の日常の雑事からはなれ、世界の支配者のようにふるまった。八月一二日にイタリアの外相チアーノが、オーバーザルツベルクにやってきた。彼はリッベントロップの講演によってはじめて、ポーランドへの攻撃が間近に迫っていることを知った。チアーノはイタリアに知らされていなかったことに怒ると同時に、ヒトラーが戦争を固く決心しているように思われておどろいた。そのあいだにモスクワから電話がとどいた。われわれは、ドイツ＝ソ連の条約について協議するつもりだ。リッベントロップは、おおいに喜んだ。

八月十九日にドイツとソ連は経済条約を締結した。ソ連は小麦、野菜、鉱石、戦争に重要な原料、とりわけしかし石油をドイツに供給した。反対に帝国は、機械類と産業製品をソ連に供給した。

このあと独ソ不可侵条約がむすばれた。この条約のニュースは、八月二十一日の真夜中頃公表された。そのニュースは、寝耳に水だった、なにも知らなかったヒトラーの軍事指導者にとってもそうだった。スターリンは、この協議にみずから参加することにあくまでも固執した。八月二十四日早朝、リッベントロップとソ連の外相モロトフは、独ソ不可侵条約にその署名をした。ポーランドとバルト三国にかんする取り決めは、秘密厳守された追加議定書のなかに文書化された。

ドイツ＝ソ連不可侵条約締結後のヨシフ・スターリン（白い上着）とドイツ外相ヨーアヒム・フォン・リッベントロップ、1939年8月24日

ポーランドと西側列強は、この条約によってなにも変わらず、同盟の義務に責任を負うことを表明した。しかし、もちろんロンドンとパリは打ちのめされていた。というのもヒトラーの代わりにソ連との条約を締結することに成功しなかったからだ。ヒトラーにとっていまや、対ポーランド戦への道は開かれた。

ポーランド出兵

「総統」が、自分の外交上の大ばくちにきわめて高揚していたのは無理もない。八月二十二日の昼、彼は、総司令官たちをベルクホーフの「大広間」にあつめた。将軍たちは、人目を避けるために平服で、たいてい飛行機をつかって到着した。ヒトラーの副官たちも同席していた。全部でおよそ五〇名の男たちが、無造作に自分のグランドピアノに寄りかかって話すヒトラーの話に耳をかたむけた。

最初にまずヒトラーは、自分がまったく自分に代わる者がいないと思っていることを将軍たちに説明した。二年から三年後にはドイツは、おそらくもはやいまのような幸福な状況にはいないだろう。なぜなら「わたしがあとどのくらい生きるか、だれにもわからないからだ。だから対決はいまのほうがよいのだ」。これらすべては、ヒトラーの誇大妄想のあらわれだった。彼だけにドイツの未来はかかっている、という誇大妄想の。彼はかれこれ五〇歳になっていて、自分の政策を実現させるのにもはやあまり時間がないと思っていた。

ヒトラーはしかしまた、ドイツが経済的理由から時間にせまられていることも強調した。いまや攻撃するか「早晩確実に破壊される」かの二者択一しかない、と彼は言った。ドイツは、ポーランドから「殺物、家畜、石炭、鉛、亜鉛」を奪うだろう。また一方でヒトラーは、西側列強について軽蔑的に語った。西側列強は、自分がミュンヒェン協定で見たように「小さな虫けら」にすぎない。自分はいまやロシアと実現可能な条約を敵の手からたたき落としてやった。

昼休みのあとヒトラーはさらに話しつづけた。あらためて彼は、西側列強との「生死を賭けた戦い」を予告した。ヒトラーはポーランドの「殲滅」を要求した。「同情心に対して心を閉ざすこと。容赦ない行動。八〇〇〇万の人間が、その権利を獲得しなければならない。彼らの生存は、保障されなければならない。より強い者が権利をもつのだ。最大限の苛酷さ」。これによりポーランドにおけるドイツの戦争遂行と占領政策が、犯罪的なものになるだろうことはあきらかだった。

イギリス首相チェンバレンは、ダンツィヒと回廊にかんする協議を解決するために、いまやあらためて介入した。ヒトラーは、総司令官たちに向かって、自分がどうしても戦争を望んでいることをすでにはっきり述べていた。彼は八月二十二日にこう言っていた。自分は、「どこかのブタ野郎が、ふたたび仲裁計画を差しだす」ことだけが心配だ。しかし、彼は西側列強の介入をおそれていたので、心は迷っていた。ヒトラーとリッベントロップが、戦争開始まえの数日間おこなっていたイギリス側との協議は、プロパガンダとしても利用された。ヒトラーは、ドイツ人に自分が平和的解決のために全力をつくしたと思いこませたかった。実際には彼は平和的な紛争解決の可能性をたたきこわし、一か八かの勝負に出た――ばくちを打ったのだ。

九月一日五時一五分まえに、いわゆる親善訪問に来ていたドイツの戦艦「シュレースヴィヒ＝ホルシュタイン号」が、ダンツィヒの港の前方のヴェスタープラッテで戦闘の火ぶたをきった。船腹にはドイツの精鋭部隊が隠れていて、いまや上陸し、ダンツィヒ「自警団」のＳＳ部隊といっしょにこの町を

ヒトラーは、クロル・オペラ劇場での帝国議会をまえにしてドイツ軍のポーランド急襲を正当化する、1939年9月1日

占領した。第二次世界大戦がはじまった。

一〇時ごろヒトラーは、クロル・オペラ劇場の帝国議会にあらわれた。そこへいたる帝国宰相官房からの沿道には、ほとんど観衆がおらず、歓声すらなかった。それは、一九一四年八月とはあきらかにちがった。ドイツ人は、第一次世界大戦のように壊滅的な敗北へといたるかもしれないフランスとイギリスとの対決に不安をいだいていた。ヒトラーは、その演説で平和の維持のために最善をつくしたと主張した。しかし、ポーランドがドイツを攻撃したと「総統」はうそをついた。「ポーランドは、今夜はじめてわが領土で正規兵によって発砲した。五時四五分以降」――ここでヒトラーは、時間を一時間まちがえた――「現在反撃している。そして今後は、爆弾には爆弾で報復するのだ」。

自分は、いまやもはや「ドイツ帝国の最初の兵士！」以外のものであろうとは思わない、と彼は言った。彼はいまや、金ボタンをつけ、左の袖に金の帝国の鷲をつけた灰緑色の最高司令官の制服の上着を着ていた。自分はこの制服を勝利ののちになってようやく脱ぐだろう――さもなければ終戦をもはや見ないだろう。敗北は、まったく考慮されない。「一九一八年十一月は、二度とドイツの歴史でくりかえされないだろう」。実際人びとは、開戦以来ヒトラーが平服や党の制服を着ている姿をもはや見なかった。

九月三日の朝イギリス大使ヘンダーソンが、最後通牒をつきつけた。ドイツが、十一時までにポーランドからの軍隊の撤退を宣言しなければ、イギリスとドイツ帝国は戦争状態になるだろう。ヒトラーは、このとき旧帝国宰相官房の冬の庭園にいて、リッベントロップといっしょに右往左往していた。彼は、腹を立て、困惑しながら外相にこう言ったといわれる。「さてどうする?」

これは、ヒトラーが最後まで西側列強の介入を予想していなかったことを示唆している。リッベントロップは彼にくりかえし、この危険はとるにたらないと説得していて、それによって彼に戦争をするようたきつけていた。イギリスの最後通牒の期限が切れ、ヒトラーがなんの行動も起こさなかったので、首相チェンバレンは、イギリスとドイツは、いまや戦争状態に入ったと宣言した。これに午後遅く、フランスの宣戦布告もつづいた。

戦争はヒトラーの生活を変えた。外見の変化は、彼の軍服にあらわれた。ヒトラーは、自分があれほど長く待ちのぞんでいた戦争に熱狂した。彼の人生ではじめて彼は、いまや職業を、最高司令官かつ最高指揮官の職業をもった。彼が、新しい仕事、武器、長期間の戦略や短期間の戦術について多くのことを理解しているのはあきらかだった。軍事関係の書物が、ヒトラーが読んだ本の大部分を占めていた。最初彼は、最高指揮官としての役割に甘んじ、本来の戦争業務は参謀本部、すなわち職業軍人にまかせていた。しかし、彼はしだいに軍事作戦の細部に介入した。というのもヒトラーは、じきに自分のほうが軍事の専門家たちよりすぐれていると確信したからだった。

それ以後、彼が比較的長く滞在するところではどこでも「総統大本営」が置かれた。ポーランド戦をヒトラーはおもに、「アメリカ」という偽名をつけた重装備の特別列車のなかから指揮し、この列車はすでに九月三日にベルリンから前線に向けて走っていた。いっしょに乗っていたのは、ヒトラーの私設副官ブリュックナーとシャウプ、彼の女性秘書たちと近侍、写真家ハインリヒ・ホフマンとヴァルター・フレンツ(ヒトラーの新しい「報道写真家」でカラー映像写真家)、ヒトラーの侍医と彼の軍事部門の副

ポーランドの線路の土手際のヒトラーと側近。左から右に：ニコラウス・フォン・ベーロ（空軍副官）、ゲルハルト・エンゲル（陸軍副官）、隠れて見えないのはおそらくハインリヒ・ヒムラー、ルードルフ・シュムント（ドイツ国防軍副官）、ヒトラー、マルティーン・ボルマン

官、さらにマルティーン・ボルマン、通信兵、料理人その他大勢だった。ときおり特別列車が停車すると、ヒトラーと彼の随行員たちは、戸外に出て庶民のように無造作に腰を掛け、おしゃべりをした。

ポーランドに着くとヒトラーは、前線に車を走らせ、ドイツ軍の進撃を望遠鏡でながめた。さらに多くの自動車が、彼の前線視察に随行した。まだ戦闘がおこなわれていて、それによってヒトラーの身が危なくなったにもかかわらず、彼はメルセデスのなかでまっすぐ立って、ドイツ軍兵士に挨拶することを頑としてやめなかった。

国防軍は、ポーランドで思いのほかすばやく前進した。空軍は敵の飛行機を圧倒的に破壊し、爆弾投下によって地上部隊と戦車の進軍を確保した。その際もっとも重要な武器は急降下爆撃機、略して「ストゥーカStuka」だった。この飛行機の前部には、急降下する際爆弾投下のまえに飛行がおこす風によって駆動され、恐ろしいうなり声を発するサイレンが取りつけられていた。そのうえ空軍は、戦時国際法が——軍事目標とちがって——住宅地域への爆撃をはっきりと禁止していたにもかかわらず、ポーランドの諸都市を大規模に爆撃した。空軍は、恐怖のみをまき散らそうとするこのような攻撃——テロ攻撃——をすでに一九三七年四月に試みていた。当時ひそかにスペインの内戦に参加していたドイツの「コンドル軍団」が、バスク地方の都市ゲルニカを灰燼に帰していた。

フランスは、ポーランドとの軍事条約によって、二週間以内にドイツを攻撃する義務を負っていた。西部ではフランス軍部隊はドイツ軍部隊の三倍の数を擁していたので、これは実際成功したことだろう。しかし、ポーランドがすぐに負けてしまったので、なにも起こらなかった。西部での戦争は数カ月にわたって、ほとんど戦闘のおこなわれない「持久戦」となり、「奇妙な戦争《ヴィッツクリーク》」とも呼ばれた。ポーランドは裏切られたと感じ、その同盟国から見捨てられたと感じた。

九月十七日赤軍は、ポーランド政府がおどろいたことにポーランドに進駐した。この行動は、モロトフとリッベントロップのあいだの秘密の取り決めに沿ったものだった。二日後ヒトラーは、ドイツ住民の熱狂的な歓声のなかをダンツィヒに入った。「総統」は、いまやこの町をふたたび帝国に取りかえしたのだ。ひきつづいて彼の大本営は、一週間にわたりダンツィヒ近郊の海水浴場ソポトに置かれた。ここから彼は二度ワルシャワ郊外に飛んだ。ポーランドの首都は、空軍によって激しく爆撃された。ヒトラーは望遠鏡でながめた。九月二十七日、ワルシャワ防衛隊は降伏した。ヒトラーはベルリンにもどった。十月五日、彼はあらためてワルシャワに飛び、大規模な勝利のパレードを観閲した。その翌日、最後のポーランド軍部隊が降伏した。

ポーランドとの講和条約はなかった。というのもドイツもソ連も、この国は存続することをやめたと主張したからだった。ドイツでは戦争について公に語ってはならなかった。しかし、すでに犠牲者の数が、この些末化のうそを明かしていた。一万人のドイツ軍兵士とその六倍のポーランド軍兵士が命をおとした。

九月二十八日、リッベントロップとモロトフは、モスクワで独ソ国境＝友好条約を締結した。これによって以前には秘密で取り決められていたことが、正式なものとなった。すなわちポーランドは、十八世紀以降四度目にまた分割された。

北ヨーロッパと西ヨーロッパ

ヒトラーは、ポーランドに対する迅速なドイツの勝利のあと、フランスを攻撃することも待っていることはできなかった。十一月二十三日、彼は、新帝国宰相官房のなかでおよそ二〇〇人の将軍と国防軍高級将校たちをまえにして西部での即時の攻撃の必要性について語った。しかしそれは、天候の悪さと不十分な軍事的準備のために考えられないことだった。こうして攻撃の期日は、一九四〇年まで延期された。

フランスにすばやく勝利することによって、ヒトラーは、イギリスを戦争から遠ざけておこうと思った。ドイツの戦時経済は、中立国スウェーデンからの鉄鉱石に依存していたが、この鉄鉱石は、北ノルウェーの港ナルヴィクから船ではこばれた。迅速さが肝心だった。というのも一九四〇年四月に、イギリス軍がその海軍によってドイツの機先を制しようとしていたことがあきらかになったからだった。デンマークとノルウェーへの攻撃期日をヒトラーは、一九四〇年四月九日と決めた。イギリスの軍艦は、その一日まえにナルヴィク周辺の河川に機雷を敷設しはじめた。

ドイツの攻撃は意表をついた。デンマークはほとんど無抵抗に占領された。ノルウェーに対しては、作戦はそれほどうまくゆかなかった。ドイツ軍はたしかにナルヴィクを占領することに成功したが、敵軍の兵士は戦略的に重要なこの町をほとんど奪回するところまで迫った。ドイツはしかし、その間にフランスを攻撃していて、そのため敵国のドイツの部隊は、この地でより緊急に必要とされた。彼らは、すばやくノルウェーからフランスに移動させられた。この理由からのみヒトラーの国防軍は、第二次世界大戦の最初の比較的大きな敗北からまぬがれた。

五月九日にヒトラーの装甲をほどこした特別列車「アメリカ」は、ベルリン郊外の駅を発車した。最初列車は、「総統」が西部戦線に向かうことを秘密にしておくために、長いこと北をめざして走った。最終的に「アメリカ」は、ラインラントのオイスキルヒェンの近くに到着した。そこからヒトラーと彼の随行員たちは、大戦中の最初の堅固な「総統大本営」であるアイフェルの「砦」に車で向かった。夜、西部へのドイツ軍の攻撃がはじまった。

そもそもは第一次世界大戦のときと同様に、シュリーフェン・プランが予定されていた。しかし、ヒトラーは、数においてはるかに優勢なフランス軍に対する長い陣地戦の危険をきらい、つぎのようなリスクに賭けた。陸軍中将エーリヒ・フォン・マンシュタインの計画にしたがって、ドイツ国防軍はたしかにオランダとベルギーに進駐することになっていた。しかし、それにくわえて戦車部隊を道の悪いアルデンヌのなかを進軍させ、この区間で弱いフランスの守備隊を蹴散らし、ドーバー海峡の沿岸に進攻し、対イギリス戦のためによい出撃陣地を確保しようとした。

不意打ちは成功した。オランダは数日もたたないうちに早くも降伏した。空軍はロッテルダムの旧市

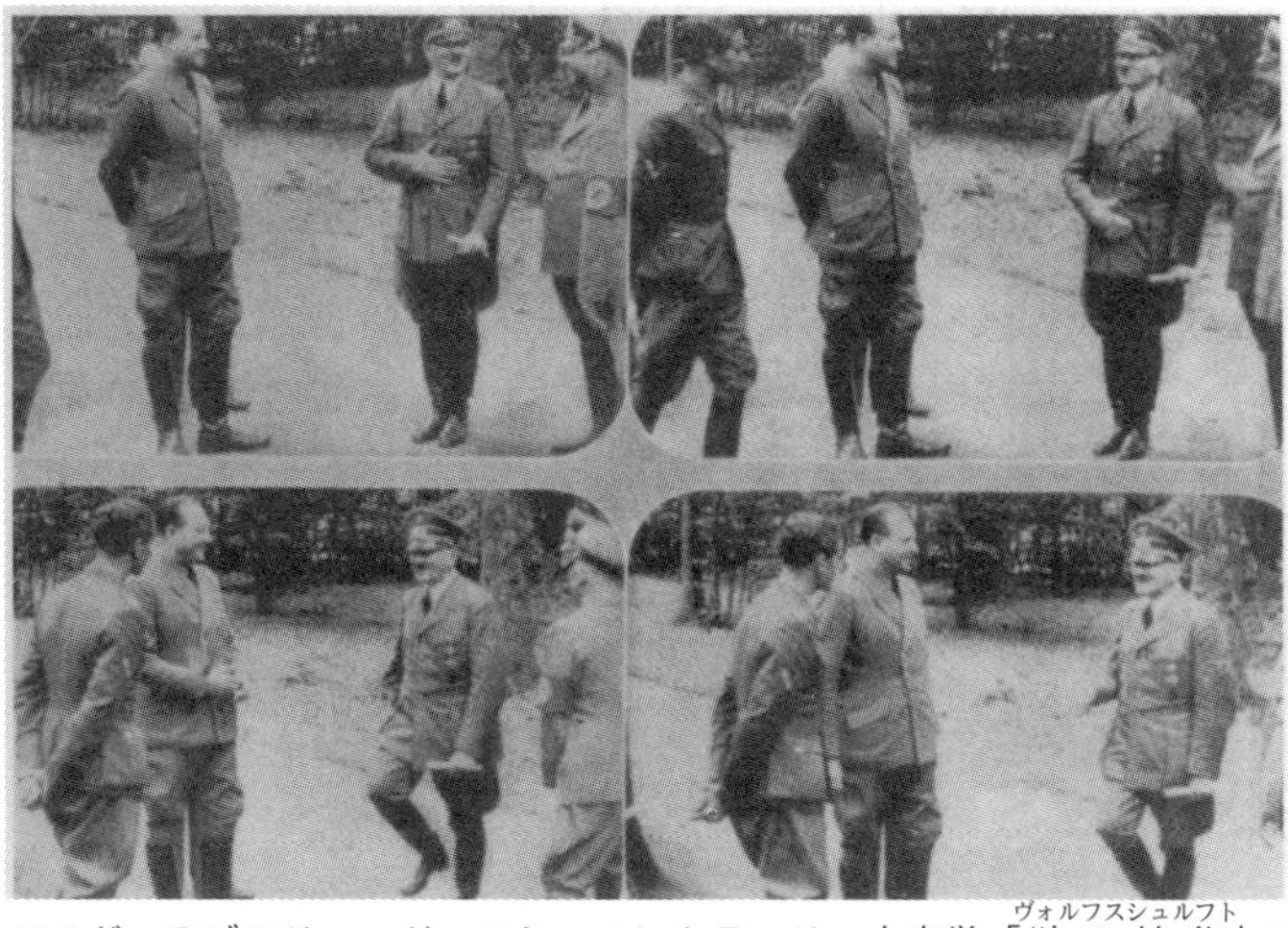

ベルギーのブルリー＝ド＝ペシュ：ヒトラーは、大本営「狼の峡谷《ヴォルフスシュルフト》」でフランス政府の降伏の申し出によろこぶ。カメラマンのヴァルター・フレンツの映画用フィルムの一部、1940年6月17日

街を灰燼に帰した。中立国ベルギーは五月十八日に降伏した。三日後にアルデンヌから来たドイツ軍の戦車の先頭は、海峡の沿岸に達した。フランス軍部隊とイギリス軍部隊は、孤立し包囲された。しかし、イギリス国防省は、三〇万人以上のイギリス軍兵士とフランス軍兵士を間一髪ダンケルクの港からイギリスに脱出させることに成功した。

軍事行動の第二部のためにヒトラーは、彼の大本営をベルギーの首都ブリュッセルの近くにうつした。フランス軍の守備隊は崩壊した。この守備隊は、すばやい戦車兵器と空襲を武器にした近代戦にそなえていなかった。一九四〇年六月十四日、国防軍はパリに入城した。三日後に大本営にいるヒトラーに、ペタン元帥による新しいフランス政府が停戦をのぞんでいるという知らせがとどいた。彼は、うれしさのあまり踊りまわり、それはのちに映画化されたため有名になった。

パリ郊外のコンピエーニュ：ヒトラーは、OKW司令官ヴィルヘルム・カイテルによる独仏休戦条約のための前文の読み上げを聞く、1940年6月22日

一九四〇年六月二十二日、フランス政府の交渉団は、コンピエーニュでドイツとの停戦に署名した――ドイツの代表団が、一九一八年降伏に署名したのと同じ豪華特別客車のなかで。ヒトラーは短期間式典に立ち会っただけで、だまって復讐の勝利をあじわった。「ヴェルサイユの恥辱」は、最終的に晴らされたように思われた。フランスの北部と西部海岸はドイツの占領支配に入り、南部は第一次世界大戦の有名なフランスの軍司令官であるペタン元帥のもとで傀儡国家となった。

ヒトラーは、この勝利を祝うために一週間にわたって祝いの鐘をならし、一〇日間旗をひるがえすよう命じた。かつての戦友や取りまきたちといっしょに彼は、彼がかつて第一次世界大戦で勤務したフランドルの戦場をおとずれた。六月二十八日早朝、彼は、首都を見物するために短期間パリまで飛んだ。ヒトラーは、ここではすっかり芸術家になろうと思った。そこで建築家ヘルマン・ギースラーとアルベルト・シュペーアならびに彫刻家アルノ・ブレーカーが、車での町めぐりに同伴した。ヒトラーは大真面目でパリを完全に破壊させようか思案していた。しかし、それから彼は、ベルリンがシュペーアの建設指揮によってはるかに美しくなればそれで満足だと思った。幸いなことに、帝国首都の巨大な改造のためのシュペーアの計画は、もはや実行されなかった。

一九四〇年七月六日の午後、ヒトラーの特別列車は、ベルリンのアンハルター駅に到着した。歓声は先例のないほどの高まりだった。数十万人の人間が街頭にくりだし、喜びのあまり我を忘れた。ヒトラーは、大群衆の「ハイル！」の歓声をうけるために、くりかえし帝国宰相官房のバルコニーに出てくるよう呼びだされた。五週間足らずでドイツ国防軍は、ドイツ軍が第一次世界大戦中に成しとげられなかったことを達成した。この背景をまえにしてのみ、ドイツ人が手放しで勝利を祝ったことが理解される。「国民同胞」は、この勝利をヒトラーのおかげとした。国防軍最高司令部（ＯＫＷ）司令官カイテルは、ヒトラーを「すべての時代で最大の最高指揮官 größter Feldherr aller Zeiten」とたたえた（民衆のからかいは、それをのちに「Gröfaz」とみじかくつめて呼んだ）。たしかにヒトラーは、この勝利をとりわけマンシュタインのおかげとしなければならなかったが、しかしカイテルの尊崇は、大多数のドイツ人の気持ちにかなっていた。ヒトラーは、栄達と人気の頂点に立った。

七月十九日、ヒトラーは、クロル・オペラ劇場で長い演説をおこなった。ヒトラーは、ここで完全に最高指揮官としてふるまい、とくに成功したフランス出兵をねぎらうため元帥に任命した将軍たちに歓迎の挨拶をおくった。すでに元帥だったゲーリングのために、ヒトラーは新たな階級を考えだした。ゲーリングはいまや「国家元帥」で、それを彼は非常に喜んだ。ヒトラーの演説は、二時間以上つづいた。

ヒトラーは、演説の終わりになってようやく「戦争煽動者」ウィンストン・チャーチルをくそみそにけなし、イギリスが正気を取りもどさなければ破壊するぞとおどした。まさにフランスをドイツが攻撃したその日に、チャーチルはイギリス首相になっていた。彼は、降伏することや、ヒトラーとヨーロッパを分割することに合意することなどまったく考えなかった。ほとんど折りかえしでチャーチルは拒絶した。

ヒトラーは、一九四〇年七月にオーバーザルツベルクに滞在した。その地で彼は軍指導部と会談した。問題はどうやってイギリスを排除できるかだった。軍事的には、軍艦を投入してイギリスの島に上陸することしか考えられなかった。この計画は、海軍の限られた手段だけでは実行しがたかった。ドイツ空軍も、とりあえずイギリス南部の制空権を獲得しなければならなかった。ヒトラーは、この戦争計画に最初から自信をもっていなかった。それにもかかわらず八月十三日からドイツの戦闘機は、北アフリカから飛びたって、「イギリス周辺の空中戦」でイギリスの戦闘機に休みなく攻撃を加えた。もし彼らが制空権をとることに成功すれば、イギリスは破れ、ドイツの侵攻の機は熟すだろう(「あしか作戦」)。

一〇日後、ドイツの爆撃機は、ロンドンの住宅地域にテロ攻撃をおこない、それに対してイギリス空軍は、ベルリンへの最初の攻撃でこたえた。ゲーリングは、イギリスの飛行機は、一機たりともドイツの領空に来させない、と大口をたたいて宣言していた。いまや、こうした約束をどう評価すべきかあきらかになった。ヒトラーは復讐するとおどした。ベルリンのスポーツ宮殿での演説で彼は、怒りくるって、イギリスの町を「抹殺して」やると告げた。ロンドンの住宅地域へのさらなる攻撃は、三日後にはじまった。イギリスの爆撃機はもっと多くの攻撃をドイツに加えた。防空壕での夜は、やがてドイツの一般市民の日常になった。

九月なかば、イギリス海峡とイギリス南部の上空での空中戦は頂点に達した。空軍は、イギリスの敵軍を打ちたおすことができなかった。ヒトラーは、いまや「あしか作戦」を無期限に延期することを命じた。しかし、空軍は爆撃をさらにつづけた。イギリスの町コヴェントリーの名前は、悲運の町として有名になった。この町は、一九四〇年十一月十四日の夜灰燼に帰せしめられた。

「バルバロッサ作戦」

ドイツの勝利を確信した頂点だった一九四〇年六月初頭、ヒトラーははじめてソ連戦に立ちかえった。ヒトラーの和平提案をチャーチルが拒絶した直後の七月二十一日、ヒトラーは、オーバーザルツベルクで彼の司令官たちに「ロシア問題」に着手するよう命じた。しかし、国防軍最高司令部と陸軍最高司令部（OKH）は、こうした計画をすでにはじめていたので、ヒトラーがそれを命じる必要はなかった。

二日後ヒトラーは、OKHに対ソ連戦の準備をするよう命令した。この巨大な国は、一九四一年春に、イギリスに和平をむすぶ気にさせるために、なんとしてでもすばやく、すなわち「電撃戦」で「片をつけ」なければならない、と彼は言った。ソ連が、打ちたおされさえすれば、イギリスはあきらめて、ドイツと同意せざるをえないだろう。出兵は、ヒトラーの長期の目標設定とは真逆の状況からおこなわれた。『わが闘争』では、イギリスに対する勝利がソ連に対する勝利の前提だった。いまやイギリスに勝つために、ソ連が打ちたおされなければならなかった。

この独裁者は、くりかえしドイツの戦争遂行に時間が切迫していることを強調した。というのもアメリカ合衆国がイギリスをたすけて、場合によってはみずから戦争に参入することが予想されたからだった。ヒトラーの戦略は、USAが参戦しそれによって西側列強が優位に立つまえに、ソ連およびイギリスを排除することを目的としていた。それにひきつづきドイツは、世界支配を賭けてアメリカ合衆国との戦いを開始しなければならなかった。

背景には戦時経済の逼迫があり、そこからヒトラーとナチ指導部は、考えうるかぎり過激な結論を引きだした。オーストリア併合以降、ドイツは、南東ヨーロッパの広範囲な地域を経済的に依存させていた。とくに石油を供給するルーマニアは重要視された。ドイツがフランスに勝ったあと、ソ連はバルカン半島を要求した。第一次世界大戦と同様、イギリスによる海上封鎖もすでに効いていた。ドイツの食糧備蓄は底をついた。一九四一年はドイツの食糧配給量が、大幅に引き下げられることが予想された。しかし、このような引き下げを実施することはナチ指導部の目から見ると、国民の怒りにさらされ、一九一八年と同様の終戦にいたる危険をおかすことを意味した。そのような事態は、けっしてくりかえされてはならなかった。

農業製品のもっとも重要な供給元は、独ソ経済条約以来ソ連だった。しかし、ソ連は、食料品の供給をドイツが要求した規模まで引きあげる気はなく、領土獲得というかたちでの対価を要求した。ソ連へのこのような依存は、ナチスの目から見るとまったく受けいれがたいものだった。こうして、ソ連が自発的に引き渡そうとしないものを軍事力で手に入れる計画が生まれた。

一九四〇年十一月、モロトフひきいるソ連代表団が、将来の独ソの関係を協議するためにベルリンにやってきた。このソ連の外務大臣は、スカンジナビアとバルカン半島への関心を表明した。ヒトラーにとってこれが、対ソ連戦の最終的なきっかけとなった。その際、彼が部下たちに認めたように、ソ連から軍事的な脅しは発せられなかった。

ヒトラーは、十二月十八日、国防軍にイギリス戦を終結するまえであってもソビエト＝ロシアをすばやい作戦行動で打ちたおすよう命じた。彼は、そのために「バルバロッサ作戦」という名前をえらんだ。皇帝フリードリヒ・バルバロッサは、中世にエルサレムのイスラム教徒に対する十字軍を指揮した。対ソ連戦は、「ユダヤ＝ボルシェヴィズム」に対する、そしてヒトラーが『わが闘争』以来望んでいたような「生存圏」の獲得のための彼の十字軍だった。他のすべての軍事的可能性は、これによって片がついていた。ヒトラーはもっとも過激な作戦をえらんだ。彼は、またしても一か八かの勝負に出た。フランスへの大成功の勝利のあと、すべてが可能ですべてがゆるされるように思われた。

帝国食糧省の狂信的な反ユダヤ主義者の事務次官ヘルベルト・バッケは、一九四一年初頭から占領したソ連用の「飢餓計画」を練り、ヒトラーはそれに同意した。進攻する国防軍は、「その国から食料を調達」しなければならなかった。彼らは、ドイツ国民が飢えなくてすむように、その土地の住民から食料をうばわなければならなかった。この計画は大真面目に考えられていた。「数千万の人間がこの地域では余計になり、死ぬことになるだろう」とドイツの記録文書には書いてあった。一九四一年五月初頭、さまざまな事務次官があつまったある会議の議事録には、つぎのように記録された。「すべての国防軍が、戦争三年目にロシアから食料を調達できる場合に」のみ、戦争は継続されうる。「この場合、われわれに必要なものが、この国からわれわれが手に入れられれば、何百万人もが飢え死にすることになるだろうことはまちがいない」。

ソ連の一般市民が、この残忍な政策を無抵抗で受けいれる気はないだろうから、抵抗はきわめて凄惨な暴力で粉砕されなければならなかった。抵抗の担い手をヒトラーと彼の軍指導部は、国家機構と党機構を支配していると思われたユダヤ人と見ていた。したがってあらゆる「ユダヤ＝ボルシェヴィキ」のすばやい抹殺が、ソ連を倒壊へとみちびくだろう。いまや開始された略奪戦争と殲滅戦争の基本特性は、すでに一九四一年春に確定されていた。戦略的な戦争目標と経済的な戦争目標とイデオロギー的な戦争目標は、密接にむすびついていた。

しかし、「総統」と彼の軍事立案者たちは、赤軍が国防軍より多くの兵士と戦車を動員することができることを十分知っていた。すなわち、出兵はかなりの冒険だった。すべては最初の数週間のすばやい勝利にかかっていた。ドイツ軍の戦車の進撃と空軍の援護によって、多数の敵軍は包囲され、殲滅されなければならなかった。おそくとも一九四一年秋には攻撃側は、白海の港町アルハンゲリスクからヴォルガ川下流のアストラハンまでの戦線に達していなければならない、とヒトラーは命じた。このふたつの町は、ソ連の西部国境から数千キロはなれていた。この計画は経済の逼迫、誇大妄想、敵軍の過小評価の混ぜ合わせからうまれた軍事的な狂気の沙汰だった。

ソ連攻撃のまえに、バルカン半島と北アフリカも戦場になった。というのもヒトラーのもっとも重要な同盟パートナーであるイタリアの「ドゥーチェ」ムッソリーニは、独自の戦争計画の遂行をめざしていたからだった。ムッソリーニにとって、「枢軸国」のパートナーである自分に完璧な事実をくりかえし突きつけていたヒトラーに対してこの作戦行動によって面目をたもつことがとりわけ重要だった。「ドゥーチェ」は、ヒトラーに事前に知らせないで出兵を命じることによって復讐したのだ。「枢軸」をまもるために、ヒトラーは、二度イタリア兵を助けに駆けつけなければならなかった、北アフリカ――そこにヒトラーは、エルヴィン・ロンメル将軍を派遣した――とギリシアに。

ギリシアへの出兵、「マリータ作戦」は、ハンガリー、ルーマニア、ブルガリアとちがって「枢軸」

に加わることを拒絶していたユーゴスラヴィアにまでおよんだ。ユーゴスラヴィアとギリシアに対する戦争は、一九四一年四月六日にはじまり、ヒトラーの五二歳の誕生日の一日後の一九四一年四月二十一日におわった。ヒトラーは、――これが最後だが――またしても偉大な勝利者としてベルリンにもどり、最高指揮官として称賛された。

そのあと彼は、オーバーザルツベルクに行った。そこで五月十一日に彼にとどいたのは、ナチス党のナンバー2で彼の代理ルードルフ・ヘスが、イギリスに飛行機でわたったというセンセーショナルな知らせだった。ヘスは、戦争開始以来ますますわきに追いやられ、その一方、彼の役所の責任者マルティーン・ボルマンは、ますます大きな力を得ていた。そのうえヘスは、――ヒトラー自身が長いあいだそう思っていたように――「ボルシェヴィズム」に対する戦争は、ドイツとイギリスの同盟によってのみ成功裏に遂行されうると確信していた。そのことをヘスは、イギリス政府に直接会って納得させようと思った。

ヘスは、ヘス流の頭のおかしな人間だった。彼は、イギリス政府が彼の和平提案をあっさり無視するだろうとはまったく想像できなかった。しかし、実際はそうなった。チャーチルはヘスに会うことを拒否し、ヘスはそのかわりに終戦までイギリスで拘留された。ヒトラーは、ヘスが飛行機でイギリスに行こうと思っていたことを知らなかった。「総統」としての権威は、彼の代理の単独行によってひどく傷つけられた。ヒトラーはみずからヘスの地位を引きついだ。ボルマンは「党官房」長になった。それ以後彼は、もはやヒトラーのそばをはなれなかった。一九四三年四月、ヒトラーはボルマンを「総統秘書」に任命した。ボルマンはナチ国家のもっとも権力のある男のひとりになり、残忍かつ実行力があった。しかし、彼は自分の考えというものをもたず、彼の「総統」に忠誠をまもった。

ヒトラーはまた、彼のもっとも重要な党内部の支持者である全国指導者と大管区指導者と密接に手を組んだ。五月十三日、オーバーザルツベルクでのあるスピーチで、彼はヘスに裏切られ、見捨てられた者の役割を演じた。それにつづいて奇妙な光景があらわれた。およそ七〇名の出席者のすべてが、椅子から立ちあがって無言で「総統」を取りかこんだ。ヒトラーは、彼の住居ホールの巨大な窓のまえの地図が広げられた大きな机にもたれて、（おそらく演技だっただろう）目に涙をうかべた。それにひきつづいてゲーリングは、出席者全員の名のもとに、ヒトラーは彼の従者たちの絶対の忠誠を信頼してよいと断言した。ヘス＝危機は去った。

その間にヒトラーは、ソ連に対する新たな攻撃の期日を一九四一年六月二十二日とさだめた。それは、独仏の停戦のちょうど一年後だった。ベルリンでは、天候が決定的な役割をはたすことがわかっていた。秋には、季節どおりのいつもの降雨が予想され、冬には極寒の気温が予想された。この「電撃戦」に時宜を失せず勝つことに成功しなければ、すべての出兵計画は危機におちいった。「総統」は、またしても一か八かの賭けに出た。

一九四一年六月二十二日朝方三時半に、世界史上もっとも大規模でもっとも恐ろしい戦争、「バルバロッサ作戦」がはじまった。およそ三〇〇万人の国防軍の兵士と同盟国のおよそ六〇万人の兵士が、三つの大きな軍集団にわかれて、バルト海からカルパチア山脈までの全線にわたるソ連の国境を踏みこえた。彼らに対して、当初およそ二五〇万人の赤軍兵士が立ちむかった。

国防軍は最初多大な戦果をあげた。赤軍にとってこの攻撃は不意打ちだった。スターリンは気力をうばわれたようだった。数日後になってようやく彼は、ラジオ演説で兵士と国民に「大祖国戦争」を呼びかけ、ほぼ一三〇年まえのフランス皇帝ナポレオンの軍隊に対するロシアの成功した防衛を思いださせた。このソ連の独裁者は、パルチザン部隊すなわち非正規軍の武装した部隊の結成を命じた。ヒトラーとその指導部にとって、スターリンの呼びかけは好都合だった。というのもこうして彼らは、民間人に対する殺戮軍事行動をパルチザン攻撃からの防御と称することができたからだった。

すでに一九四一年六月末中央軍集団は、ベラルーシのビャウィストクとミンスクを征服し、三〇万人以上のソ連兵を捕虜にした。それにさらに一連の包囲戦がつづき、それによって一九四一年秋までに、三〇〇万人以上のソ連兵がドイツ軍の捕虜になった。これらの勝利にもかかわらず、「バルバロッサ作戦」の全計画は、事実上すでに一九四一年七月に失敗していた。というのも赤軍はしぶとく抵抗し、ドイツ軍の進撃を数週間遅らせたからだった。

ヒトラーは、八月スターリンとの講和条約締結さえ考えたが、この考えは実行に移されなかった。ドイツ軍の損害は増大した。七月末には二〇万人以上のドイツ軍の将校と兵士が、負傷したり、行方不明になったり、死んだりした。四週間後、この損失は三〇万人以上にふくらんだ。九月末ドイツ軍の戦車の半数以上が破壊されるか、出撃できなくなった。十二月なかばまでに一六万人のドイツ軍兵士が、東部戦線で戦死した。さらにほぼ六〇万人の国防軍軍属が、負傷者か行方不明者と見なされた。それにつづく数年間にこの数はさらに急増した。

九月十九日にドイツ軍部隊は、ウクライナのキエフを占領した。一週間後この町をめぐる大規模な戦闘は終わった。およそ七〇万人のソ連兵が捕虜となった。南方軍集団は、それにつづいてクリミア半島と産業上重要なドンバスの相当部分を占領した。その間にドイツ国防軍はレニングラードを包囲し、この町を兵糧攻めにした。レニングラードを占領するのではなく、町の陥落後完全に破壊することがヒトラーの断固たる意志だった。たしかに国防軍は、レニングラードを占領することには成功しなかった。

しかし、町の八〇万人以上の住民が餓死し、大多数はすでに一九四一年冬のうちに死亡した。この大量死は、ドイツではほとんど忘れられてしまった。

同じ運命がモスクワに迫っていた。十月二日、中央軍集団の進撃が、ソ連の首都をめざしてはじまった。攻撃は「台風」という名を冠した。それは大きなリスクをともなった。ソ連の首都への攻撃は、すでに失敗した電撃戦のなかでそれでもむりやり勝利を得ようとした最後の絶望的な試みだった。たしかに国防軍は、月末までに新たに大規模な二度の戦闘で赤軍に勝利した。しかし、その間に秋雨がはじまっていた。すると気温が氷点下五〇度まで下がる寒さがやってきた。攻撃する国防軍のいくつかの前哨は、望遠鏡ですでにモスクワのクレムリンの塔を見ることができた。しかし、彼らはそれ以上先へすすめなかった。兵士たちは、軍指導部が早めにあたたかい衣服の配給を手配しなかったために、氷のように寒い気温に苦しんだ。

ドイツ人は、ヒトラーが一九四一年クリスマス直前、国民に東部の部隊のために冬服を寄付するよう呼びかけたとき、この状況に気がついた。「国民同胞」には、おどろき心配するいわれが十分あった。というのも赤軍は、そうこうするうちに思いがけない反撃を開始したからだった。一時的に状況は、敵のドイツ軍とちがって十分に冬の装備をし、強力に武装していたソ連兵が、ドイツの東部戦線をかんたんに蹴ちらすかのように見えた。

この厳しい状況下でヒトラーは、ロシア戦線にいる部隊長たちにいかなる後退をも禁じた。彼らは、まさにいま立っている陣地を全力でまもるよう命じられた。それからしかし、ヒトラーはおよそ一〇〇キロ西側にある防衛陣地に撤退することを許可した。その場所でドイツ兵たちは、ロシアの状況からしても異常なほど寒い一九四一年の冬をすごした。この時期おそらく赤軍の武器によって死んだドイツ兵と、飢えと寒さで死んだドイツ兵の数はほぼ同じだっただろう。

「総統」は、東部戦線を彼の徹底抗戦命令によって崩壊からまもったことを個人的な功績と見なした。より強い意志がまたしても勝利したと彼は言った。この自賛はまったくまちがいだった。しかし、軍事的破局を回避したのは、この命令ばかりでなく、彼の戦術的撤退命令によるものだった。この命令は、ヒトラーがひどく見くだしていた将軍たちによって要求されていた。「モスクワ」をまえにした彼の「成功」は、しかし重大な結果を生んだ。すなわち彼は、陸軍の弱腰の総司令官ヴァルター・フォン・ブラウヒッチュ陸軍元帥を更迭し、みずから陸軍の最高指揮権をとった。

ヒトラーと彼の将軍たちが当初考えていた短期間の二正面戦争のかわりに、ドイツは、いまや東と西で強大な敵と戦わなければならなかった。ナチ指導部が、自国民に長期にわたる戦争に対する心構えをさせることに成功したために、たしかに戦争にはまだ負けていなかった。しかし、ヒトラーは、その軍事的指揮の挑戦に応じきれなかった。彼は、いつも最高指揮官として弱い敵を相手にし、状況が自分に都合のよいときだけ成功したのだ。

ヒトラーの周囲のもっと冷静に考える男たちは、すでに一九四一年末戦争を和平交渉によって終わらせることを要求した。しかし、ヒトラーは、くりかえし「最終勝利」のない降伏と講和条約締結は論外だとはっきり述べた。彼は、それ以後も頑としてそれに固執した。

「ヴォルフスシャンツェ」

ヒトラーは、一九四一年六月二十三日昼にベルリンを出立し、特別列車で彼の新しい「総統大本営」

に向かった。前年の十一月に彼は副官たちにしかるべき本拠地を物色させ、最終的に東プロイセンのラステンブルク近郊の敷地に決めた。そこは交通の便がよかった。鉄道路線がこの敷地をとおっていたので、ヒトラーは列車をここで発着させることができた。ラステンブルクには、飛行機が彼と彼の大臣たちのために待機している飛行場もあった。アウトバーンと防空壕建設のためのヒトラーの全権委員フリッツ・トトは、大本営を一九四一年四月までに完成させ、使用できるようにした。ヒトラーは「ヴォルフスシャンツェ」という名前をえらんだ。彼は、自分の名前の名代として「ヴォルフ」をことのほか好んでいた。

開戦以来、軍事行動のできるだけ近くにいることがヒトラーの望みだった。本来なら彼は、戦争をベルリンからでも指揮することができただろう。しかし、彼は、兵士たちに自分が最上位の最高司令官として近くにいることを知らせたいと思った。ヒトラーと彼の将軍たちは、ソ連との短期間の戦争を予想していたので、ヴォルフスシャンツェにはそもそも数カ月しか滞在するつもりはなかった。しかし、それから三年以上が過ぎた。国防軍と陸軍の最高司令部は、もちろん同様に東プロイセンに置かれていなければならなかった。国家元帥ヘルマン・ゲーリングとSS長官ハインリヒ・ヒムラーも、旅行中でなければ同様にここにいなければならなかった。彼らは、数キロ離れたところに宿泊所をもっていた。帝国宰相官房長ハンス・ハインリヒ・ラマスは、帝国首都とヴォルフスシャンツェのあいだを行ったり来たりした。

この敷地は、空襲を避けるため高い木が植えられ、偽装網が敷設されていたため、上空から簡単には発見されなかった。しかし、ヒトラーの大本営には一度も爆弾は落ちなかった。ヴォルフスシャンツェの住人が耐えなければならなかった唯一の攻撃は、夏に悩みの種になる好戦的な蚊の大群だった。というのもヴォルフスシャンツェは、マズーレンの沼地に取りかこまれた森の真ん中にあったからだった。

施設がすべてを完備して拡張されたとき、兵士とSS隊員によって見張られた三重の電波トラップがそなえられた。最高度に守られた領域である電波トラップIには、ヒトラーの私的な「総統の家」があり、それは、門柱のある入口をそなえたおだやかな気分にさせる大きな木のバラックだった。そのとなりにヒトラーの防空壕があった。敷地内にはロシア出兵の開始時に、ヒトラーが身近にいてほしいと思ったさまざまな人物のためのさらに九つの防空壕があった。

ゲッベルスは、たいていベルリンにいたが、対談のために自分の主人であり命令権者であるヒトラーを定期的におとずれた。彼にとってヴォルフスシャンツェは、快適な休暇場所のように思われた。それに対して国防軍統合幕僚部長であるアルフレート・ヨードルは、大本営を修道院と強制収容所を混ぜあわせたものと喩えた。しかし、彼は、強制収容所を内部から見たことは一度もなかったし、そこで実際どういうことがおこなわれているか知らなかった。ヴォルフスシャンツェは、いずれにせよ隔絶した男の世界だった。ヒトラーの女性秘書たちを除いては、女性はそこに自由に出入りできなかった。およそ四〇人の人員が、たえずヒトラーの身辺にいた。二〇〇〇人におよぶ男たちが、ヴォルフスシャンツェではたらいていた。警備を管轄するSS隊員とならんで、それは、おおむね国防軍軍属だった。

ヒトラーは、ヴォルフスシャンツェではつねに最高指揮官の軍服を着ていて、そのうちいくつかは同じ仕立てでもっていた。近侍たちは、ヒトラーがだらしない恰好をしないよう気をつけていた。「総統」の髪型がきちんとしているように、ベルリンの床屋さえ大本営でつねに待機していた。東プロイセンの彼の生活の中心は、毎日正午前後にひらかれる重要な軍事戦況会議だった。それは、しばしば二時間かそれ以上つづいた。地図をてがかりに、すべての戦場がつぎつぎヒトラーのまえに広げられて、敵部隊に対するドイツ国防軍の陣地がしめされた。ソ連領内だけでたえず戦闘がおこなわれ、ヒトラーが「バルバロッサ作戦」にもっとも強く介入したので、この戦場はもっとも大きな注目を要した。

戦況会議についで、比較的大きな集団で昼食がとられ、その際ヒトラーは、つねに食卓の真ん中の定席にすわった。そもそもすべての施設がそうだったが、食堂も簡素なつくりだった。部屋の前面には、ドイツ軍部隊が鹵獲《ろかく》したソ連軍の大きな赤い星のついた旗がかかっていた。こうして人びとは、たえず最大の敵を思いうかべた。昼食のあとヒトラーは、訪問者や客を迎えた。ひきつづいて彼の女性秘書たちが、お茶の時間に彼の話し相手をしなければならなかった。そのあと二度目の戦況会議が待っていた。この会議は、夕方六時ごろおこなわれた。この二回目の会議のあと、長時間にわたる夕食がとられた。時にヒトラーに食事に招かれた客は、彼が長話しをするので、三時間もがまんしなければならなかった。

一週間に何度も映画用バラックで、最新の週刊ニュース映画のための試作が、ヒトラーがそれをドイツの映画館に許可できるように上映された。娯楽映画は、むしろめったに見られなかった。ヒトラーになにか気晴らしを提供するために、ボルマンは、オーバーザルツベルクの「総統」のレコードコレクションを取りよせた。しかし、ここでもまたじきに、すでにヒトラーの別荘で音楽鑑賞のときにつつみこんでいたのと同じ単調さがやってきた。

夕食につづいて、ヒトラーの日課の最後の仕上げとして、選ばれた仲間内でのお茶の時間がもたれた。このお茶会には、ふたたびヒトラーの女性秘書たちクリスタ・シュレーダー、ゲルタ・クリスティアン、そして一九四三年から ゲルトラウト・ユンゲが参加しなければならなかった。ヒトラーは、ますますめったにドイツ人民のまえで演説しなくなり、ヴォルフスシャンツェでほとんど口述筆記もさせなかったので、彼の女性秘書たちは死ぬほど退屈だった。彼女たちはほとんど独占的にヒトラーの話し相手をすることを担当した。じきにお茶会は人びとにおそれられた。というのもここで「総統」は、自分の演説の強迫に身をゆだねたからだった。ソ連への攻撃から数週間後、彼は、ロシアの「土着民」を奴隷化すべき支配人間としてのドイツ人のための入植地の見通しを夢中になって話した。のちにヒトラーは、自分の青春時代、「闘争時代」、ユダヤ人、ドイツの将来あるいは喫煙の危険について際限なく話した。これらは、さらにたえずくりかえされたテーマの一部にすぎない。一日の終わりは、ますますおそくなった。お茶会は、しばしば真夜中頃になってようやくはじまり、早朝までつづくこともあった。ヒトラー自身が床にはいるまで、だれも寝てはいけなかった。

一九四一年十二月十九日以降ヒトラーは、すでに述べたように陸軍の最高指揮官でもあった。他のいかなる政治家も――スターリンも、アメリカの大統領ローズベルトも、首相チャーチルも――、ヒトラーほど戦争遂行の細部を規定した者はいなかった。彼は、とほうもない仕事の重荷を背負いこんだ。戦争前「総統」は、かならずしも勤勉と熱意が際だっていたわけではなかった。しかし、いまや彼は、すべての領域を一人で支配しようとした。

ヒトラーの負担は、彼の健康を害した。モスクワをまえにした軍事的危機は、彼の髪を白くした。ヒトラーはほとんど食事をしなかった。彼の食べるものは彼の身体によくなかった。しかし、外に向かっては彼は鋼のように毅然と「最終勝利」への信念をもちつづけ、それによってみずからを奮いたたせた。ますます彼は不眠に悩まされた。彼の長広舌は、彼にとってすくなくともいくぶん戦争遂行の日常のストレスから気をまぎらす手段だった。

侍医モレルはヒトラーに規則的に運動するよう勧めた。しかし、ヒトラーは、雌のシェパード犬ブロンディとのみじかい散歩でこと足れりとした。モレルはまた、ヒトラーが心臓病をわずらっていることをみとめたが、彼の考えでは直接的な危険はなかった。一九四二年この侍医は、ヒトラーの左腕の奇妙な震えに気がついた。しかし、二年後になってようやく彼は、しかるべき診断をくだした。「総統」はパーキンソン病をわずらっていた。それは不治の病で、早晩死にいたる脳と神経の病気だった。モレルは、彼の患者の肉体の衰えを遅くし、元気をたもたせるために彼に毎日注射をし、薬をあたえた。肉体的にはヒトラーは、とくに一九四四年からますます弱くなっていったが、精神的な能力はそこなわれなかった。

戦争の転換

一九四一年の冬の危機は、最初の戦争の転換点だった。ヒトラーと彼の軍事指導者たちは、すべてを一か八かに賭けていた。いまやあきらかになったのは、多大な動員が、はじめてなんらの利益ももたらさなかったということだ。ソ連とイギリスに対する戦いが、それほどたいへんではないかのように、ヒトラーは、それからさらにアメリカ合衆国に宣戦布告した。これを彼は、一九四一年十二月十一日に長いあいだ計画していた国会演説で公表した。ヒトラーは、このばかげた決心をするよう強いられたわけではなかった。そのもっとも重要な理由は、ドイツが日本と同盟をむすんでいたことだった。日本の飛行機はヒトラーの宣戦布告のわずか数日前に、ハワイ島のアメリカ軍の重要な海軍基地である真珠湾を奇襲していた。大統領ローズベルトは、その結果、日本に宣戦布告した。この戦争にヒトラー＝ドイツも参戦した。

その間に、ドイツ軍部隊のソ連での再進攻の準備がすすめられた。基本的にはそれは、第二の「バルバロッサ作戦」だったが、たんなる新たな攻撃ではなかった。「青作戦」の重点は、この国の南部にあった。ヒトラーは、ヴォルガ河畔の重要な工業都市スターリングラードを攻略しようと考えた。この町は、このロシア最大の川の西岸に四〇キロ以上にわたってひろがっていた。ヒトラーにとってさらに重要だったのは、カフカズ山脈のふもととカスピ海沿岸のソ連の石油油田を奪いとることだった。彼は、この地域と石油を掌握しなければもはや戦争には勝てないとはっきり語った。すなわちカフカズ山脈は、もっとも重要な目標だった。

しかし、ヒトラーは、スターリングラードとカフカズ山脈を、相前後してではなく同時に征服しようと思った。そのため彼は、南方軍集団を二手にわけた。北部部隊をスターリングラードへ、南部部隊をカスピ海沿岸のバクーへすすめようとした。この決定は、軍事的に言えばまったく狂気の沙汰だった。軍集団の分割は、このふたつの目的地のどちらにも到達できなくさせた。

「青作戦」は、一九四二年六月末にはじまった。七月なかば、ヒトラーは、大本営を東プロイセンから飛行機で三時間のウクライナのヴィーンヌィツァにうつした。ヒトラーは、スターリングラードとカフカズ山脈への攻撃のできるだけ近くにいたいと思った。この新しい大本営は、ヒトラーの変名とゲルマンの民間伝説の想像上の動物を組みあわせた「人狼《ヴェアヴォルフ》」という名前がついた。人狼内の生活条件は、天候と大量の蚊の襲来によってヴォルフスシャンツェよりはるかに悪かった。夏の軍事行動の失敗のあと、部隊は一九四二年十月末そこまで後退した。

ドイツ軍の夏の進攻がソ連の南部でおこなわれるだろうことは、一年前のこの国への攻撃同様赤軍を新たにおどろかした。ソ連防衛部隊は、ふたたび大規模な包囲戦で殲滅させられないように、いったん国防軍のまえから撤退し、国防軍もまた、一九四一年冬の出撃陣地にふたたび到達しなければならなかった。一九四二年八月二十三日、フリードリヒ・パウルス将軍旗下の第六軍は、スターリングラードの北の山麓に到達し、町の包囲をはじめた。スターリングラードは、ソ連の独裁者の名を冠していたので、ヒトラーも威信を賭けた。この同じ理由からスターリンは、「彼の」町の征服をぜがひでも阻止しようと思った。

ドイツ空軍は、この町を何日にもわたって爆撃した。その際およそ四万人の人間が死亡した。そのあとおよそ三〇万人の住民が、ソ連当局によってヴォルガ川の対岸の安全な場所へうつされた。しかし、町にはまだ一万人が残っていた。彼らは、国防軍の兵士と赤軍のあいだの激しい戦闘に耐えなければならなかった。十一月なかばには、そうこうする間に完全に破壊されたスターリングラードのほぼ九〇パーセントがドイツ軍の手におちた。防衛部隊は、ヴォルガ川を背にした背水の陣で、激しく抵抗した。

十一月十九日、町の北西部と南部でソ連の反撃がはじまった。数日もたたないうちに、すでに疲れきった第六軍は包囲されていた。この包囲から抜けだす成功の見込みはわずかだった。ヒトラーは、兵士たちが外から解放されるまで、空からスターリングラードに補給物資と食糧品を送りこむよう命じた。しかし、実際には、必要とされるだけの空輸による輸送品はほとんど町にとどかなかった。包囲された兵士たちは、一年前と同様ほとんどあたたかい衣服をもっていなかった。こうして本来の戦闘より多くの兵士が、飢えと寒さの犠牲となった。

十二月十二日、包囲網を南方から打ちやぶろうというドイツの戦車軍団の試みがはじまった。しかし、戦車は、赤軍が激しく抵抗したため、スターリングラードのおよそ五〇キロ手前までしかすすめなかった。そのためヒトラーは、十二月二十一日あらためて脱出を禁じ、それによって兵士たちをその運命にゆだねた。一九四二年のクリスマスを兵士たちは、ひどくみじめな気持ちで過ごした。

第六軍の状況が絶望的であったにもかかわらず、パウルスは、一九四三年一月八日ソ連の降伏要求をはねつけた。それにより赤軍の最後の大規模攻撃がはじまり、それは、一月二十五日孤立地域を北部と南部に分断した。五日後パウルスは、ヒトラーに電報で彼の権力掌握の記念日のお祝いを述べ、こうして「総統」への忠誠を証明した。その際パウルスは、第六軍の破滅はとりわけヒトラーに責任があることを知っていた。

ヒトラーのほうは、一月三十日、パウルスを陸軍元帥に昇進させた。これは、降伏してはならないというパウルスへの明確な要請だった。というのも、これまでドイツの元帥で降伏した者はひとりもいなかったからである。しかし翌日、パウルスと彼の将校たちは、ソ連軍の捕虜になった。ヒトラーはそれを聞いて、怒りのあまり荒れ狂った。彼の考えによればパウルスは、降伏の屈辱をまぬがれるために銃で自殺しなければならなかっただろう。

二月三日、ドイツ国防軍最高司令部は、ラジオ放送で第六軍が「息を引きとるまで」戦いつづけたと公に告げた。第六軍は、しかし優勢な敵と不利な状況に屈し、全滅させられた、とつたえた。ナチ政権は、三日間国をあげての服喪を命じた。居酒屋と映画館は閉められた。ラジオではクラシック音楽ばかりが流れた。敗北は、プロパガンダ的には勝利にすりかえられなければならなかった。すなわちパウルスと彼の部下たちは、ヨーロッパへのボルシェヴィズムの侵入を阻止したということだった。だれもパウルスや彼の兵士たちが捕虜になったことを知ってはならなかった。しかし、ソ連のラジオは、すでに九万人のドイツ軍兵士がスターリングラードで捕虜になったことをつたえていた。こうしてプロパガン

スターリンググラードでのドイツ軍降伏のあと：市中心部での捕虜となったドイツ軍兵士の隊列。背後に穀物貯蔵庫の廃墟、おそらく1943年2月の写真

ダのうそは、ナチス指導部へのドイツ人の信頼をますます喪失をさせた。

ドイツ人の記憶のなかでは、スターリングラードでの三〇万人の包囲された兵士の数は、重要な意味をもっている。実際の数は、おそらくもっと少なかっただろう。最近の算定によれば、六万人のドイツ軍兵士が、孤立地帯で命をおとした。ソ連兵の犠牲者は、ドイツ兵より比較にならないくらい多かった。最大一〇〇万人にまでのぼる赤軍兵士が、スターリングラードをめぐる攻防戦で死んだ。これにさらに無数の町の住民の数が加わった。

スターリングラードは、第二の大きな戦争の転機だった。行動を決する力は、いまや決定的にソ連側にうつった。ヒトラーは、油田がなければ戦争にもはや勝てないと言っていた。ということは、彼は戦争を終わらせなければならなかっただろうということだ。しかし、そうした事態にはならなかった。

この戦闘は、心理的な戦争の転機でもあった。ドイツ人の衝撃は深く、それとはっきり認められた。ヒトラーは、みずから軍隊の最高指揮官であり、それゆえ敗北の責任を他に押しつけることはできなかった。多くのドイツ人は、いまや大声で言わなくとも、戦争の敗北を覚悟していた。国民と「総統」の結びつきはほころびはじめた。

ヒトラー・ドイツに対する戦争の主要な負担は、赤軍がになっていた。スターリンは、それゆえ同盟国のローズベルトとチャーチルに、西からヨーロッパ大陸に上陸し、そうすることによってソ連の負担を軽減するようますます切迫して要求した。しかし、フランスへの侵攻を、スターリンはさらに長く待たなければならなかった。そのかわり一九四二年十一月、イギリス軍とアメリカ軍は、フランス領北アフリカを占領した。同時にエジプトのエル・アラメインまで進攻していたロンメルの戦車軍団は、壊滅的な敗北を喫した。いまやロンメルの使命は、西側列強の軍隊を北アフリカにはりつけておくことだった。しかし、これは成功しなかった。ドイツ＝イタリア軍部隊は、最終的に一九四三年五月、チュニスで降伏しなければならなかった。

その直後アメリカ合衆国とグレートブリテン＝北アイルランド連合王国（イギリス）は、シチリア島に上陸し、そこを占領した。イタリアのファシストの指導部にとってこれは、ドイツの側に立った戦争にはもはや勝てないという合図だった。ベニート・ムッソリーニは、七月二十五日、失脚させられ逮捕された。彼の後任は、九月はじめUSAとイギリスとの休戦条約に署名した。彼らの部隊は、いまやイタリアの南西の海岸から上陸することができた。

ヒトラーは、彼のもっとも重要な同盟者の離脱に怒りのあまり我を忘れた。彼は、ムッソリーニを武装親衛隊の落下傘部隊とエリート部隊によってイタリアの山岳地帯の拘禁場所から救いださせた。かつての「ドゥーチェ」は、ヒトラーのおかげでファシストの傀儡政権を北イタリアにかまえることをゆるされた。しかし、彼の余命はいくばくもなかった。十月にイタリアはドイツに宣戦布告した。国防軍は、イタリアを占領し、そこで進攻してくるアメリカ軍部隊とイギリス軍部隊に対するしぶとくも最終的には無益な抵抗をつづけた。同じように国防軍は、一九四四年二月になっても、同様に「枢軸国」との同盟を解消しようとしていたハンガリーに進駐した。

一九四四年六月六日、アメリカ、イギリス、カナダの部隊は、フランスのノルマンディーの海岸に上陸した。この「ディー・デイ（D-Day）」は、それまでの戦史のなかで最大の上陸作戦だった。ヒトラーは侵攻をすでに長いあいだ見越していて、それを待ち望んでいた。彼は、敵を撃破し海にたたき返すことを確信していた。フランスの海岸の防衛のための準備は、北アフリカからの帰還以来たたえられた戦争の英雄エルヴィン・ロンメル陸軍元帥が担当した。

ロンメルと西部の総司令官のあいだには、しかし戦車軍団の投入にかんして重大な見解の相違があった。ロンメルは戦車軍団をノルマンディーの海岸に配備しようとしたのに対し、彼の上官はそれを後方に据えようとした。というのも連合軍は、ドイツ軍を混乱させて、彼らの攻撃が海峡の海岸でおこなわれるという印象をあたえたからだった。数時間後になってようやく、ノルマンディー海岸への上陸が本来の上陸で、たんなる陽動作戦ではないことがあきらかになった。

上陸海岸のひとつには強力なドイツ軍団がひかえていた。攻撃側は、この海岸を手に入れるのに成功するまでそこですさまじい犠牲者を出した。しかし、全体として国防軍は、十分にすばやく反撃することはできなかった。ヒトラーの期待に反して、西側列強はヨーロッパ大陸にとどまり、ドイツをめざし進撃した。

一九四四年六月二十二日は、ソ連へのドイツ軍の攻撃がはじまってちょうど三年目だった。赤軍は象徴的な合図をおくった。赤軍は、この日中央軍集団への大規模攻撃をはじめ、軍集団は事実上崩壊した。ノルマンディーへの上陸ではなく、これが、ドイツの敗北に決定的に寄与した。八月末になってようやく国防軍は、ビスワ河畔、ラトヴィア、東プロイセンの国境で赤軍を一時的に食いとめることができた。いまやソ連軍がドイツ国境を越えるのは時間の問題にすぎなかった。

「総力戦」

モスクワをまえにした危機以降、ドイツとその戦時経済は、比較的短期間で長びく戦争に適応していた。それが戦争をこれほど長くつづけることができ、国防軍が一九四二年秋まで無敵であるかのように思われた理由だった。

ヒトラーは、テューリンゲンの大管区指導者フリッツ・ザウケルを彼の私設の「労働動員全権代表委員」に任命した。ガチガチのナチス党員だったザウケルは、ドイツに占領されたすべての地域から労働力を帝国に連れてくることを使命とした。最初はソ連の戦争捕虜を投入する計画だった。しかし、一九四二年初頭、この捕虜たちが、大多数すでに飢死しているか射殺されていることがあきらかになった。そのかわりに一般市民が「徴募」された。

戦時中、優に一二〇〇万人の外国人強制労働者が、農業ととりわけ工業において、ますます大量に兵役に召集されたドイツ人の男たちの代わりに投入されなければならなかった。強要された労働力の大部分——そのうちのおよそ半分は若い女性だったが——は、ポーランドとソ連の出身だった。この人びとは、特別な収容所で網の目のように帝国中に拡大された工場に縛りつけられた。どのドイツ人にも、身近な周辺にじきに収容所ができ、自分の目でそこでなにが起こっているかを見ることができた。

軍需工場では「外国人労働者」は、しばしばおそるべき条件下ではたらかなければならなかった。彼らは、彼らに対して自分のほうが「より優秀だ」と思うことができたドイツ人の従業員にしばしばよいあつかいを受けなかった。強制労働者たちはまた、ますますひんぱんになる敵の空襲に際して防空壕に避難することはゆるされなかった。彼らのうち数十万人が攻撃で命を落とした。

さらにヒトラーは、彼が高く買っていたフリッツ・トトを軍需相に任命した。トトがそれから一九四二年二月に飛行機の墜落事故で死ぬと、ヒトラーは、即座に自分のお気に入りの建築家アルベルト・シュペーアをその後任に決めた。シュペーアは、軍需相として、建築家としてまったく同様に、とくに組織づくりの領域で有能だった。彼は、ドイツの軍需物資の生産を飛躍的に高めることに成功し、そのことは、ヒトラーの身近な仲間内のなかで彼に優遇された地位をもたらした。彼の成功は、彼がドイツの大工業の指導者たちをこれまでより強く戦時活動に動員し、軍需生産を合理化したことにもとづいていた。

その一方で、シュペーアは、ザウケルが調達した労働力を広範囲に利用した。そして最終的にシュペーアは、ヒムラーからも強制収容所の拘留者たちを要求するか、企業の首脳部に、このような要求をヒムラーに依頼することを要請した。しかし、その際彼にとって重要だったのは、強制収容所から人間を救うことではなく、彼らが強制収容所に送りかえされるまえに労働力を最大限搾取することだった。

戦後シュペーアは、もちろんこのことをちがったふうに述べた。

ナチ国家の政府活動にとって、戦争の後半にヒトラーが不在だったのは問題だった。「総統」は、帝国首都とミュンヒェンからますます遠くへだたり、世間を避けた。一九四一年秋から三年間にヒトラーは、ミュンヒェンとベルリンにほんの数日しか滞在しなかった。ドイツ人にとってナチ政権の「よい年月」は去った。彼らは、たしかに「総統」を疑ってはいなかったが、しかしボスたちが兵役から逃げまわり、一般の人びとのお金で贅沢な生活にふけっていたナチス党の役割をますます批判した。

ゲッベルスは、ヒトラーの軍事的指導への専心的な集中が、彼の政治的指導力を弱めたことをすぐに察した。彼は、ヒトラーが軍事的な仕事を将軍たちにまかせるようくりかえし要求した。しかし、ヒトラーはそうする気がなかった。秩序だった政府の活動はますます論外になった。たしかにヒトラーは戦争中、内政上の懸案にかかわり、法律と同一視されたおよそ四〇〇通の「総統布告」に署名した。たいていラマスが、そのための法案を作成した。しかしゲッベルス、ボルマン、アルベルト・シュペーアは、同様にヒトラーと直接話ができたので、ヒトラーに影響力をもっていた。最終的には、ヒトラーが戦時中いかなる内政上の決定をくだすかは偶然が決めた。

すなわちある歴史家が表現したようにドイツは、「総統不在の総統国家」になった。一方で彼の絶大な権力は無制限だった。また一方で、彼はこの権力を無計画につかった。すでに現実的な理由からしてそれは、ほとんどちがったかたちでは不可能だった。というのもだれひとりとして、ドイツのような近代国家を第二次世界大戦中まったくひとりで指揮することなどできなかったからだった。

スターリングラードでの戦争の転機のあとヨーゼフ・ゲッベルスは、一九四三年二月十八日にベルリンのスポーツ宮殿で悪名高い演説をおこなった。確信的なナチス党員や名士（たとえば舞台俳優や映画俳優のような）からなる選りすぐりの聴衆が、巨大な広間にすわっていた。ゲッベルスは、東部でのドイツ軍兵士の犠牲とスターリングラードの戦士たちの「英雄的精神」を喚起した。彼は、戦争を引きおこしたと称されたドイツの敵国を誹謗し、その際裏で糸を引いたであろうユダヤ人を中傷した。つづいてゲッベルスは、聴衆に修辞的な一〇の問いを投げかけた。そのつど聴衆は、大声でほえるように「はい（Ja）」と答えた。

その頂点は、この問いだった。「諸君は総力戦をのぞむか。諸君は、必要ならば、われわれが今日そもそも想像できる以上に全面的かつ過激にそれをのぞむか」返事は、大声の「はい」（Ja）と「ハイル」（Heil）の叫びだった。人びとは、飛びあがり、ヒトラー式敬礼のために右腕をあげた。スポーツ宮殿の演説は、この宣伝相のもっとも有名であると同時にもっとも陰険な演説だった。彼は、ドイツ人により多くの戦争への努力を覚悟させようと思った。とりわけしかし、彼は、ヒトラーに、国民を顧慮しないでドイツの勝利のためにほんとうにあらゆることをするようにと合図を送ろうと思った。ドイツ社会全体が軍国化され、勝利というひとつの目標を志向すべきだった。犠牲がもたらされなければならなかった。

ベルリンのスポーツ宮殿でゲッベルスの演説を聞く聴衆、1943年2月18日

しかし、ヒトラーは、国民のあいだによい気分を維持することがいかに重要であるかを知っていた。それゆえゲッベルスの大言壮語のあと、長いあいだ大規模な行動はおこさなかった。決定的な変化がもたらされたのは、一九四四年夏になってからで、たとえば一週間の労働時間が七〇時間以上に増え、電気とガスの消費が制限されたときだった。

「総力戦」は、したがってとりわけ国内への完全な統制を意味した。一九四三年八月から親衛隊長官ヒムラーは、同時に帝国内務相になった。ドイツ人はいまや完全に警察国家のなかで暮らした。そのなかでは戦況についてのどんな不注意な発言も、いわゆる「国防力破壊工作」のかどでゲシュタポによる逮捕になるか、さらには死刑判決にいたることになった。強制収容所システムも巨大化した。

ドイツ人は、一九四三年これまでにない最大限に高まったイギリスとアメリカの飛行機による爆撃によって「総力戦」をもっとも強く感じないわけにはいかなかった。戦争最後の二年間に爆撃は、日常的な苦難の経験となった。空軍は、爆撃機を撃退するのに十分な戦闘機をもっていなかった。敵軍の数の優位は、敵軍が現実に夜も昼もなく――アメリカ軍は昼に、イギリス軍は夜に――双方ともイギリスから飛来することができるほど大きかった。

大都市とその周辺では、高射砲（Flak）が据えつけられ、それは空軍が敵機を告げ、サイレンが空襲警報を出すと発砲しはじめた。高射砲は、男手が不足していたので――というのも、彼らは前線におくられたからだった――、じきに若い高校生によって操作された。彼らは、ヒトラー・ユーゲントですでに準軍事的な訓練を受け、命令と服従を受けいれるようしつけられていた。彼らは、敵の爆撃機を撃墜すると、しばしばそれを自分の手柄のように感じた。復讐の感情がその際一役かっていたが、しかししだいに、ドイツと高射砲補助員をこの恐ろしい状況におとしいれた指導部への怒りも募っていった。

いくども大規模な攻撃で「火災旋風」がおこった、たとえばハンブルクで一九四三年七月末から八月はじめにかけて。そこでは三万五〇〇〇人が亡くなった。都市への爆撃で生じるような大きな火元は、多くの酸素を必要とする。それは、本物の暴風が通りをうなりをあげて走りぬけるほどの力で空気を吸いこむ。いくつかの火災があつまって、結局なにものものがれられない想像しがたいほどの高温をもっただひとつの火になる。

もっともはげしく爆撃された都市は、もちろんベルリンだった。しかし、ヒトラーは、この攻撃によって危険にさらされることは一度もなかった。すべての都市が灰燼に帰することは、彼にとってどうでもよかった。一再ならずヒトラーは、敵の爆弾が戦後のナチスの都市建設のために地ならししてくれるとうそぶいた。彼は、たとえばゲッベルスとちがって、爆弾による損害を実況見分することは一度もなく、激しく破壊された町をおとずれることもなかった。牧歌的なオーバーザルツベルクでは、「総力戦」の現実との乖離はもっとも大きかった。

それに対して、ドイツ人の日常の経験にとって空中戦は深刻だった。大都市の住民は眠れぬ夜を過ごした。不安はつねに防空壕のなかにもついてまわった。防空壕のうえの家が完全に破壊され、防空壕にいる人びとが生き埋めになる危険もいつもまたあった。さらに防空壕は、火災旋風が襲ったならば死の罠になる可能性があった。人びとは、そのなかで窒息するか焼死するかだった。

空爆の目的は、ドイツ人をたえず恐怖のなかに置いてヒトラーに対する反乱を起こさせることだった。しかし、攻撃された人びとは、たえず疲労困憊していた。彼らは、こうした条件下でどこから政権に刃向うエネルギーを取りだせばよかったのだろうか。彼らは爆撃に対してさまざまな反応をした。無関心とならんで怒りと憎しみがあった、それも、こうしたすべてを引きおこした自分の政府に対してではなく、敵のパイロットと彼らを送りこんだ政府に対する怒りと憎しみだった。

しかしまた、まったくちがった行動パターンもあった。たびたびドイツ人は、攻撃はドイツがユダヤ人に対しておこなったことの正当な懲罰だとひそかに言った。都市でまだ勤労奉仕をしなければならなかったユダヤ系ドイツ人にとって、たしかに爆弾は危険だったが——というのも、彼らは防空壕に入ることを禁じられていたからだった——、しかしとりわけ間近な解放への希望でもあった。

一九四四年十月十八日、ナチス党は、「ドイツ国民突撃隊」の結成を発表した。老人と子どもは、赤軍の戦車を阻止するよう命じられた。国民突撃隊の「隊員」（しばしばそれは年端もゆかぬ子どもだった）のあいだの犠牲者は多大だった。国民突撃隊は、「狂信的な抵抗」をおこなうための最後の動員だった。軍事的な効果はなきに等しかった。しかし、プロパガンダはすさまじい騒ぎになった。こうしてゲッベルスは、ナチス党によって心をひとつにし、ナチス党によって「最終勝利」へと導かれる国民を望んだ。しかし、現実にはとりわけSSと警察のテロが、ドイツ人をいやが応でも耐えぬくよう仕向けた。SS長官ヒムラーは、一九四三年八月、帝国内務相になった。一九四四年七月二十一日から彼は、補充軍の司令官にもなった。その一日前、ヴォルフスシャンツェで爆弾が破裂していた。

抵抗と暗殺

行動の余地

全体主義政権への抵抗をする者は、自分の命を賭ける。自身と家族を危険にさらす勇気を奮い立たせたのは、ナチズムの独裁下でごくわずかな人びとだった。抵抗は、たとえばヒトラー式敬礼の拒否によってあらわれたような市民としての勇気とは異なっている。しかし、このような行動でさえも国家によって抵抗と区分され、迫害されることがあった。

ナチズムへの抵抗にかかわる者は、ナチ政権がおのれのために動員することのできた賛同に必然的に抵触する。くりかえし本書では、率先した順応、先走った服従、歓声を上げる「国民同胞」、戦時中ドイツの占領と搾取に苦しまなければならなかった異民族を犠牲にしたドイツ人の生活が言及された。ナチス国家のあまりにも多くの市民が、敵と見なされた人びとへのこの国家による暴力を国内外で受動的に受けいれ、そこから利益を引きだし、傍観者としてこの暴力の証人になり、あるいはまたみずから暴力をふるった。一方で目をそむけることないしは積極的に関与することと、他方で生命の危険をおかして抵抗することのあいだには、はっきりとさまざまな行動の余地があった。しかし、この可能性はめったに行使されなかった。というのも大多数の人びとは、抵抗など考えないか、あえて政権に抵抗しようとしなかったからである。それに加えてドイツ人は、戦時中とりわけ自分のことしか考えていなかった。スターリングラードでの戦争の転機以降、さらにナチ国家のテロは際限なく増大した。

そもそもひとは抵抗することができたのだろうか。初期のナチ政権の「強制的同質化」から多少とものがれることができた唯一の社会勢力は、カトリック教会とプロテスタント教会だった。権力についたナチズムは、ヒトラーがたえず神的な霊感、「摂理」等々を引きあいに出したにもかかわらず、とくに宗教と教会に敵意をもっていた。宗教的慣行と教会の行事は、数多くの日常的ないやがらせによって苦しめられ、ときに修道士たちへのでっち上げの告発でおおわれた。多くの聖職者、とりわけカトリック教会の司祭は、逮捕され、強制収容所に監禁された。ゲッベルスとちがってヒトラーは、しかし教会との大規模な「対決」をいやがった。というのも彼は信者たちのあいだの不穏な空気を避け、カトリックの聖職者の排除を戦後まで延期しようと思ったからだった。

これは、ある種の行動の余地をひらいた。多くの信者は、ヒトラーの神格化を拒否し、キリスト教宗教を堅持することによって内面の独立を保持した。しかし、教会からの組織だった抵抗は起こらなかった。その理由は、とりわけ教会が、国家と党に対する自立した行動のわずかな可能性を危険にさらした

ハンブルクの造船所労働者アウグスト・ラントメッサー（円内）は、1936年10月、ただひとりヒトラー式敬礼を拒絶する。ラントメッサーは、のちにいわゆる「人種の恥辱」のかどで彼のユダヤ人の伴侶とともに強制収容所の拘禁をこうむらねばならず、1944年国防軍の懲罰部隊で命を落とした

くなかったからだった。わたしたちはのちに、教会の指導的な代表者たちが、病人と障碍者の大量殺人に抗議したことを知るだろう。しかし、ごくわずかな例外をのぞいて、教会はユダヤ人の迫害に沈黙した。

すなわちナチ国家では抵抗は、ごくわずかな人びとや集団に限定され、彼らは、さらに社会的に孤立していた。迫害され、殺された人びとには、ヒトラーの支配を危険にさらすチャンスはないも同然だった。共産党員が、強制収容所行きをおどされたにもかかわらず非合法の新聞を印刷したとすれば、それは抵抗だった。ユダヤ人が生きのびるために闘うならば、それも同様に抵抗だった。ヒトラーを殺す試みは、もちろん抵抗のもっとも強力な形態だった。このような暗殺のために、主としてふたつの人物集団が考慮された。単独犯と政権内部の人びとである。

エルザーの爆弾

ヒトラーは自分の命が危険にさらされていることを自覚していた。一九三九年八月に彼は、将軍たちに向かって、「ばか者」が自分を暗殺で亡き者にするかもしれないと語っていた。

一九三九年十一月八日の晩ヒトラーは、一揆を追想してミュンヒェンのビュルガーブロイケラーで演説をした。三〇〇〇人におよぶ人びとが、「総統」の話しを聞こうとあつまっていた。演台のすぐ後ろに一本の柱があり、それは、そのうえに張りだしたバルコニーとビアホールの屋根をささえていた。柱のなかで時限爆弾がちくたたく鳴った。

その時限爆弾は、三四歳のシュヴァーベンの家具職人ヨハン・ゲオルク・エルザーが仕掛けたものだった。エルザーは、二〇年代の一時期共産主義の赤色前線兵士同盟に所属していた。しかし、彼の動機は党の政策ではなく、政治的な判断力だった。ヒトラーは労働者を搾取した、とエルザーは正当にも確信していた。そのうえヒトラーは戦争を望んだ。戦争を避けるために独裁者は殺されなければならなかった。いちばんいいのは、ゲーリングとゲッベルスもいっしょに殺すことだった。

エルザーは、採石場に仕事をさがし、そこでひそかに爆薬をぬすんだ。それからこの手仕事に長けた家具職人は、ふたつの時計からひとつの精巧な時限信管をこしらえた。一九三九年晩夏に彼の直接的な準備がはじまった。優に三〇日間晩に彼は、ビュルガーブロイケラーに通い、ちょっとしたものを食べ、そのあと中二階に隠れ、夜まで閉じこもった。エルザーは、ヒトラーの立つ位置のうしろの柱に穴をあけた。その穴を彼は、自分でこしらえた蓋でおおい、それは見てもほとんどわからなかった。朝エルザーはふたたび身を隠し、昼の仕事の喧騒のなかを小さなトランクをもってビアホールをあとにした。そのなかには夜の穴あけ仕事の破片が入っていた。

十一月六日の夜、エルザーはすべてを完了した。爆弾はしかるべき場所にあった。エルザーは、信管を十一月八日二一時二〇分に合わせた。というのもヒトラーは、通常二〇時三〇分から一時間半演説するからだった。そのまえの夜エルザーは、ビュルガーブロイケラーですべてがうまくいっているかどうか検分した。空洞はうまくふさがれていた。そのため柱に耳をあてても、時限信管の鳴る音は聞こえなかった。すべては順調だった。エルザーは、スイス近辺へ逃れるためにコンスタンツ行きの列車に乗った。

ヒトラーは、この数日西部でのドイツ軍の攻撃の準備にいそがしかった。ビュルガーブロイケラーでの政治集会は、いつもより早くはじまった。二〇時一〇分にヒトラーは演説をはじめた。二一時七分には彼は演説を終えていて、護衛といっしょにビアホールを出た。天気が悪かったので彼は、飛行機のかわりに特別列車で出立しようと思った。ヒトラーは遅刻することができなかった。これが、彼の早すぎた出発の理由だった。

ヒトラーがビュルガーブロイケラーを出た一〇分後に、エルザーの爆弾が爆発した。柱は崩れおち、中二階と天井の一部も同様だった。柱の近くにいた六人の「古参闘士」とひとりのウェートレスが即死した。さらにもうひとりの党員が、のちに病院で死んだ。すくなくとも三六人のさらなる聴衆が、一部致命的な傷を負った。ヒトラーが殺されていた確率はきわめて高かっただろう。

エルザーは、その間にコンスタンツの近くで国境を越えようと試みて逮捕された。ミュンヒェンでの爆発のあとようやくドイツの税官吏たちは、彼らが暗殺者を逮捕したことに気がついた。ヒトラーとゲシュタポの指導部は、この単独犯が、イギリスの秘密情報機関の指令で行動したと確信していた。「最終勝利」のあと、彼に対する公開裁判がひらかれることになった。エルザーは、ザクセンハウゼン強制収容所に入れられた。終戦直前SSは、彼をダッハウ強制収容所に連れてゆき、そこで彼は殺された。

一九四四年七月二十日まで、ヒトラーを殺すという目標にこれほど近づいた者は、もはやだれもいなかった。エルザーが成功していたら、歴史はちがった展開をとっていたことだろう。戦後多くのドイツ

ミュンヒェン：ゲオルク・エルザーの爆弾による暗殺後の破壊されたビュルガーブロイケラー、1939年11月10日

人は、エルザーがヒトラーを殺していれば、ヒトラーは偉大な男として歴史にのこっただろうと思った。しかし、ナチ政権が、すでに残忍な特性を帯びていたことを見落とすべきではないだろう。すなわち強制収容所、ユダヤ人迫害、ポーランドでの大量射殺、精神病患者と不治の患者の殺害――これらすべては、爆弾が爆発したときにはすでにはじまっていた。ヒトラーではなく、ゲオルク・エルザーを偉大な男と呼ばなければならなかっただろう。しかし、暗殺はその的をはずした。こうして戦争はさらにつづいた。

「白バラ」

抵抗は、ヒトラーの失脚を呼びかけることも意味した。「白バラ」と自称したハンスとゾフィー・ショル兄妹のまわりにあつまったミュンヒェンの学生たちのグループがそれをおこなった。このグループのメンバーは、教養あるキリスト教徒の家庭の出だった。最初ショル兄妹は、ナチスの「民族共同体」の理想に感激し、ヒトラー・ユーゲントに積極的に参加した。しかし、ナチ国家が、市民的な青少年運動の残存グループと教会を不当にあつかったやり方は、彼らを政権と決定的に敵対させた。

ヒトラーに積極的に敵対してことを起こそうとしたきっかけは、グループのメンバーが、東ヨーロッパでのドイツ人の犯罪の目撃者になったことだった。ハンス・ショルと彼のふたりの友人ヴィリー・グラーフとアレクサンダー・シュモレルは、一九四二年兵士としてポーランドで偶然大量射殺を目撃しなければならなかった。彼らは、ワルシャワのユダヤ人ゲットーがいかに恐ろしい状況を呈しているかも知っていた。そのうえ友人たちは、この戦争にもはや勝てないとも見ていた。

ポーランドからの帰還後、ショルとシュモレルは、おそらくゾフィー・ショルも参加して、四枚の政権批判の「白バラのビラ」を作成し、それを彼らは、一九四二年夏、郵便でミュンヒェンや他の都市のさまざまな受取人に、もちろん差出人の名前は書かずに送った。これを読んだ人びとは、そのビラを書き写して、できるだけ多くの受取人にさらに配るよう要請された。これらのビラのなかで、作成者たちは「もっとも恐ろしいあらゆる限度を超えた犯罪」を弾劾し、そのなかには三〇万人以上のポーランドのユダヤ人の殺害も書かれていた。彼らは、軍需産業や他の場所での消極的な抵抗、「ファシズム」の排除、いやそれどころか「褐色の徒党」（註：ナチスを指す）を根絶するよう呼びかけた。ナチズムの問題は、ボルシェヴィズムに対する勝利より重要だと書かれていた。

核となるグループにはショル兄妹、シュモレル、グラーフ以外に一九四二年秋から学生クリストフ・プロープストと哲学教授クルト・フーバーが属した。さらに「白バラ」の身辺には数多くの支援者や協力者がいた。グループは力強い明確な言葉をもちいた。というのも彼らは、ドイツの民衆が抵抗をおこなうことをのぞんだからだった。ヒトラーは、グループにとってまさに悪魔そのものだった。全ヨーロッパでキリスト教の礼節と隣人愛を取りもどすために、ドイツは軍事的に打ち負かされなければならないと彼らは考えた。

はっきりと学生の若者たちに向けた第六のビラは、およそ一〇〇〇部あった。それは、一部これまでと同様郵便で送られた。残部はショル兄妹が、二月十八日ひそかに大学にもちこんで、いくつかの講義室のまえに置いた。彼らは大学が数日前からゲシュタポの継続監視下にあることを知らなかった。ゾフィー・ショルが、比較的大きなビラの山を上階のひとつから大学の建物の吹き抜けに向けてばらまいたとき、管理人に見つかった。彼は、ハンスとゾフィーを拘束し、ゲシュタポに引きわたした。ハンス・ショルは、クリストフ・プローブストが作成した七番目のビラの草稿をポケットに入れていた。彼もまた、ヴィリー・グラーフ、アレクサンダー・シュモレル、クルト・フーバー、その他「白バラ」の多数の支援者たちと同様逮捕された。

ショル兄妹は、彼らの友人たちを有利にするために、すべての責任を自分たちで負おうとつとめた。彼らは、ゲシュタポの尋問でも勇気をもって自分たちの行動に責任をもった。早くも四日後には、ハンスとゾフィー・ショルならびにクリストフ・プローブストは、ベルリンの「民族裁判所」の悪名高い所長ローラント・フライスラーのまえに立っていた。フライスラーは自分の裁判官の職を「総統」のための軍人としての行動と解していた法律家だった。判決は、すでに裁判の開始まえに決まっていた。一九四三年二月二十二日、ショル兄妹とクリストフ・プローブストは死刑を宣告され、その日のうちにギロチンで斬首された。フライスラーは、四月にクルト・フーバー、アレクサンダー・シュモレル、ヴィリー・グラーフにも死刑を宣告した。「白バラ」に近かった多くの共同被告人たちは、この二度目の裁判で一部重い懲役刑を受けた。ヒトラーは、みずから一九四三年六月、シュモレルとグラーフへの恩赦の請願を却下した。

一九四四年七月二〇日

「白バラ」と同様の考えをもったのは、開戦時三三歳だった法律家ヘルムート・ジェイムズ・フォン・モルトケのまわりに集まった仲間だった。モルトケは、大学での勉学のあと裁判官として国家公務員になることを拒否していた。というのも彼は、ナチス党とかかわりたくなかったからだった。そのかわりに彼は、弁護士として活動し、迫害されたユダヤ人の移住をたすけ、彼らの財産をナチスの「アーリア化」からまもる試みを手助けした。彼は、彼の家族をとおしてイギリスと有力なコネがあり、その法律制度を当地の大学で勉強していた。一九四三年の夏、彼は「白バラ」の六番目のビラをイギリスに転送した。そのビラは、ヒトラーの失脚を呼びかけるために、イギリス軍の飛行機で大量にドイツの大都市にばらまかれた。

この時期モルトケは、体制反対派の対話サークルを主宰していて、それは、ときに彼のシュレージエンの地所クライザウでおこなわれた(それゆえ「クライザウ・グループ」と称される)。一九四〇年からはじまり、一九四二年／四三年になんどか会合をもったクライザウ・グループは、とりわけナチズムの崩壊後ドイツをどうすべきかという問題に取りくんだ。すべての国家による行動の基礎は、人間の尊厳でなければならないと彼らは考えた。それは、わたしたちの今日の基本法で最上位の憲法の原則としてまもられている。「白バラ」と同じようにモルトケと彼の同志たちは、ナチ政権は内部から崩壊できると信じていた。

戦争が長びけば長びくほど、単独犯にとって「総統」にちかづくことはますますむずかしくなっていった。彼らは、成功するためには、ヒトラーを取りまく指導者層に所属しなければならなかった。そのもっとも有名な事例は、一九四四年七月二十日のシュタウフェンベルク伯爵による暗殺である。暗殺を実行し政府の転覆をもくろむことを決意した男たちは、おもに貴族で保守的でドイツ国家的だった。彼らのなかの少なからぬ人びとは、短期間であれ長期間であれナチズムに共感していた。

一九三八年以降、一時的に過激なヒトラー＝敵対者になった高級将校のグループがあった。当時は、独裁者の失脚のための計画さえあった。しかし、戦争がドイツにとって有利にすすむあいだは、国防軍からの抵抗にほとんどチャンスはなかった。それは、職業将校にとってむずかしい状況だった。そのうえさらに、彼らはヒトラーに宣誓をしていた。「総統」とちがって、彼らには宣誓は重要な意味をもっていた。彼らは、それを軽はずみにはやぶれなかった。

軍部の抵抗は、クライザウ・グループと程度の差はあれ密接にむすびついていた。クラウス・フォン・シュタウフェンベルクは、ヘルムート・ジェイムズ・フォン・モルトケの従兄弟だった。モルトケとちがってシュタウフェンベルクは、ヒトラーは殺害されなければならないと確信していた。共謀者たちの目的は、見込みのない戦争を終わらせ、外国に「もうひとつの」ドイツ、道徳的にすぐれたドイツがあることをしめすことだった。反対派の将校たちは、民主主義への回帰ではなく、ヴァイマル共和国末期に考えられていたような権威主義的国家への回帰をおもにのぞんでいた。

だが、これは二次的なものである。暗殺が成功すれば、いずれにせよ人命がすくわれたことだろう。そうなればナチ政権が、その没落のなかで行使した狂気のテロは阻止されえただろう。ヒトラーが殺されれば、おそらくヒトラーの敵対者とナチス党員のあいだに内戦が起こっただろう。この内戦は戦争終結を早めただろう。すべての参戦した戦力の兵士のおよそ半数は、一九四四年七月二十日以後に命を落としたのである。

しかし、暗殺はどのようにして起こったのだろうか。対ソ連戦がますます見込みのないものになったとき、軍部の反対派は行動を決心した。彼らは、一九四二年三月に会合し、ひそかにフリードリヒ・オルブリヒト将軍と連絡をとった。彼は、ベルリンのベンドラー通りの総合軍務局の局長だった。この部局では「ヴァルキューレ」という合図のもとでの動員計画が練られ、それはヒトラー自身か補充軍総司令官フリードリヒ・フロムだけが発令することができた。内乱を鎮圧するために兵士が動員されることになっていた。その際とくに数百万の「外国人労働者」の反乱が想定された。このような反乱への恐怖は世間に広まっていた。それゆえだれも、共謀者たちが「ヴァルキューレ」を彼らの目的に利用するとは気がつかなかった。彼らの天才的な策略の本質は、計画をそれが政府をもはやまもるためではなく、その転覆のために利用できるように修正することにあった。

だが、どうやってヒトラーに近づくのか。それが決定的な問題だった。ヒトラーは、たえず重装備の護衛にまもられていて、しばしば旅行の予定を時間ぎりぎりになって変更した。ヒトラーの副官も、ヒトラーが旅行中防弾チョッキを着用し、頭部への銃撃からまもるためにヒトラーの帽子が鋼鉄で補強されていると報告していた。おそらくそれは、真実ではなかっただろう。しかし、共謀者たちは、こうした前提のもとではヒトラーをピストルで撃ち殺すことはできないと考えた。

一九四三年春、ヒトラーを殺害する二度のチャンスをのがした。将校ヘニング・フォン・トレスコウがヒトラーの飛行機にひそかにもちこんだ爆弾は、爆発しなかった。トレスコウの腹心ルードルフ・クリストフ・フォン・ゲルスドルフもまた、ヒトラーが展覧会をおとずれている際に軍服のポケットのなかの爆弾をうまく破裂させることができなかった。もはや長いことチャンスはおとずれなかった。「総統」のつぎの旅行を待つ必要がなく、十分近くまでヒトラーに接近できる暗殺者が探された。暗殺者は、ヒトラーの大本営に入りこめなくてはならなかった。

そのために考慮できる唯一の人物は、クラウス・フォン・シュタウフェンベルクだった。彼は、参謀長で補充軍総司令官代理だった。この役職で彼は、ヒトラーの大本営の会議に参加することができた。しかし、問題があった。それは、シュタウフェンベルクが、暗殺に成功したあとの時間のための計画の策定にも重要な役割をはたすということだった。政府転覆の試みが成功したなら、そのあと彼は、いずれにせよベルリンに行っていなければならなかった。すなわち彼は暗殺者であると同時に「ヴァルキューレ」反乱計画の指揮官でもあったのである。

ヒトラーがオーバーザルツベルクに来ることはますますまれになった。最後に彼が自分の休暇用の宮殿ですごしたのは、一九四四年二月末からの数カ月間だった。ヒトラーは、ヴォルフスシャンツェをはなれていた。彼の東プロイセンでの長期の不在の理由は、赤軍がすでに彼の大本営のすぐ近くに押しよせてきたからだった。ソ連の爆撃機の攻撃が予想されたので、ヴォルフスシャンツェの敷地は大幅に改造され、防空壕で補強された。七月六日からシュタウフェンベルクは、三回軍事協議のためにベルヒテスガーデンに滞在した。いずれのときも彼は、カバンに爆薬をひそませていた。しかし、爆弾を破裂させる機会は生まれなかった。

そのすぐあとヒトラーは、オーバーザルツベルクから旅立った――永遠に。彼は、自分が戦争に負けたので、もはや戻ってこないだろうと自覚しているようだった。ヒトラーは、絵のまえで、それに別れをつげようとするかのように長いこと立っていた。彼の旅立ちのときにまだ「ベルク」に残っていた取りまきのわずかな男女にヒトラーは、「さようなら」のかわりに「お元気で」と言った。

七月十四日午前おそくヒトラーは、ふたたびヴォルフスシャンツェに到着した。シュタウフェンベルクの神経は、再度爆薬を荷物につめて旅立つほどに強かった。七月二十日彼は、彼の副官ヴェルナー・フォン・ヘフテン陸軍中尉といっしょにベルリンからラステンブルクへ飛んだ。飛行場で彼らふたりを一台の車が迎えにきて、ヴォルフスシャンツェに連れていった。そこでシュタウフェンベルクは、国防軍最高司令部（ＯＫＷ）長官カイテルに、シャツを着替えてもよいかとたずねた。その質問は、暑い夏のさなかでは不自然な願いではなかった。

シュタウフェンベルクの書類カバンには、二キログラムの爆薬とふたつの爆薬の束のための時限信管が入っていた。着替えのための小さな部屋でシュタウフェンベルクとヘフテンは、大急ぎでふたつの爆弾を準備しようとつとめた。時間がみじかかったので、――そしてひとりの兵士に邪魔されたので――シュタウフェンベルクは、爆薬の束のひとつを装塡して自分の書類カバンに入れることしかできなかった。ふたりにもっと時間があれば、十中八九だれも爆発から生きのびることはなかっただろう。

シュタウフェンベルクが戦況会議のバラックに入ると、すでに会議ははじまっていた。シュタウフェンベルクは、北アフリカでの重度の戦傷によって片目をうしない、ときに耳が聞こえなかったので、「総統」の近くに席をとることを願い出た。この願いはかなえられた。彼のカバンは、テーブルの下に置かれたが、しかしヒトラーからかなり遠かった。そのすぐあとシュタウフェンベルクは会議を退席した。これもまた、日々の戦況会議ではひとの出入りの多さはふつうだったので、不自然ではなかった。陸軍大佐は、すぐに戻ってくるつもりであるかのように、制帽とベルトをクロークにあずけた。

帰ってくるかわりにシュタウフェンベルクとヘフテンは、彼らを飛行場に連れてゆく車を用意するようしきりにもとめた。およそ一三時一五分に爆弾は爆発した。その直後車が用意された。多大な幸運と押しの強さでシュタウフェンベルクとヘフテンは、ヴォルフスシャンツェをはなれることに成功した。爆発から三〇分後にはふたりは空の上だった。シュタウフェンベルクは、ヒトラーが爆発で落命したことを確信していた。事実彼の爆弾は、戦況バラックに甚大な被害をもたらし、バラックはほとんどバラバラに吹き飛んだ。爆発の時点でそこに居合わせた二十四人の人物のうち十一人が重傷を負い、そのうち四人は重体で、暗殺直後か数週間後に亡くなった。ほとんどすべての出席者は、爆発の轟音で鼓膜が破れ、多くは、やけどをし、ガラスの破片でけがを負った。

もっとも軽症だったのは、よりにもよってヒトラーだった。「総統」は、爆発のとき戦況用テーブルにおおいかぶさり、頬杖をついていた。これが彼の命をすくった。というのもテーブルが爆発の効果を一部軽減したからだった。カイテルは目に涙を浮かべてヒトラーを抱いた。「わが総統、あなたは生きている、あなたは生きている！」。ヒトラーはバラックの廃墟をとおって戸口まで行き、その間にズボンと後頭部の火をたたき消していた。それから彼は防空壕へ入り、侍医のモレル博士が彼を診察した。ヒトラーは、右腕にけがをし、左腕に腫れと擦り傷があり、手と足にやけどとガラスの破片の傷があり、額に切り傷があった。両耳の鼓膜はやぶれていた。これらのけがは、ナチのプロパガンダがのちに主張したのとはちがって、けっして軽傷ではなかったが、ヒトラーが病院に行かねばならないほど悪くはなかった。

彼は、護衛たちを落ち着いて迎えたが、激怒していて、暗殺をしのいだことをいくぶん誇らしげに思っているようだった。ヒトラーの上着、ズボン、白く長いズボン下は、ずたずたに裂けていた。これらの服を彼は、自分の戦功による勲章のようにオーバーザルツベルクのエーファ・ブラウンに送らせた。ヒトラーは自分が救出されたのはまたしても摂理のおかげだと確信した。摂理は、彼が自分の仕事を完成することができることをのぞんでいるのだと思った。現実には彼はただ運が良かっただけだった、またしても。

そうこうする間に共謀者たちは、ベルリンで暗殺の知らせを待っていた。補充軍の総司令官フリードリヒ・フロムは、そのあいだにヒトラーが生きていて、軽傷を負っただけだったことを知った。そのため転覆計画を明かされていたフロムは、予定どおり命令に署名する気がなかった。これによって、シュタウフェンベルクとその共謀者たちの運命はおおよそ決まった。彼らのうちの四人は、そのなかにはシュタウフェンベルクもいたが、その夜遅くベンドラー通りで射殺された――それによって転覆準備への自分の関与を隠蔽しようと思ったフロムの命令で。

ラジオ演説でヒトラーは、ドイツ人に真夜中直後暗殺と自分の奇跡的な救出について知らせた。彼は反乱者たちに対して恐るべき復讐をした。転覆計画にまきこまれた数多くの高級将校は、自殺をするか、自殺を強要された。そのなかには陸軍元帥エルヴィン・ロンメルもいた。

フライスラーの民族裁判所は、七月二十日事件の逮捕された男たちに対して公開裁判をひらく任務をもった。ヒトラーの命令で審理は撮影された。被告人たちは、共謀者の名前を聞きだすためにゲシュタポによって残酷な拷問をうけていた。彼らには拘禁の痕がはっきりあらわれていて、ぼろぼろの平服を着て引きだされた。フライスラーはきわめて陰険だった。彼は、被告たちに向かって怒鳴りちらしたため、彼らは発言できなかった。彼らは、自分の死刑判決が決定事項だということを知っていた。しかし、民族裁判所の法廷での彼らの態度は称賛に値した。

ヒトラーは、被告たちを射殺するのではなくと畜のように絞首刑にするのを見たいと思った。事実、プレッツェンゼー刑務所の処刑室の鋼鉄の梁には、肉屋で使われるようなS字型の鉤が取りつけられた。この鈎には、死刑執行人が死を間近にしたひとをもちあげて吊るす輪がさがっていた。彼らは窒息死した。ある人はすぐに、またあるひとは断末魔の苦しみののちに。絞首刑にされた人びとをさらに辱めるために、死刑執行人は、彼らのズボンを引きさげた。

同様にヒトラーの明確な命令で処刑は撮影された。「総統」は、死刑執行の写真をじっくり見た。彼がそれに付属する映画も見たかどうかはわからない。いずれにせよその映画は、ヴォルフスシャンツェでSS将校のかなり大きな集団に見せられた。

二〇〇人以上の人びとが、一九四四年七月二十日以降に処刑された。反乱者たちの家族に対してヒムラーは、彼が「古代ゲルマン的」と見なしていたこと、すなわちいわゆる連座拘束を執行した。反乱関係者たちの子供は、母親から引きはなされ、ハルツのユースホステルに監禁された。寡婦は拘禁され、一部は強制収容所に入れられた。政権がその血の復讐を終えることを阻止したのは終戦だけだった。

ヒトラーに対する抵抗は、社会的支持を得なかった。共謀者たちにはこのことは、はっきりと意識されていた。彼らは、失敗した場合裏切り者として歴史に残ることを甘んじて引きうけた。ナチのプロパガンダでくりかえし喚起された一九一八年の「匕首伝説」の記憶は、実際効果を発揮した。シュタウフェンベルクの暗殺は、ドイツ人の過半数と大多数の将校によって拒絶された。ひじょうに多くの「国民同胞」は、ヒトラーが生きのびたことに安堵を表明した。不在の「総統」に対する以前と変わらぬこのきずなは、注目に値する。そのきずなは、暗殺によってかえって強まった。

しかし、じきに人びとの気分は変わった。終戦によってようやくこの「総統」から解放されるだろう、早ければ早いほどよいだろうと人びとは思った。多くの人びとは、いつの間にかヒトラーのなかに悪の執行人そのものを見ていた。彼の支配はほころびた。だからこそますますヒトラーは、彼の最古参の腹心である大管区指導者とSSのテロ機構にすがった。政権は、ある歴史家が適切に表現したように、その「凶行」の頂点をむかえた。

ヒトラーは、ことに彼の怪我が外部に向かって認められた以上に悪化していたために、ますます肉体的に衰弱していった。たしかに彼のパーキンソン病の兆候は、数週間消えていた――暗殺は、いわば効き目のある衝撃となった――が、彼は内耳の負傷のためにまっすぐに立って平衡を保つことがかなり長いあいだむずかしかった。

将軍たちへの彼の不信感は、被害妄想へと募っていった。ヒトラーは、彼のすべての軍事的失敗は、裏切りによってのみ説明できると主張した。軍事会議はいまや完全に苦痛となった。たえずヒトラーは怒りの発作にみまわれた。彼は、最後には自分をドイツの運命の執行人と見なした。

第5章 大量殺人者

個人的にはアードルフ・ヒトラーは、おそらくひとりの人間も殺さなかっただろう。おそらく彼が伝令兵だった第一次世界大戦のときですらそうだっただろう。彼は、一度も強制収容所や殺人収容所も見たことはなかった。それにもかかわらず彼は大量殺人者だった。

一四〇〇万人におよぶ一般市民――つまり戦争の戦闘行為に参加しなかった人間――が、彼の支配のもとで暴力的にその命をうしなった。そのうちおよそ六〇〇万人がユダヤ人で、八〇〇万人が非ユダヤ人だった。後者の人間のうち三〇〇万人は、飢え死にしたり射殺されたりしたソ連の戦時捕虜、一〇〇万人は、ソ連、ユーゴスラヴィア、ギリシアで殺されたいわゆるパルチザン掃討の犠牲者、およそ一〇〇万人の飢餓による死者（赤軍の兵士以外に）、ドイツのテロの犠牲になった数十万人のソ連とポーランドの市民、およそ二五万人の精神病患者と障碍者、ほぼ同数の外国人強制労働者、すくなくとも一〇万人のシンティ・ロマ（「ジプシー」）がいた。

スターリンもまた、数百万人の人間を殺させた。それゆえたんなる犠牲者の数だけなら、ヒトラーの犯罪を唯一無比にはしない。それが唯一無比なのは、一方でヒトラーが、「人種的な」理由から殺害させたためであり、他方ではこの殺害が、戦闘行為の枠内でおこなわれたためである。ナチス政権の大量殺人とドイツの戦争遂行のあいだには密接なつながりがあり、戦争遂行はさらに経済的な目標設定と密接にむすびついていた。国防軍は、外国を占領することによって大量殺人を可能にし、一般市民の違法な殺害をゆるすか、みずから実行することによって、この大量殺人の重しをはずした。

ソ連のテロは、とりわけ自国の市民に向けられた。それに対して、ドイツの犯罪のほとんどすべては外国人だった。九六パーセントまでそうだった。この犯罪は、おもに第二次世界大戦中におかされ、大部分はまたドイツとオーストリアの国境の外でおこなわれた。

国家元首かつ最高司令官としてアードルフ・ヒトラーは、第二次世界大戦中にドイツ人とその外国の協力者たちによっておかされたすべての犯罪に対して政治的な責任があった。彼が、その点で個人的にどのような役割をはたしていたかは、しかし容易に答えることのできないべつの問題である。というのもヒトラーは、殺害命令をほとんどもっぱら口頭でくだしていたからである。彼はまた、ドイツの犯罪とむすびつけられないことにきわめて大きな価値を置いていた。というのも彼は、それによって「総統」としての自分の声望がそこなわれるかもしれないことをおそれたからだった。

ふたつの件でヒトラーは、殺人を実行するよう文書で命じた。最初は彼が殺害リストにかぎ印をつけた一九三四年の「長いナイフの夜」のときで、二度目は一九三九年の「安楽死作戦」のための権限付与においてである。この件は、次章でもっとくわしく述べたい。ヒトラーの口頭による殺害命令は、たとえばSS長官ヒムラーによって文書に書きとめられることはめったになかった。大量殺人者としてのヒトラーについての記録文書がきわめてすくないので、戦後極右主義者たちは、彼がこの殺人をまったくのぞんでおらず、たとえあったとしても犯罪についてはずっとあとになって知ったのだと主張した。責任はむしろハインリヒ・ヒムラーとSSにあると唱えた。これは、ヒトラーの個人的責任のうたがいを晴らそうとする試みである。しかし、それは歴史研究の成果によって否定されている。

この章の重点は、ヨーロッパ・ユダヤ人の殺害、すなわちホロコーストにある。これまで歴史のなかでひとつの国家が、新生児から祖父までひとつの民族すべてを完全に絶滅させようと試みたことは一度もなかった。ここではそれを「集団殺戮」と呼ぶ。ホロコーストは、世界の記憶のなかに深い痕跡をのこした全ヨーロッパ的な規模における犯罪だった。およそ五七〇万人のユダヤ人が、第二次世界大戦中殺された。ノルウェーからギリシアの島々まで、フランスの大西洋岸からカフカズ山脈まで、ユダヤ人が死へと強制連行された(「強制移送された」)か、銃器や毒ガスで殺された地域が広がっていた。そもそもの殺害は、ドイツに占領された東ヨーロッパで実行された。ヨーロッパのこの地域には、戦争前大部分のユダヤ人も暮らしていた。その犠牲者の数は、ドイツと大陸の他の地域の犠牲者数をはるかに上まわっている。

ユダヤ人は、ヒトラーの目から見ると、憎むべき近代と同時にまた共産主義の具現だった。彼と彼の執行人たちは、世界をユダヤ人から「救済する」権利と使命をもっていると感じていた。彼らはドイツ民族の敵そのものだ、とヒトラーは、すでに『わが闘争』のなかで主張していた。ユダヤ系ドイツ人とオーストリア人は、とくに危険だと見なされた。というのも彼らは、「民族共同体」を損なうからだということだった。ヒトラーは、ユダヤ人は、彼らの主要な敵であるドイツを――第一次世界大戦末期にあやまってそう思われたように――国内外から破壊するために、世界規模で固く結束していると確信していた。すくなからぬ「国民同胞」が、このドイツに対するユダヤ人の陰謀という妄想を分かちもっていた。ナチスのイデオロギーでは、ドイツ人はユダヤ人の犠牲者で、犯罪者ではなかった。ドイツは、二度目の世界規模の戦争に勝とうと思うならば、この世界観にしたがってユダヤ民族を排除しなければならなかった。

暴力と残酷さが、ホロコーストの特徴だった。そしてこの残酷さは、ユダヤ人憎悪が、戦時期のドイツ人社会のなかにいかに深く根をおろしていたかを示唆している。優に二〇万人の男たちが犯罪者に属していた。反ユダヤ主義は、彼らにとって根拠を問われないほど自明のことだった。

戦争と暴力

「安楽死」

世紀転換期頃極右の陣営にひろまった社会ダーウィニズムの原則のひとつは、「劣等人種」は除去されなければならないという主張だった。第一次世界大戦終結後神経科医と法律学者は、法的な「生きるに値しない生命の殲滅の解禁」、すなわち病人と障碍者の殺害を要求した。彼らはこの要求をドイツ軍兵士のなかの甚大な犠牲者と経済的な論拠によって根拠づけた。「生きるに値しない人びと」を精神病院や療養所でやしなうかわりに、戦傷者と傷痍軍人が扶養されるべきだった。

これは「優生学」、すなわち遺伝衛生学のとくに過激な形態だった。この学説は、ドイツばかりでなく、ヨーロッパの多くの国々とアメリカ合衆国でも好評だった。その信奉者たちの多くにとって優生学は、科学的に根拠づけられていたのでとくに近代的だと見なされた。しだいに遺伝衛生学は、しかしとくにナチス・ドイツで人種主義的な負荷をおびた。

ヒトラーの権力掌握から数カ月もたたない一九三三年七月一四日、彼の政府は、「遺伝病の次世代を防止するための法律」を可決した。すくなくとも三五万人の人間——その多くは女性だった——が、これ以上子どもを産めないように、つらい、しばしば死にいたる手術によって不妊を強要された。該当者は遺伝病者ばかりでなく、社会的に怪しく望ましからざる者として排除された人間もいて、そこにはシンティ・ロマもふくまれた。三〇年代なかば以降SS機構と警察機構の指導部は、彼らのテロを「民族体」への奉仕と理解した。弱者といわゆる敵の「選別除外」は、国粋的＝人種主義的「革新」に役だたなければならなかった。このヴィジョンを実現するために、科学と近代技術が投入された。

「選別除外」をさらに促進する努力は、ナチスの医師から発せられた。すでに一九三五年にヒトラーは、ナチス党の健康を管轄するある指導的な幹部に、もし戦争がいったんはじまったら、自分は不治の病人を殺害させると約束した。戦時中なら社会の目は、こうした殺害計画からそらされることだろう。

さまざまなナチスの組織が、人種研究と遺伝衛生学に取りくみ、それは、三〇年代に活発になり、国家によって支援された。「遺伝と資質に条件づけられた重篤の病気にかんする学問的研究のための帝国委員会」に、自身の自己理解にしたがって近代医学に道をひらいた医師たちがあつめられた。この委員会と「総統官房」のあいだには密接な関係があった。この官房は、国家ではなくナチス党が設立したが、その所在はしかし新帝国宰相官房にあった。総統官房長は、全国指導者フィリップ・ブーラーだった。彼の部下には、同時にヒトラーの私設官房を取りしきったヒトラーの副官アルベルト・ボルマンと国民経済学者で高級SS将校のヴィクトーア・ブラックがいた。

おそらく一九三九年初頭、ヒトラーは、総統官房からあるきわめて重い障害をもって生まれた子どもの案件に注目するようながされた。治療した医者は、ライプツィヒの小児科学の教授で、両親に子

ヒトラーはナチス少年団の隊員を迎える、1939年12月。右手（メガネをかけている）全国指導者フィリップ・ブーラー、彼の右隣にヒトラーの私設副官アルベルト・ボルマン

どもを死なせるよう助言した。しかし、これは罪になるため、教授は、両親にヒトラーの許可をもらうよう勧めた。この請願書は、アルベルト・ボルマンのデスクにとどき、彼はヒトラーにそのことをつたえた。ヒトラーは、彼の医師ブラント博士をライプツィヒにおくり、その子どもを実地検分させた。子どもは薬で「安楽死」させられた。ヒトラーはひきつづき、両親のもとにいる病気の子どもたちを例外なく殺害するよう口頭で命じた。

医師、産婆、小児科病院は、一九三九年八月から三歳までの重度の障害のある子どもを保健衛生局に届け出なければならなくなった。当局は、子どもを最新の科学的な認識にもとづいて治療し、小さな患者を特別な「小児専門科」に移そうと思うとうそをついた。この専門科は、じつは小児殺人科だった。両親は、医師の指示したこの治療への賛同をもとめられた。彼らは、自分の子どもが、薬を大量に投与されて殺害され、施設の敷地内に埋められることになることを知らなかった。そのかわりに両親は、う

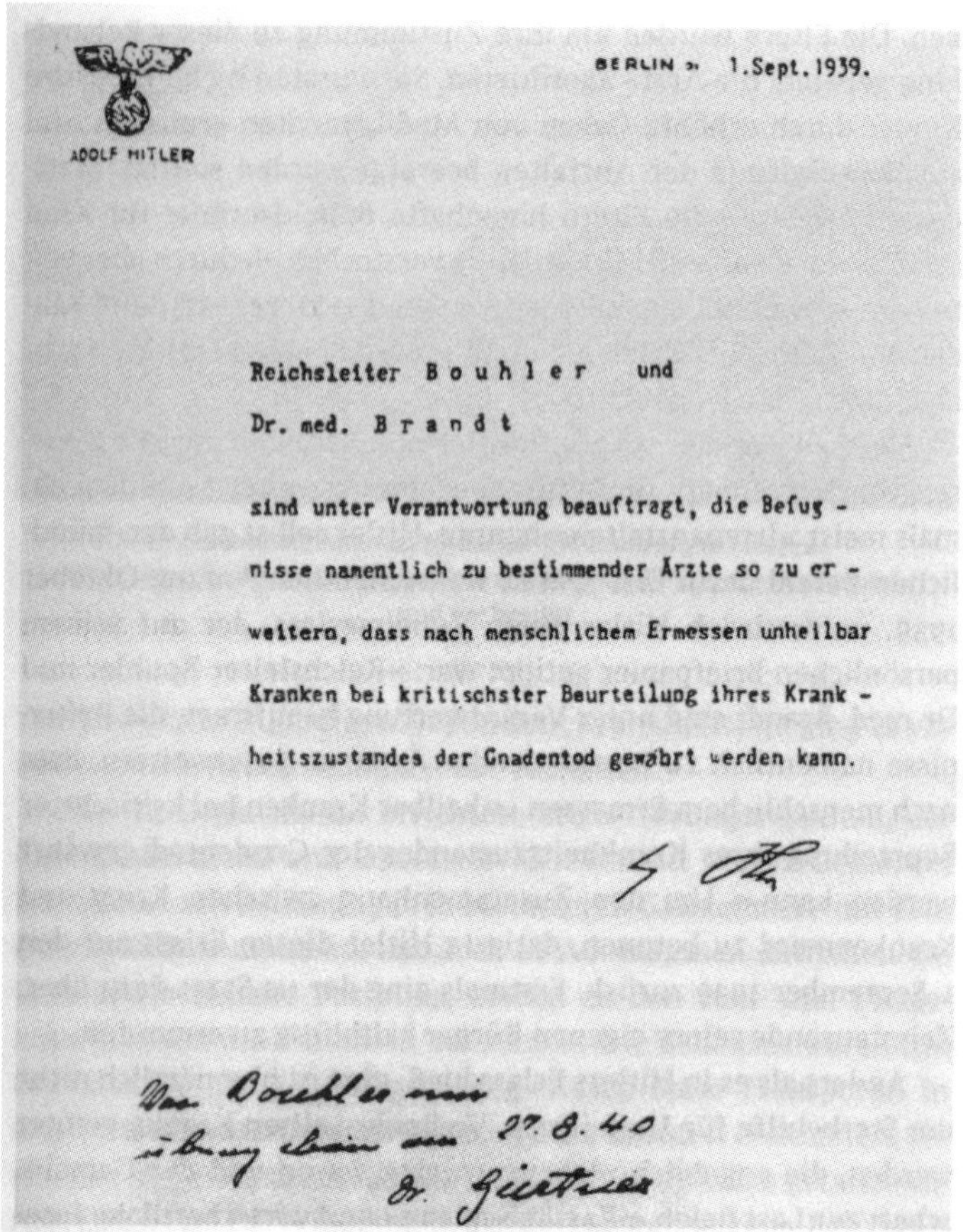

ADOLF HITLER

BERLIN, 1. Sept. 1939.

Reichsleiter B o u h l e r und

Dr. med. B r a n d t

sind unter Verantwortung beauftragt, die Befug -
nisse namentlich zu bestimmender Ärzte so zu er -
weitern, dass nach menschlichem Ermessen unheilbar
Kranken bei kritischster Beurteilung ihres Krank -
heitszustandes der Gnadentod gewährt werden kann.

Von Bouhler mir
übergeben am 27. 8. 40
Dr. Gürtner

ヒトラーの「安楽死」通達、1939年10月、1939年9月1日にさかのぼって発令されている。ページ下に帝国法務相ギュルトナー博士の手書きのメモ：「40年8月27日にブーラーからわたしに渡される」。それまでは帝国法務省でさえ、ヒトラーの殺害権限付与について知らされていなかった！

その悔やみ状を受けとった。あなたのお子さんは、思いがけずある病気で亡くなりましたが、これによって重い病苦から解放されました、と書かれてあった。一万人におよぶ子どもと青少年が、この計画の犠牲になった。しかし、表に出ない数字が数多くある。

一九三九年夏のうちに、病人の殺害は、当時たいてい「精神病院」と呼ばれていた神経科病院と療養所の収容者に拡大された。ヒトラー自身が、それに対する口頭の命令をくだした。のちになってようやく、おそらく一九三九年十月初頭にヒトラーは、彼の個人的な便箋にタイプされた秘密の通達に署名した。「全国指導者ブーラーとブラント医学博士は、十中八九治癒しがたい病人に、その病状をきわめて批判的に判断して安楽死をあたえることができるように、とくに特定の医師の権限を拡大するよう責任をもって委嘱されている」。戦争と病人の殺害の関係を強調するために、ヒトラーは、この通達を一九三九年九月一日にさかのぼって発令した。ナチ国家は、ここではじめて数万人の自国の国民を冷酷に殺害することに手を染めた。

ヒトラーの通達に書かれていたこととはちがって、ここではすなわち不治の病の人びとの死亡幇助が問題ではなかった。むしろいわゆる「生きるに値せず」、共同体の重荷になる病人を殺そうとしたのだった。「優生学」と科学的な利害が、「安楽死計画」では手をたずさえてすすんだ。学童のあいだにもナチ国家は、殺害のためのプロパガンダをおこなった。学校用教科書は、青少年が「ひとりの狂人」の値打ちをひとりの「国民同胞」の値打ちとくらべさせようとする計算問題をふくんでいた。殺人の管理センターは、「総統官房」だった。それは、その行政場所をベルリンのティーアガルテン四番地に置いたいくつかの偽装組織を設置した。それゆえ関係者たちは、「安楽死」作戦を「Ｔ４」と呼んだ。健康管理部は、精神病院と療養所にその患者を申告するよう指示することによって協力した。Ｔ４作戦の医師

ヘッセンのリムブルク近郊のハーダマル州立精神病院。ここで1941年8月までに1万人以上の患者が殺され、火葬された

たちは、即決裁判手続きでこうした人間たちの生死を決めた。病状とならんで、とりわけ患者の労働能力が重要だった。

T4組織は、ドイツとオーバーエスターライヒに分散した六カ所の殺害施設を建設した。そこで一九四〇年初頭から特別なガス室で、車の排気ガスにもふくまれる毒ガスの一酸化炭素によって殺害がおこなわれた。患者たちを連れてくるために、灰色に塗られた郵便バスが、精神病院と療養所にやってきた。窓ガラスはカーテンでおおわれていた。「看護人」が、この移送につきそった。殺害施設では患者は衣服を脱がなければならなかった。彼らは、シャワールームと偽装されたガス室に連れていかれた。これら死期の迫った患者が抵抗すると、施設に所属する警官が彼らを力づくでそのなかに追いこんだ。それから医師がガス栓をあけ、鋼鉄のビンから一酸化炭素を注入させた。人びとは苦しみながら窒息死した。それにつづいて死体がガス室から引きだされ、口から金歯が折りとられ、火葬場で焼かれた。灰は手当りしだいに骨壺につめられた。殺害後になってようやく医師の責任者たちは、偽名で親族に、患者は厚遇されていましたと手紙を書いた。しばらくして、殺された子どもたちの場合と似たような悔み状がとどいた。偽造された死亡証明書を発行する特別な部署があった。こうして痕跡は消し去られた。

この大量殺人は、戦争という条件下ではセンセーションを巻きおこさないだろうというヒトラーの期待はかなわなかった。T4の施設の周辺ではうわさが広まった。それというのも火葬場の煙突から濃い煙がもうもうと湧きあがったからだった。一九四一年八月ヒトラーは、ブーラーとブラントに、「安楽死」を当面中止するよう命令した。それまでに七万人の男女が、毒ガスで窒息死させられていた。両教会の指導的な聖職者が、くりかえし「安楽死」を非難し、その中止を要求していた。ヒトラーの決心をうながしたのは、カトリック教会の高位の代表者であるミュンスターの枢機卿クレメンス・フォン・ガーレン伯爵の勇気ある抗議だったようである。彼は、いくつかの説教で病人と弱者の殺害を厳しく批判し、それをはっきり「殺人」と呼んだ。

「安楽死作戦」は、それにもかかわらずさらにつづけられたが、大半はもはや毒ガスによらなかった。T4施設のいくつかは、強制収容所の指導部の判断から「労働不能」だったり、政治的な理由から望ましくなかったりした収容所の拘留者の殺害にさらにつかわれた。そして最終的に戦時中、施設の成人の患者たちは、薬と飢えによっても殺された。このようにして、空襲にあった大都市の患者のための病床が、確保されなければならなかった。一九四三年から実施されたこの作戦の指揮官は、ヒトラーの医師ブラント博士だった。

総計で二七万人の人間が、精神病患者の殺人の犠牲になった。すなわち彼らの大多数は、ヒトラーによる毒ガス殺人の公式の中止のあとに命を落とした。その間にT4殺害施設のスタッフは、べつの場所へ、しかし似たような仕事のために転属させられた。すなわちT4のメンバーは、殺人にかんしてすでに経験を積み、いまやポーランドのユダヤ人を殺すことになった。

「予言」

一九三八年一一月のポグロムの夜は、大きな節目だった。戦争が、ユダヤ人迫害のさらなる過激化を必然的にもたらすだろうことは、ヒトラーにかんして疑う余地はなかった。一九三九年一月三十日の彼の権力移譲の記念日に、彼は悪名高い帝国議会演説をおこなった。国会議員の喝采のなかヒトラーはこう叫んだ。「わたしは、わたしの人生でたびたび預言者だったが、たいていは笑いとばされた。わたしは、今日また預言者になろうと思う。ヨーロッパの内外で国際的な金融資本のユダヤ人が、諸国民をもう一度世界大戦につき落とすことに成功するならば」、その結果は「ヨーロッパのユダヤ人種の絶滅」になるだろう！

ヒトラーはこの演説によって、未来がなにをもたらすか他の人びとよりもよく知っている「予言者」の役割に入りこんだ。これは、彼の独裁を根拠づけている総統神話の一部だった。また一方で、この演説は、国家と党の幹部への合図だった。ヒトラーは、ユダヤ人を滅ぼすありとあらゆる措置を是認するだろうことを明言したのだ。逆に言えばこうだった。ユダヤ人の「絶滅」以下を目的とするすべての「解決」は、ナチ指導部のあいだでは聞きいれてもらえないだろう。それゆえ下級指揮官たちは、憎むべき少数民族を迫害するために、さらにまたじきに殺害するために競うようにますます過激な提案をした。ナチスの政策の他のいかなる分野においても、ヒトラーが、「総統」にわれさきに服従する彼の幹部たちの覚悟をこれほど当てにすることができた分野はほかになかった。

一九三九年一月にはナチ政権は、しかしまだ大量殺戮を開始するつもりはまったくなかった。戦争はまだはじまっておらず、ドイツが勝利するかどうかもまったくわからなかった。しかし、しだいにホロコーストは具体化されていった。ヒトラーとゲッベルスは、それにつづく年月にくりかえし一九三九年一月の演説に立ちかえった。一九四一年一月からヒトラーは、自分は、戦争勃発時ヨーロッパのユダヤ人を絶滅するといって脅したと主張した。戦争とユダヤ人殺害は、彼の考えではひとつにむすびついていた。軍事上の敵に対する戦争は、同時にユダヤ人に対する戦争だった。

ナチスの政策の中心には、長いあいだ、ユダヤ人に国外移住を強要する試みがあった。戦争開始以前にすでにこの政策は、限界に突きあたっていた。すなわち国家は、ドイツとオーストリアのユダヤ人を経済的に略奪することによって、亡命者を他の国々に受けいれてもらうチャンスを狭めた。一九三九年以降ドイツが多くの国々を手に入れれば入れるほど、ドイツの支配下にあるユダヤ人の数はますます多くなっていった。

おそくともポーランド占領以降、国外への強制移住の政策がうまく機能しなくなったのはあきらかだった。ポーランド占領によって、二〇〇万人以上のユダヤ人がドイツ人の手に帰した。それは、それ以前の六倍の数だった。首都のワルシャワだけでも四〇万人のユダヤ人住民がいた。そのため、ユダヤ人をドイツの支配地域内の一地域に追放する計画が生まれた。しかし、この計画も、現実的な困難事と一九四一年夏以降の戦況の思いがけない展開によって完全に失敗した。

「人種的耕地整理」

帝国内では戦争開始以降ユダヤ人迫害が激化した。たしかに二万人以上のユダヤ系ドイツ人は、外国への逃亡に成功した。だが同時に、のこった人びとはますます激しく排除された。ベルリン、ウィーン、その他の大都市に「ユダヤ人の家」が開設され、そこに多くのユダヤ人家族が押しこめられて暮ら

1939年秋：ドイツ人のSS隊員か兵士が、強制労働でおびえているポーランドのユダヤ人を怒鳴りちらしている。子供たちと他の制服を着た人びとが、興味深げに好意的に見ている。この写真は、べつの版でまず反ユダヤ主義の煽動新聞『突撃者《デア・シュトゥルマー》』に掲載された

さなければならなかった。実際それはすでにゲットーだった。強制労働も導入された。国外移住できなかったユダヤ人は、すぐに貧しくなった。彼らは、公共の仕事をはたさなければならなかった。その後強制労働は、すべてのユダヤ人男性に拡大された。一九四一年秋にはドイツとオーストリアに、およそ四〇カ所のユダヤ人用の強制労働収容所があった。

　暴力の悪夢が、一九三九年九月にポーランドのユダヤ人をおそった。西ポーランドのいくつかの都市で、ポグロムに似た、ユダヤ人への少数派ドイツ人による暴力行為がおこった。兵士とSS隊員は、風変わりな様子をした「東部ユダヤ人」を嘲笑し、さらにそのうえ苦しめた。その際兵士らは、しばしば誇らしげに写真に撮られさえした。ユダヤ人はダビデの星をつけるよう強要された。こうした屈辱的な目じるしが最後にあったのは中世だった。しだいにダビデの星は、ドイツとすべての占領地域に導入された。ユダヤ人は、そのう

え略奪され、安価な労働力としてドイツ企業やSSの収容所で強制労働をはたさなければならなかった。この仕事の目的は、さしあたり経済的な利益を得ることではなく、ユダヤ人をおびえさせ、辱めることだった。

ヒトラーは、軍の指導者たちにポーランド進駐直前「残虐な行動」と「最大の苛烈」を要求した。彼は、保安警察長官ラインハルト・ハイドリヒに、ポーランドの指導者層を殺害するよう秘密の命令をくだした。というのもヒトラーは、ポーランドを国際法を無視して一種のドイツの植民地に格下げしようと思ったからだった。ハイドリヒは、「保安警察と保安諜報部（SD）の行動部隊《アインザッツグルッペン》」をポーランド出兵に送りこんだ。それは、およそ三〇〇〇人の隊員だった。ポーランド出兵がきわめて短期間だったにもかかわらず、この数週間で数万人の人びとが射殺された。彼らのおよそ一〇人にひとりはユダヤ人だった。大量殺人は、SSと警察にばかり責任あるのではなかった。国防軍も熱心に射殺に加わり、犠牲者のおよそ半数に責任があった。

たしかに殺人、略奪、暴行に抗議し、軍法会議の訴訟手続きをとった将軍はたくさんいた。しかし、ヒトラーは、こうした行為に対する懲罰をのぞまなかったので、一九三九年十月ポーランド出兵中の犯罪に対する処罰免除をあっさりと通告した。軍の抗議は、そのうえ軍政を当初予定されていたよりもすばやく「民政」に置きかえる結果となった。しかし、ポーランドの民政は軍政よりよかったわけではなかった。反対にそれは、ナチスによる占領行政だった。

ヒトラーは、長年にわたる信奉者を投入した。彼らのうちのひとりは、ヒトラーの花形法律家ハンス・フランク博士だった。彼は総督府を支配した。それは、帝国に組みこまれていないか、ソ連に占領されていない中央ポーランドのすべての地域だった。総督府は一九三九年秋にドイツの占領下に入ったポーランド領土のおよそ半分を占めた。総督府にはおよそ一二〇〇万人の住民が住み、そのうち一〇パーセント以上がユダヤ人だった。フランクは、高い教養をもった男だったが、しかしまた狂信的な反ユダヤ主義者でもあった。「死ぬ者が多ければ多いほど、ますますよい！」と彼は叫び、ポーランドのユダヤ人を、興奮して「鼻の曲がった強盗海賊、破壊の使者、下司野郎、夜のペテン師、ならず者」とののしった。

ヒトラーとヒムラーは、壮大な計画をもっていた。すなわち「人種的」根拠にもとづくポーランドの人口比率の「改造」だった。この計画をヒトラーは、一九三九年十月六日の帝国議会演説で告示した。ヒムラーは、それを実行する任務を受けた。ドイツ語を話す少数派（「民族ドイツ人」）に帰属する数十万人の人びとは、独ソ国境条約と友好条約にしたがってポーランドとバルト三国の新しいソ連の領土から「帝国に帰る」よう指示された。この民族ドイツ人は、西ポーランド、すなわちドイツが、強制的にドイツ領土に組みいれたあの地域に新しい故郷を見つけるよう指示された。だがさしあたり、場所が空けられなければならなかった。というのも「改造」は、西ポーランドにドイツ人ないしは民族ドイツ人を入植させ、ポーランド人とユダヤ人を追いはらうことによって、その地をドイツ人だけの入植地にすることを目標にしたからだった。ヒムラーは、三〇〇万人以上のポーランド人とすべてのユダヤ人をこの新しい帝国領土から力づくで移住させようとし、ユダヤ人に対しては、すでに一九四〇年春までにそうしようと思った。

新しい官庁がその間に設立された。それは、ハイドリヒ指揮下の「帝国公安本部」である。そこではゲシュタポとSD保安課報部と刑事警察が、ひとつ屋根の下で協力してはたらいた。帝国公安本部は、ゲシュタポもその本部を置いていたベルリンの中央官庁街のプリンツ＝アルプレヒト＝パレーを所在地にしていた。帝国公安本部の指導的な幹部は、比較的若い大学教育を受けた教養ある男たちだった。彼らは、まったく確信をもってナチスの人種・絶滅政策を支持した狂信的な「世界観闘士」だった。帝国公安本部は、大量殺戮の管理センターになった。

西ポーランドからの移住の目的地は、ハンス・フランクの総督府だった。そこにポーランド人とユダヤ人は強制連行された。これは、まったく無統制におぞましい状況下でおこなわれた。人びとは、凍るような冬の寒さのなかをSS部隊と警察部隊によって逮捕され、貨車に載せられ、たいていは総督府の東部の目的地で列車から降ろされ、それから放りだされた。

フランクは、しだいにたえまない移送に抵抗するようになった。彼は、これほど多くの人間を自分の領土に受けいれて養うことはできないと思った。彼はまた、西ポーランドからのこれ以上のユダヤ人を背負いこみたくないと思った。一九四〇年三月フランクは、強制連行の当座の中止を達成した。強制連行は、のちにもう一度はじめられたが、一九四一年三月完全に中止された。ヒムラーがのぞんだように数百万人の人間のかわりに、四六万人の人間が強制移送された。彼らのおよそ四分の一はユダヤ人だった。

「保留地とゲットー」

一九三九年九月二一日、ポーランドでの戦闘行為がまだおこなわれている最中、ハイドリヒは彼の部下たちに、ヒトラーがすべてのユダヤ人と三万人の「ジプシー」を帝国から強制的に占領したばかりの国に移住させようと思っているとつたえた。彼らは孤立した地域、すなわちハイドリヒが「帝国ゲットー」とも呼んだ一種の「保留地」で暮らさなければならなかった。数日もたたぬうちにゲシュタポ指導部は、準備をはじめていた。ハイドリヒの部下のひとり、SS将校アードルフ・アイヒマンは、適当な場所を選びだし、鉄道による最初の強制移送を試験的に実施するよう命じられた。アイヒマンは、帝国領土からのこの最初の強制移送のために総督府東部の小都市ニスコの近辺にあるバラックの収容所をえらんだ。十月十八日から五〇〇〇人以上のユダヤ人男性が、ウィーンとボヘミア・モラヴィア保護領からそこへ強制移送された。彼らの一部は、独ソ国境のそとへ追いだされ、一部は恐ろしい状況下でバラックの収容所に暮らさなければならず、また一部は家に帰ることをゆるされた。ニスコ計画は失敗した。

「保留地」がなかったにもかかわらず、一九四〇年二月に「旧ドイツ帝国」からの最初の強制移送がおこなわれた。一〇〇〇人以上のユダヤ人が、シュテティーンのゲシュタポによってきわめて苛烈な状況下で総督府に移送されたため、外国の報道機関は、ひじょうに心配して報道した。この「作戦」は、そもそもすべてのドイツ系ユダヤ人の強制移送の開始となるべきものだった。しかし、この計画は実現できなかった。

そうこうする間にポーランドのドイツの占領当局は、ユダヤ人少数派をゲットーに閉じこめはじめていた。ハイドリヒは、同様にこのことをすでに一九三九年九月に命じていた。しかし、このようなゲットーを長期にわたって設置することは考えられていなかった。それは、ユダヤ人が「保留地」に移住させられるまでのあいだだけ存続するよう計画された。しかし、この隔離された地域の施設がうまく機能せず、また一方、当初計画されたよりもはるかにすくないユダヤ人が、西ポーランドから総督府に追放されたので、ドイツ人の幹部たちは、「彼らの」ユダヤ人からできるだけ早く解放されるためにあらゆる努力をした。

ドイツ人の占領者たちがじきに「リッツマンシュタット」と呼んだヴァルテガウのウッチでは、ゲットーが柵をめぐらされ、一九四〇年春には外界から遮断された。総督府にあった首都ワルシャワでは、同じ年の晩秋にこのプロセスがくりかえされた。これらのポーランド最大のゲットーでは、それぞれ数十万人の住民が、きわめて狭い空間に押しこめられていた。ヒトラーと帝国公安本部にゲットーが近々に解体され、ユダヤ人住民が「保留地」に移住させられなければならないことをわからせるために、責任を負った占領軍幹部たちは、意図的に「維持しがたい状況」を引きおこした。ゲットーにはほとんど食料が供給されなかった、すなわち文字通り兵糧攻めにされた。隔離された地域にはほとんど医薬品が来なかった。その結果は、飢えと伝染病による大量死で、それは、じきに膨大な数にふくらんだ。

「ユダヤ人問題」をどうすべきかはさしあたり不透明だった。それからしかし、ドイツがフランスに勝つと、外務省と帝国公安本部は、すべてのヨーロッパ・ユダヤ人をフランスの植民地の島マダガスカルへ送るという共同の計画を練った。ヒトラーは、一九四〇年七月この計画に同意した。ハイドリヒは、外相リッベントロップにこう書きおくった。「問題全体――すでにドイツの支配下にある地域のおよそ三二五万人のユダヤ人のことですが――は、国外移住によってはもはや解決されえません。領土による最終解決が、それゆえ必要です」おそらくユダヤ人は、マダガスカルで置き去りにされ、放っておかれる、すなわち飢えと病気で死ぬことになるだろう。この計画は非現実的だった。ドイツは、数百万のユダヤ人をインド洋に強制連行するだけの十分な船をもっていなかった。イギリスへの侵攻が失敗したとき、イギリスの軍艦によって危険にさらされるため、海路が自由にならないことはあきらかだった。

ようするにユダヤ人少数派を完全にドイツの勢力圏から「排除する」すべての計画は失敗した。そこでソ連の遠方地へ期待が向けられた。そこでなら、ドイツの勝利ののちに「領土による最終解決」のための広大な領土、すなわちすべてのヨーロッパ・ユダヤ人の移住のための途方もない領土を手に入れられるだろう、とドイツの指導部は思った。

これらの計画は、ポーランドのゲットーで飢えと伝染病が蔓延し、帝国食糧省がすでに描いていた計画、すなわちソ連の民間人を飢えによって殺すという計画が具体化されたのと同じ時期に成立した。これによって、ソ連のユダヤ人をどうあつかうべきかということもあらかじめ定められることになった。すなわちソ連のユダヤ人も、ゲットーに閉じこめ、飢えによって死なせようとした。しかしこれに、最大規模の大量射殺をソ連で実行する計画が加わった。この殺人は、結果的にすぐに大量殺戮につながった。

殲滅戦

すでに述べたように、対ソ連戦はヒトラーの戦争だった。一九四〇年夏にはまだ、彼の軍事指導者たちは、比較的限定された出兵を計画していた。しかし、ヒトラーは、ソ連の完全な殲滅と略奪を目的にした電撃戦を要求した。これは考えうるかぎりもっとも過激な選択肢だった。ドイツ国防軍と陸軍の指導部は、それにまったく抵抗しなかった。フランスに対するおどろくべき勝利のあとではすべてが可能で、すべてがゆるされるように思われた。

一九四一年三月三十日、ヒトラーは、およそ二五〇人の高級将校たちのまえで自分の意図を開陳した。陸軍参謀総長フランツ・ハルダーは、このようにメモした。「戦いは、西部の戦いとかなりちがったものになるだろう。東部では苛酷さは将来的に弱くなる」。共産主義の戦時捕虜は、ヒトラーの意志にしたがって国際法による「僚友」としてあつかわれず、殺されるよう指示された。ソ連の諜報機関の職員と赤軍内の共産党の幹部（「人民委員」）は、同様に殺されなければならなかった。ヒトラーと彼の指導部は、ソ連はユダヤ人に支配されているから、人民委員はすべてユダヤ人だ（これはまったく正しくなかった）と考えた。ユダヤ人を殺害することによって、この巨大な国が内部から崩壊するように、敵の国から指導部が取りのぞかれなければならなかった。ヒトラーは、さらにソ連の一般市民が軍を襲撃するだろうと考えた。この一般市民は、最大限呵責なく罰せられなければならなかった。

国防軍指導部と陸軍指導部は、この基準を自発的に命令に転換した。保安警察とSDの行動部隊は、以前のポーランドと同様、ソ連に進駐するよう命じられた。行動部隊は、「自己責任で民間人に対し執行措置をとる」権利をあたえられていた。これは射殺を意味した。一九四一年五月十三日、カイテルはヒトラーの委託で戦時裁判権布告「バルバロッサ」に署名した。これにしたがって「義勇兵」——すなわちパルチザンやそう思われた人びと——は、「部隊によって戦闘中あるいは逃亡中に」殺害することができた。国防軍は、さらに「陰険にあるいは狡猾に」攻撃した村に対して「集団的強制措置」を実行する、すなわちすべての村の住民を射殺することがゆるされた。布告にはまた、ドイツ軍兵士はこのような暴力行動や犯罪によって罰せられてはならないとも書いてあった。これは、兵士にとって殺害と殴殺をおこなう許可だった。ヒトラーが、一九三九年十月の赦免によってポーランドに対してあとから許可したことは、ソ連では最初から有効とされた。さらに一九四一年六月六日、国防軍最高司令部によっていわゆる人民委員命令が公布された。これは、軍隊に赤軍内の党指導者を射殺するか親衛隊と警察に殺害のために引きわたすことを命じた。

「バルバロッサ作戦」開始まえにハイドリヒは「（そもそも共産党の職業政治家すべてのような）共産党

の幹部、党の高位、中位、過激な下位の幹部」を射殺し、さらに「党と国家の地位にあるユダヤ人」と「それ以外の過激分子（サボタージュをする者、宣伝活動をする者、ゲリラ兵、暗殺者、煽動者等）」を射殺するよう命じた。犠牲者の範囲は、殺害をのちに拡大できるために、意識的にぼかされて表現された。

ドイツ軍部隊が、一九四一年六月二十二日、ソ連の国境を越えるか越えないうちに、大規模な大量殺人がはじまった。ソ連の西の周辺国ではごくわずかなユダヤ人しか逃亡に成功しなかった。彼らは、軍とSS／警察部隊の進攻ほどにはすばやくのがれることができなかった。さらに東部ではユダヤ人少数派は、ドイツ軍部隊の到着まえにのがれた。とりわけ比較的若い男たちは、こうして安全な場所に避難することができた。ソ連ではとりわけ老人、女性、子どもがホロコーストの犠牲になった。この犯罪は残酷なだけではなく、途方もなく卑劣だった。

バルト三国と西ウクライナでは、現地の極右主義者によるおぞましいポグロムが起こった。そのポグロムには、それぞれ数千人のユダヤ人が犠牲になった。ハイドリヒは、一般市民が自発的に「ユダヤ・ボルシェヴィズム」に復讐するという印象が呼びおこされるように、この暴力行為を「痕跡をのこさず」遂行するよう命令した。ポグロムには多くの場合ドイツ国防軍の兵士が関与したが、彼らの将校は、それに異を唱えなかった。軍はまた、すでに知られていた「ユダヤ人政策」の措置を開始した。すなわちそれは、目じるし、強制労働、ゲットーなどだった。

SSと警察は、しばしば現地の民兵の助けをかりて戦争の最初の数週間いたるところでユダヤ人の男たちを逮捕し、彼らの居住地の近くで数千人規模で射殺した。国防軍は、その際射殺場所を閉鎖するか犠牲者の輸送のためのトラックを用意するかして協力した。この殺害は、ほとんどどこでもいわゆるユダヤ人の抵抗行動への「報復」と称された。

一九四一年七月十六日、ヒトラーは、ヴォルフスシャンツェで数人の指導者たちと比較的長い会議をおこなった。テーマは、ソ連における将来の占領政策だった。この仲間内でヒトラーは、自分の残忍な想像をふくらませた。すなわちソ連は、この国を支配し搾取するためにずたずたに切りきざまなければならない強大なケーキなのだ、と言った。ヒトラーは、スターリンのパルチザン戦への指図をよろこんで受けいれた。この指図は、ドイツ人にソ連領内で「われわれに敵対するものを根絶やしにする」好機をあたえてくれる、とヒトラーは言った。すなわちこの独裁者は、射殺の数値を高めることを要求した。

事実殺人者たちは、その直後女性と子供も殺すことに切り替えた。そのための命令をくだしたのは、どうやらヒムラーらしい。回顧しながら彼はこう言った。「つまりわたしは、自分に男たちを根絶やしにする——ようするに殺したり殺させたりする——権利がないと思い、そして子供の姿をした復讐者をわれわれの息子や孫のために成長させる権利もないと思った。この民族を地上から消し去るという重い決断をしなければならなかった」。しかし、このような重大な決断をヒムラーは、ヒトラーの同意がなければくださなかったかもしれない。このことはヒムラーの手紙からもうかがえる。彼は、一九四二年夏こう書いた。「占領した東部地域にはユダヤ人はいなくなる。このきわめて重い決断の実行を総統は、わたしの双肩にになわせた」。

バルト三国ではSS、警察、国防軍が、すでに一九四一年七月なかばすべてのユダヤ人信徒を根絶やしにする方向へと舵を切った。ベラルーシのユダヤ人少数派は、バルト三国のユダヤ人より多かった。八月最初の週にSS騎兵旅団は、都市ピンスクのおよそ九〇〇〇人のユダヤ人を虐殺した。そのなかには女性や子どももいた。そのまえにヒムラーは、旅団長、ヒトラーののちの義弟になるヘルマン・

フェーゲラインにこう命令していた。「すべてのユダヤ人は射殺されなければならない、ユダヤ人の女は沼地に追いやられなければならない」。フェーゲラインは、「総統」がムッソリーニといっしょに八月末ブレスト要塞を視察したとき、個人的にヒトラーにSS騎兵隊の大虐殺を知らせたという情報がある。

一九四一年十月以降、ベラルーシの東部では、すべてのユダヤ人信徒が抹殺された。そこでは殺人者たちは、そのつど数千人の人間をきわめておぞましいやり方で殺した。なかにはその際しばしばくりかえされたヒトラーの「予言」を引きあいに出す者もいた。「乳飲み子は、大きな弧を描いて空中を飛び、おれたちは、その子たちをすでに飛んでいるときに撃ち殺した」、とあるウィーンの警官は妻に書きおくった。「全ヨーロッパを戦争につき落とし、いまやアメリカでも憎しみをあおりたてているこのろくでなしどもよ、消えうせろ。かつて開戦まえに言ったヒトラーの言葉は真実となる。もしユダヤ人が、ヨーロッパでもう一度戦争をたくらむことができると信じているなら、ユダヤ人は勝利せず、それはヨーロッパのユダヤ人の最期となるだろう」。忘れないでもらいたい。ここでは乳飲み子の射殺が言われたのだ！　この乳飲み子がドイツを戦争につき落としたので、殺されなければならない、とこの手紙の書き手は主張したのだ。

大多数のソ連のユダヤ人は、ウクライナでドイツ人の手に落ちた。それは一五〇万人の人びとだった。そこで活動していた行動部隊Cは、八月はじめからユダヤ人の女性と子どもも射殺した。軍とSS／警察は、ウクライナへの進駐で、くりかえされたやり方にしたがって協力しあった。首都キエフでも、ここで九月二十四日に市街地のいくつかの地区が爆発したあとドイツ人の手に落ちた。市街地は、赤軍の撤退まえに地雷を敷設し、無線による遠隔操作で爆発させたソ連の秘密情報機関NKWDの分遣

キエフ近郊のバビ峡谷での射殺現場、おそらく1941年9月の大虐殺後の撮影

隊によって爆破されていた。軍とSSは、しかしキエフのユダヤ人にこの破壊の責任をおわせた。行動部隊は、ベルリンに「全ユダヤ人を掌握するための措置が開始された。すくなくとも五万人のユダヤ人の処刑が見こまれる。ドイツ国防軍は、この措置を歓迎し、過激な行動をのぞんでいる」と報告した。その後の十月二日の事件報告にはこう書かれていた。「特別分遣隊4aは、分隊幹部と南部警察連隊の分遣隊と協力して一九四一年九月二十九日と三十日にキエフで三三七七一人のユダヤ人を処刑した」。

これは、第二次世界大戦で一般市民に対する最大の個別の大量殺人だった。軍の機関は、この大量殺戮の準備と遂行に決定的にかかわっていた。というのも、いわゆる「移住」の目的のためにユダヤ人を呼びだして集合場所へ来させたのはドイツ軍の野戦司令部だったからだ。あつめられた人びとは、警察の監視のもとキエフの北方のバビ峡谷の窪地に連れていかれた。国防軍は、一〇万発におよぶ弾薬を引きわたした。およそ半分は女性だった犠牲者は、文字通り自動小銃でなぎ倒された。そのあと兵士たちは、この谷あいの周辺を吹きとばし、死者を埋めた。国防軍は、射殺された人びとの住居を接収した。

ユダヤ人男性の射殺は、ドイツ軍内ではおおよそ反論はでなかった。しかし、女性と子どもの殺害に対しては、軍事郵便がしめしているように、多くの兵士が異議を唱えた。このような異議をおさえるために、さまざまな軍司令官が、ユダヤ人憎悪に満ちあふれた命令を発令した。国防軍は、そのうえソ連戦でたえず反ユダヤ主義的なプロパンガンダをあびせられた。ヒトラー自身が、モスクワへの攻撃の開始時にユダヤ人への憎悪をあおった。

この少数派の殺害を管轄したのは国防軍ではなかったが、しかしそれにもかかわらず国防軍は犯罪に関与した。国防軍の諸部隊は、数多くの「作戦」をともに遂行した。ときには国防軍が単独で殺害することもあった。したがって、かつての将軍たちが戦後主張したのとはちがって、国防軍が全体として「潔白だった」ということは、まったく論外である。国防軍の指導部は犯罪者だった。彼らはソ連に対する殲滅戦を計画し、統率した。国防軍総司令部と陸軍総司令部は、帝国公安本部と密接に協力しあい、国際法違反の命令を起草し、これを実行した。

ソ連のさまざまな地域で、ドイツの同盟者たちもユダヤ人を殺害した。とくにルーマニアの独裁者アントネスク元帥の名をここで挙げなければならない。ヒトラーはアントネスクにじきじきに「バルバロッサ作戦」のまえに、自分はソ連のユダヤ人を「ウラルの向こうへ」追放するつもりだと告げていた。これは狂信的な反ユダヤ主義者であるアントネスクにとって自身の大虐殺の正当化として十分だった。

この大虐殺はルーマニア領土の都市ヤシではじまった。そこではルーマニアの軍隊と警察が、国防軍部隊の積極的な支援のもとにすでに一九四一年六月末までに八〇〇〇人におよぶユダヤ人の男たちを殺した。彼らは、一部は町のなかでなぐり殺され、また一部は蒸し暑いなかを鉄道で郊外の処刑場に連れてゆかれ、射殺された。強制移送された人びとの大部分は、貨車のなかで窒息死した。アントネスクは、ルーマニアの他の地域にも「ユダヤ人がいないjudenfrei」ようにしようと思った。行動部隊Dといっしょにルーマニアの軍部隊と警察部隊は、優に一〇万人のユダヤ人を射殺した！　ヒトラーでさえ、アントネスクが、自分より過激にユダヤ人に厳しい措置をとっているのを認めざるをえなかった。

一九四一年九月から、ルーマニアの警官は、一部ヒムラーがわざわざおくりこんだSS部隊と密接に協力して、大規模にオデッサ周辺のルーマニアの占領地域である「トランスニストリア」のユダヤ人を殺害した。ルーマニア軍がスターリングラードへの進撃で多大な損失をこうむった一九四二年十月になってようやく、アントネスクは殺人から手をひいた。それまでに優に三五万人のユダヤ人が殺されていた。

ソ連の戦時捕虜の苦難もまたはかり知れないものだった。これには国防軍に主要な責任があった。敵軍兵士は、それに先行する包囲戦、飢え、病気によってすでに衰弱していた。それにもかかわらず彼らは、一部捕虜収容所まで数百キロメートルを歩かなければならなかった。彼らの一部は、無蓋貨車でそこまで移送された。大量の兵士が、冬の寒さのなかで凍死した。そのうえ文字通り死の行進が実行された。おくれて残った者や衰弱でたおれた者は、容赦なく射殺された。

収容所に到着しても、赤軍兵士にはそもそも宿泊施設はなかった。彼らは、最低限の食事しかあたえられないか、まったく食べ物をもらえなかった。状況はおそろしいものだった。およそ一五〇万人の赤軍兵士が、一九四一年に餓死した。捕虜収容所は帝国領土にもあった。ロシアの兵士は、そのなかで文字通りドイツ人住民の目のまえで餓死した。ソ連の戦時捕虜の大量死は、軍によって意図的に引きおこ

東部戦線付近の収容所のなかのソ連の戦時捕虜、1941年8月

された。およそ三〇〇万人のソ連軍兵士が、飢えと病気で命をうしなった。彼らは、ユダヤ人に次いで大きな犠牲者集団だった。

ユダヤ人、ソ連の戦時捕虜、「パルチザン」と称された一般市民以外に、精神病院の患者やロマもソ連でのドイツによる殲滅戦の犠牲になった。国防軍が、兵士の宿泊のために、また野戦病院として必要としたため、「狂人」と障碍者の殺害は、精神病院を明けわたすことにたびたび役立った。病人たちは、たいてい射殺され、一部の人びとは毒を注射されるか飢えによるか移動式のガス室（「ガストラック」）によって殺された。そのためのベルリンからの命令は必要なかった。しかし、このような命令がなかったため、将校は、その場で患者の生死をみずから決めることができた。この場合彼らは、みずからの良心にしたがって行動する可能性をもっていた。しかし、患者が命を長らえることはめったになかった。

一九四一年二月、国防軍は、すべての（西ヨーロッパの）シンティと「東ヨーロッパ」のロマを彼らの戦列から排除するよう命じた。彼らは、もはやドイツ軍兵士であることはゆるされなかった。ドイツのシンティもまたポーランドに強制移送され、そこでポーランドのユダヤ人といっしょに強制労働をしなければならなかった。ソ連にはこの時期、すくなくとも六万人のロマが暮らしていた。定住しないロマは、軍の目から見ると安全をおびやかす危険分子だった。というのも彼らは、ユダヤ人と同様パルチザンの協力者と見なされたからだった。中央軍集団は、一九四一年秋、射殺するために「放浪するジプシー」を保安警察に引きわたすよう命じた。ある将校は、そのうえこの地域の「ジプシーの徒党」を「仮借なく根絶する」ことを要求しさえした。対ソ連戦は、それゆえシンティとロマに対する政策の過激な先鋭化を誘発した。ソ連内で彼らのうち何人が殺されたかは、資料が不足していてあきらかではない。ヨーロッパ全土で終戦までにすくなくとも一〇万人のシンティとロマが殺害された。

ヨーロッパ・ユダヤ人の殺害

「最終解決」の決断

ラインハルト・ハイドリヒは、一九四〇年夏ヨーロッパの「領土の最終解決」について文書を書いていた。「ヨーロッパにとって、最後のユダヤ人がヨーロッパ大陸から去ってはじめてユダヤ人問題が解決される」、とのちの占領東部地域担当大臣であるアルフレート・ローゼンベルクは、一九四一年三月に宣言した。彼がこれを告げたのは、「世界問題としてのユダヤ人問題」についてのラジオ放送された演説のなかでだった。対ソ連戦への準備がまだ秘密にされていたにもかかわらず、この演説からローゼンベルクが、ヨーロッパのユダヤ人をこの国に強制移送しようとしていたことを聞きとることができた。数日もたたずにローゼンベルクはヒトラーと会談した。彼は、日記にこう書きしるした。「総統は、それから詳細に東部での予想される展開を説明したが、わたしは、それを今日書きとめるつもりはない。しかし、わたしはこれを忘れないだろう」。

大多数のナチ幹部は、当時ベラルーシのプリピャチ湿地帯を想定していた。そこまで数百万人のユダヤ人を強制連行しようというのだった。ソ連の一般市民を相当数餓死させることが計画されていたので、強制移送された人びともおなじ運命をこうむるはずだった。軍事的な展開は、しかし一九四一年七月以降計画立案者たちの思惑をつぶした。ドイツ軍の進撃が頓挫したため、ソ連への大量の強制移送を近々実現することは考えられなかった。そのためゲーリングは、ハイドリヒに月末「ヨーロッパにおけるドイツの勢力範囲にあるユダヤ人問題の総合的解決のために、組織的、実務的、資源的な観点からのあらゆる必要な準備をおこなうよう」委託した。わずか数日後、帝国公安本部は、ユダヤ人にドイツからの国外移住を禁じた。

ソ連のユダヤ人の抹殺の開始は、すでに過激なナチス党員に独自の殺害提案をおこなうよううながした。一九四一年七月十六日ポーゼンのSD指導者ロルフ＝ハインツ・ヘプナーは、帝国公安本部のアイヒマンに問い合わせた。彼は、そのまえに大管区指導者グライザーと会談していた。彼らは、「リッツマンシュタット」のゲットーの居住者が、来たるべき冬にもはや食糧をあたえられないという「危険」があることで意見が一致していた。そのため「労働不能になったユダヤ人をなんらかの即効性の薬で抹殺することが、もっとも人道的な解決でないかどうかが真剣に考量されなければならない。いずれにせよそのほうが、彼らを餓死させるより好ましいだろう」。

ヘプナーとグライザーは、SSと警察から成る「ランゲ特別分遣隊」が、ヴァルテガウの精神病患者を、トラックの密閉された車体のなかに注入された鋼鉄のビンにはいった一酸化炭素で殺害したことを知っていた。彼らは、いわゆる労働不能のユダヤ人を毒ガスで殺すようあからさまに要求した。「労働能力」は、もちろん客観的な指標ではなく、ドイツ人のユダヤ人についての印象と大量殺戮の正当化のあらわれだった。労働する者だけが生きるべきだった。「労働能力」がなんであるかは、犯行者たちが程度の差はあれ恣意的に決定した。

四週間後、SS長官ヒムラーは、ミンスク近郊の「パルチザンとユダヤ人」の大量射殺の場面を見せられた。そのなかには女性もいた。彼の随行はヴァルター・フレンツで、彼はどうやらこの虐殺をヒトラーの命令で映画に撮ったようだ。「総統」は、それ以前に東部の行動部隊の活動についての報告と「視覚資料」を要求していた。ヒトラーがこの映画を見たかどうかは知られていない。ヒムラーがこれを見たのはまずまちがいない。

ヒムラーは、ユダヤ人の大量射殺が、彼の部下たちの心理的な負担になるかもしれないことを心配した。そのため彼は他の可能性を試すよう命じた。帝国刑事警察の犯罪技術研究所は、すでに長いこと「安楽死」作戦にかかわっていた。一九四一年九月はじめ、帝国刑事警察長官で保安警察とSDから成る行動部隊Bの責任者だったアルトゥル・ネーベは、ベラルーシの都市モギリョフの精神病院で六〇〇人におよぶいわゆる労働不能な病人を、いくつかの原動機付き車両から密閉された空間に引きこまれたエンジンの排気ガスで殺させた。ネーベはこの殺害を映画に撮った。

バルト三国でも同様のくわだてがあった。そこでは大量射殺は、やっかいなセンセーションをまき起こしていた。面倒を取りのぞくために、ヒトラーの官房のヴィクトーア・ブラックが、援助の手を差しのべた。一九四一年十月のある文書のやりとりのなかで、ブラックが「必要な宿舎の建設ならびに毒ガスによる殺害装置の製造で協力する」用意がある、と書かれていた。アイヒマンは、情報を得て了解しているとも書かれていた。さらにこう書かれていた。「情況しだいで、労働不能なユダヤ人が、ブラックの補助手段によって抹殺されるときには躊躇は存在しない」。

そのときまでにおよそ二七万人のユダヤ人が、「旧帝国」から移住するか逃亡していた。そこにとどまったのは、およそ一五万人の人間で、とりわけ女性と老人だった。オーストリア（ウィーン）には五万人のユダヤ人が数えられ、「保護領」には八万五〇〇〇人がいた。以前からナチス党の大管区指導者たち――そのなかには帝国首都の大管区指導者ゲッベルスもいた――は、これらの人間を「東部へ」強制移送するよう急きたてていた。というのも、すでに戦争開始時に計画されていた大量強制連行は、予定されていたより小規模にしかおこなわれていなかったからだった。

一九四一年九月なかば、ヒトラーは、ユダヤ人を終戦前にも帝国とボヘミア・モラヴィア保護領から強制移送するよう最終的に命令した。ヨーロッパのユダヤ人を殺害するという決定が、その翌月にくだされたのはまずまちがいない。ハイドリヒは、ある高官の軍の指導者に文書で、十月に「最上位の地位によってきわめて厳しく、ユダヤ人が」、最終的にヨーロッパから「消滅しなければならないヨーロッパでの責任を負うべき放火犯と称された」とつたえた。「最上位の地位」とはもちろんヒトラーのことだった。この月に「総統」の反ユダヤ主義的な言動が増えた。こうして彼は、十月二十五日の晩――ヒムラーとハイドリヒをまえにして――、ユダヤ人は、数百万人の死者に責任のある「犯罪者の人種」だと言った。「われわれが、彼らを泥沼におくりこむことはできない、とだれもわたしに言ってくれるな！恐怖が先んじても、われわれがユダヤ人種を根絶するのはよいことだ」。

ヒトラーがここで引き合いに出したソ連では、大量殺戮は、おそくとも十月からはじまっていた。総督ハンス・フランクは、すべてのユダヤ人を彼の領土からソ連に強制移送してほしいという彼の切なる願いが実現されないことを知った。軍事状況が、これらの計画を阻害した。そのかわりユダヤ人は現場で殺害された。ヴァルテガウと、数カ月まえから総督府に属していたレムベルク周辺の地域で、一九四一年十月からユダヤ人の女性と子どもが大量に射殺された。

この月のなかば、ヒムラーは、ルブリンのSS指導者兼警察指導者のオーディロ・グロボツニクに、ユダヤ人を殺害するために彼の治める地域に最初の収容所を建設することを許可した。グロボツニクは、狂信的な反ユダヤ主義者でヒムラーの親友だった。T4殺人作戦の職員は、ルブリンに転属させられた。以前にドイツのシンティとポーランドのユダヤ人のために強制労働収容所があったベウジェッには、一九四一年十一月から、いわゆる労働不能なユダヤ人を殺害するためだけの文字通り絶滅収容所が建設された。同様に十月なかば「ランゲ特別分遣隊」は、ヴァルテガウのヘウムノ村の近くに同様の収容所を建設しはじめた。ここでウッチ・ゲットーのユダヤ人が、ガストラックで殺されることになった。この殺害装置は、そうこうする間にさらに改良されたが、それは、帝国公安本部と「総統官房」の協力によるものだった。

決定的な月である一九四一年十月にヒトラーは、彼の部下の指揮官たちの提案を受けとってそれに同意すること以外にそもそもなにもする必要がなかった。ヒトラーが同意すれば過激な反ユダヤ主義者たちは、これ以上ない正当化を得ることができた。ヒトラーの権力は、だれも「総統の言葉」に反論してはならないほど大きなものだった。ヒトラーは、文書による「命令」をあたえなかった。しかし、このようなただ一度の指示だけでことが済んだわけではなかっただろう。それには殺人計画があまりにも巨大に、あまりにも多面的に、あまりにも強く軍事的な行動と結びつきすぎていた。

アメリカ合衆国への宣戦布告直後「総統」は、自分がヨーロッパのユダヤ人を終戦以前のうちに殺害させるだろうと公言した。十二月十二日に全国指導者と大管区指導者が、旧帝国宰相官房に、おそらく大食堂でおこなわれた三時間にわたる「会議」のためにあつまった。このような会合は、ベルリンでおこなわれるかぎり、原則的に秘密にされなければならなかった。ヒトラーが、党の上層部を自分の執務室に招くこともまれだった。

これに出席したゲッベルスは、この件について詳細に日記に書きしるした。彼はこうまとめた。「ユダヤ人問題にかんして総統は、きっちりけりをつける覚悟を決めている。彼は、ユダヤ人に、彼らがもういちど世界戦争を引きおこすならば、彼らはみずからの滅亡をあじわうだろう、と予言した。これは、決まり文句ではなかった。世界戦争はいまここにあり、ユダヤ人の殲滅は、必然的な結末でなければならない」。

十二月十四日、ヒムラーは、「総統官房」のヴィクトーア・ブラックと協議した。どうやらこの会談では「安楽死」＝職員のポーランドへの転属が問題になったらしい。同様にヒトラーの演説を聞いていたハンス・フランクは、彼の部下たちに二日後に総督府での大量殺人の心がまえをさせた。彼は、たしかにまだベウジェツ絶滅収容所についてなにも知らなかったが、しかしユダヤ人は「どっちみちけりをつけなければ」ならないと言った。フランクは、ヒトラーの「予言」を思いださせて、こうつづけた。「あいつらは除去されなければならない。諸君、諸君はあらゆる同情を考慮しないよう覚悟してもらいたい。われわれは、ユダヤ人にどこで会おうが、可能なかぎり、帝国の屋台骨をささえるためにあいつらを殲滅しなければならない」。

さらにその二日後ヒムラーは、あらためて帝国宰相官房のヒトラーのところに出向いた。ふたりもまた「ユダヤ人問題」について話しあった。ヒトラーが、ヒムラーにこの一九四一年十二月十八日にヨーロッパ・ユダヤ人の殺害をどのように正当化したらよいかを告げたという推定を証明するものがたくさんある。ヒムラーはこう書きしるした。「パルチザンとして抹殺する」。

およそ一カ月後の一九四二年一月二十日、ベルリンのヴァンゼー湖畔の邸宅で悪名高い「ヴァンゼー会議」がひらかれた。これは、むしろハイドリヒが招集した一五名の高級官僚とSSの代表者たちの作業会議だった。議題は、「ユダヤ人問題の最終解決」だった。この問題は、しかししばしば言われているのとはちがって、ヴァンゼー湖畔で決定されたのではなかった。すでにそれは秋に決められていた。会議の目的は、出席者にヨーロッパ規模での殺人計画を知らせ、帝国公安本部がすべてを取りしきるよう配慮することだった。

「最終解決」には、すくなくとも一一〇〇万人のユダヤ人が犠牲になるよう計画された。アイヒマンが作成した議事録には、殺害ではなく、ヒトラーが承認したとされる「東部へのユダヤ人の疎開」、道路建設での殺人的な強制労働、それを生きのびるであろう人びとの詳細に述べられていないあつかいについて書かれていた。しかし、アイヒマンはのちに、会議のあいだ中ずっと殺害と抹殺が話題にされていたことを認めた。それ以外になにがあるというのか。そのときまでにナチス・ドイツは、優に九〇万人のユダヤ人を殺害し、それは、ヒトラーが関知し、同意したことだった。ヴァンゼー会議から五日後、「総統」は、昼食時にヒムラーとつぎのような話をした。「ユダヤ人はヨーロッパから消えなければならない。さもなければわれわれは、ヨーロッパの合意が得られない。ただひとつわかっていることは、彼らが自発的（！）に出ていかないなら、完全な抹殺だ」

すべての準備が終わるまで数カ月かかった。たとえば、モスクワ近郊での戦争の転機のあと、軍需産業でのユダヤ人の労働力の需要が考慮されなければならないという理由から遅れが生じた。一時期ヒムラーは、一六歳から三二歳までの年齢の男たちを当面殺害から除外する気にさえなっていた。しかし、この指示は、限定的な影響しかあたえなかった。というのも大多数のユダヤ人は「労働不能」と分類されたからだった。一九四二年五月ごろには、すべての準備が完了していた。帝国公安本部のアードルフ・アイヒマンは、帝国鉄道と調整してすべてのドイツの占領地域のための大規模な強制移送計画を練りあげた。

ヒムラーは、その間に人種政策と入植政策のための「東部総合計画」を仕上げさせ、それには声望ある農業学者と人口学者が協力した。この計画ではすべての細部にわたって、どのようにしてポーランドとソ連にドイツ人を入植させ、現地の住民を大部分「移転させ」ようとするかが練られた。この広大な計画では、優に三〇〇〇万人の人間が、追放されるか殺害されることになっていた。この計画が、一九四二年六月ヒムラーに提出されたとき、彼の専門家たちは、暗黙のうちに、東ヨーロッパにはもはやユダヤ人はひとりも生きていないということを前提にした。というのもこのユダヤ人は、人種主義的な序列では最初に殺されなければならなかったからだった。事実ヨーロッパのユダヤ人の殺害は、そのすぐあと最悪の段階に入った。

一九四二年六月初頭、ラインハルト・ハイドリヒは、暗殺の結果、彼がボヘミア・モラヴィア保護領総督代理として支配していたプラハで死んだ。ハイドリヒの国葬でヒムラーは、一年以内に「最終解決」を終了するつもりだと告げた。総督府のユダヤ人殺害は、それ以後ハイドリヒに敬意を表して「ラインハルト作戦」と呼ばれた。一九四二年七月一七日、しばらくみずから帝国公安本部を指揮していたヒムラーは、アウシュヴィッツ強制収容所をおとずれた。彼は、毒ガスによる大量の殺害を視察し、司令官ルードルフ・ヘスに、この収容所をヨーロッパ大陸最大の絶滅収容所に拡張するよう命じた。

ひきつづいてヒムラーは、彼の友人グロボツニクが「ラインハルト作戦」を指揮していたルブリンに向かった。ヒムラーは、グロボツニクに年末までに総督府のユダヤ人を殺害するよう命じた。西ヨーロッパからも列車が、死の収容所へ向かって走っていった。一九四二年夏の過激化の理由は、ヘルマン・ゲーリングと帝国食糧省が、占領した東部地域に、いままでよりもはるかに多くの食料を帝国に供給するよう要求したことにあった。飢餓は、ドイツの絶滅政策の手段だった。ドイツ人のためにはたらくユダヤ人だけが、食料をあたえられたが、彼らもまた最低限の配給量しかもらえなかった。はたらかない者や、もはやはたらくことのできない者は殺された。

強制移送

一九四一年十月から、ドイツ、オーストリア、チェコスロヴァキアからもユダヤ人が強制移送された。彼らの一部は、すでに満杯だったウッチ・ゲットーにゆき、他の者は、ユダヤ人がすでに大量に射殺されていたソ連におくられた。ヒトラー自身が、強制移送の目的地としてリトアニアの都市リガ、エストニアのタリン（レヴァル）、ベラルーシのミンスクを決めた。

警察から「移住」の命令をうけたユダヤ人は、これからどうなるのか知らなかったにもかかわらず、強制移送の開始は、彼らにこん棒で殴られるかのような打撃をあたえた。不安と絶望が、数千人の人びとを自殺へと追いつめた。ユダヤ人は、荷物をもって指定された時間に指定された場所に出頭しなければならず、そこから彼らは、警察の監視のもと駅に連れてゆかれ、客車で「東部へ」移送された。

一九四一年十月十五日、移送される人びとはウィーンをはなれた。三日後にベルリンからの最初の列車が東部をめざした。十月六日までにゲシュタポは、ドイツ、ルクセンブルク、ウィーン、プラハのほぼ二万人のユダヤ人をウッチに強制連行した。さらにおよそ七〇〇〇人のユダヤ人が、モラヴィアのブリュンやさまざまなドイツの大都市から――そのなかにはふたたびベルリンもはいっていたが――ミンスクのゲットーに到着した。

そこで到着した人びとに「場所を空ける」ために、SSと警察は、一万二〇〇〇人のベラルーシのユダヤ人を射殺した。ミンスクへのさらなる強制移送は、国防軍がこれを拒んだため、当面おこなわれなかった。国防軍は、モスクワの危機のため輸送品を収納する空間が必要だった。

そのため帝国公安本部は、リトアニアのコヴノ（カウナス）とラトビアのリガに列車を迂回させた。それ以前にSSと警察は、コヴノで、「無用なユダヤ人をゲットーから一掃する」ために九〇〇〇人以上の人間を射殺した。四週間後の十一月二十五日と二十九日に同じ部隊が、ベルリン、ミュンヒェン、フランクフルト・アム・マイン、ウィーン、ブレスラウからのおよそ五〇〇〇人のユダヤ人を、コヴノ郊外の堡塁近くで射殺した。大半は女性と子どもで、到着後すぐに殺された。

十一月二十七日に、およそ一〇〇〇人のユダヤ人をのせた列車がベルリンを出発した。それは、三日後にリガに到着した。ベルリンのユダヤ人は、到着後すぐに町の郊外の森に追いたてられ、朝方射殺された。ヒムラーは、この大量殺人の件でひどく立腹した。どうやら彼は、ドイツでうわさが広まって、「安楽死作戦」のときのようなセンセーションが生じるのを避けるために、ドイツのユダヤ人をあとになって殺害しようと思ったらしい。「最終解決」は隠蔽されなければならなかった。事実そのあとドイツとオーストリアから強制連行された人びとは、しばらく生かされていて、一九四二年になってようや

大量殺人での上機嫌：アウシュヴィッツのSS指導部スタッフ、1944年6月ごろ。左からふたり目は収容所医師ヨーゼフ・メンゲレ博士、右からふたり目はシガーをもった収容所所長ルードルフ・ヘス。あるSS隊員のアルバムからの写真

く大量殺人に組みこまれた。

ドイツ、オーストリア、「保護領」のユダヤ人は、一九四二年総督府にもやってきた。強制移送された人びとは、のちに「ラインハルト作戦」の絶滅収容所に移送され、殺害された。しかし、彼らは、さしあたりいわゆる通過ゲットーに収容された。強制移送された人びとが家に書きおくらなければならなかった葉書きは、自分が元気で、すくなくともまだ生きているという印象を故郷にあたえるものでなければならなかった。この措置もまた、「最終解決」の偽装に役立った。ポーランドに強制連行された人びとが、真実を書く可能性をもっていたとしたら、飢え、病気、強制労働、不安、恐怖が話題になっただろう。しかし、このような消息は、もちろん知られてはならなかった。

テレージエンシュタットは、ナチス党員による最大の偽装計画だった。そこはかつてのオーストリアの要塞だった。一九四二年六月以降、ドイツとオーストリアからおよそ六万人のユダヤ人がテレージエンシュタットにやってきた。対外的にはこのゲットーは、年配者と「特権をあたえ

られた」人びとの滞在地だった。このなかには、たとえば戦争功労賞をもらった第一次世界大戦の将校もふくまれていた。住人は、「施設購入契約」をむすぶことによって、自分でゲットーの滞在費を出さなければならなかった。このようにして、そこが快適な滞在地で隠居所だと見せかけられた。そのうえゲットーは、ドイツ系ラビであるレオ・ベックを議長としてユダヤ人による「自治」をもっていた。テレージエンシュタットは、実際には死への通過駅だった。全部でおよそ一四万人のユダヤ人がこのゲットーを通過した。三万人以上がそこで死んだ。ほぼ九万人が絶滅収容所におくられた。

一九四二年十一月末からアイヒマンは、ドイツからの移送をもっぱらアウシュヴィッツに向けた。その際テレージエンシュタットを経由するか、あるいは直接アウシュヴィッツに向かった。ほぼオーストリア全土のユダヤ人少数派が「ユダヤ人の家」にあつめられていたウィーンから、同様にユダヤ人は、ほとんどすべて強制移送された。ウィーンの大管区指導者シーラハは、これが自分の「ヨーロッパの文化への貢献」だと自慢した。

同様の運命が、シンティ・ロマを見舞った。ユダヤ人といっしょに一九四一年十一月、五〇〇〇人以上のロマが、オーストリアからウッチ・ゲットーにおくられ、そこで彼らは、特別な「ジプシー収容所」に住まなければならなかった。その半数は子どもだった。この収容所の状況はおそろしいもので、数百人の新来者が、数週間もたたずにチフスの伝染病で死んだ。生き残った人びとは、ポーランドのユダヤ人といっしょにウッチからヘウムノへ強制移送され、毒ガスで殺害された。

一九四二年十二月、ヒムラーは、シンティ・ロマを帝国から強制移送し、アウシュヴィッツにいわゆるジプシー収容所を建設することを命じた。一九四三年二月二十六日から、そこにシンティ・ロマの移送された人びとが、ドイツとオーストリアから到着した。アウシュヴィッツの「ジプシー収容所」の状況は名状しがたいものだった。一万三〇〇〇人以上の拘留者が、飢えと病気の犠牲になり、およそ六〇〇〇人が、ユダヤ人同様毒ガスで殺害された。悪名高い強制収容所の医師メンゲレ博士は、さらにそのうえ「ジプシー収容所」の双子の子供たちに医学実験をおこなった。

一九四三年六月十九日、ゲシュタポは、ヒトラーの明確な同意を得て、ベルリンのユダヤ人信徒共同体の最後の職員をテレージエンシュタットへ強制連行した。大管区指導者ゲッベルスは、これで首都を「ユダヤ人のいない」場所と宣言した。ドイツ系ユダヤ人で最後に強制移送された集団のひとつが、一九四四年十一月にテレージエンシュタットからアウシュヴィッツに到着した。その直後アウシュヴィッツでの大量殺人は終わった。帝国公安本部は、いまや「混血児」と「混血婚」をしているユダヤ人を強制移送しはじめた。彼らのさらなる運命については、SS指導部と帝国内務省のあいだで長いことあらそわれていた。彼らは、テレージエンシュタットか他の収容所におくられた。終戦が、これらの人びとの大多数の命をすくった。

二三万人のドイツ系ユダヤ人とオーストリア系ユダヤ人が、第二次世界大戦中に強制移送され、殺害された。しかし、その二倍以上の人びとが、強制収容所からのがれることに成功した。というのも彼らは折よく、つまり開戦前に国外移住したか亡命したからだった。ある歴史家は、中央ヨーロッパと東ヨーロッパの大きな時間的相違を指摘した。ドイツ系ユダヤ人は、一〇年間ナチスのテロに苦しんだが、しかしかなりの人びとが悲運からまぬがれることができた。キエフのユダヤ人には、ドイツの占領からその殺害までたった一〇日間しか残っていなかった。しかし、時とともにヨーロッパのユダヤ人の迫害の運命は、ドイツが支配するヨーロッパのどこでも似たような状況になっていった。

絶滅収容所

収容所で殺されたのはユダヤ人の半数以下だった。大多数は、とりわけソ連で射殺されるか、ゲットー内での飢え、病気、暴力の犠牲になった。強制収容所は、この犯罪の本来の「犯行現場」ではなかった。というのもこの収容所は、人間を閉じこめ、テロをくわえ、労働を強要するために考えられたものだったからだ。数十万人が、強制収容所の拘禁の犠牲になったが、ユダヤ人の出自をもっていたのは、この犠牲者のなかでもっともすくなかった。ユダヤ人が射殺されない場合は、殺人者たちは彼らを特別な絶滅収容所で殺害した。この収容所は、できるだけ多くの人間をできるだけ短期間に殺すためだけに建設されていた。

「クルムホフ」とも呼ばれたヘウムノは、最初の絶滅収容所として稼働した。ここでは一九四一年秋から大きな建物、「宮殿」が大量殺戮のために準備された。それは十二月にはじまった。ユダヤ人は、ドイツのSS隊員と警察官に監視されながら、狭軌鉄道で近くまではこばれた。彼らは、宮殿ですべての服を脱がされ、降車場わきに貨物室の扉を大きくひらいて停車していたガストラックにはいらなければならなかった。貨物室が人間でいっぱいになると、扉が閉められた。運転手が、ガストラックのエンジンをかけると、その排気ガスが貨物室に引きこまれた。一〇分から三〇分後に犠牲者は窒息死した。ガストラックは、数キロメートル離れた「森の収容所」まで走り、そこで死体はおろされ、共同墓穴に埋められた。およそ一五万人のユダヤ人が、一九四一年／四二年にヘウムノで犠牲になった。彼らは、大多数ウッチ・ゲットーから来た人びとだった。

ベウジェッツ絶滅収容所は、一九四一年十一月から建設された。この収容所は、ルブリンとレムベルクのあいだをむすぶ交通量の多い鉄道と道路の要衝にあった。ドイツの収容所のスタッフは、それ以前にドイツとオーストリアで「安楽死作戦」を実行した二〇人たらずの男たちから成り立っていた。監視は、いわゆるトラブニキ隊員が受けもった。それは、ロシア系ドイツ人と、とりわけソ連の戦時捕虜のための収容所で飢え死にしないためにおもに「自発的に」申し出たウクライナ人たちだった。

ドイツ人の収容所指導部は、最初鋼の瓶から出される一酸化炭素と自前でこしらえたガストラックによる殺害実験をおこなった。それからしかし、納屋のなかに、「安楽死」施設を模範にしてシャワー室として偽装されたガス室が据えつけられた。大きなディーゼルエンジンが据えつけられた後の一九四二年二月に、「試験的なガス殺」がおこなわれた。その犠牲になったのは、この収容所を建設しなければならなかったユダヤ人の強制労働者たちだった。三月なかばから、リヴィウとルブリンの都市ならびにこれらの都市の周辺から輸送された人びとが到着した。ユダヤ人はゲットーで逮捕され、家畜のように貨車に閉じこめられていた。

総督府の二番目の絶滅収容所であるソビブルは、一九四二年三月から建設された。そこには五月から輸送された人びとが到着した。ヒムラーの命令で七月までに、「ランハルト作戦」の第三の最大の殺人収容所、ワルシャワ行政区のトレブリンカが建設された。この収容所は、ワルシャワゲットーのユダヤ人の殺害のためのものだった。ヒムラーの友人グロボツニクは、五月「すべてのユダヤ人作戦をどうにかしてできるだけ早く実行するよう」迫った。「それは、なんらかの支障によって作戦の停止が必要になった場合、途中でいつか行き詰ってしまわないようにするためだった」。

こうした支障は、鉄道列車が足りないために起こった。というのもドイツ国防軍が、六月／七月にソ連での夏の攻勢のために全輸送能力を必要としたからだった。これによって一両も列車は、絶滅滅収容所に行くことができなかった。この時間は、ベウジェツとソビブルのガス室を飛躍的に拡張するためにつかわれた。

ヒムラーは、帝国交通省と交渉して、列車を自由につかえるところまでこぎつけた。七月二二日の夕方、最初の輸送が、トレブリンカに向かってワルシャワを出た。これは、「最終解決」史上最大の絶滅作戦の開始だった。わずか一〇週間のあいだにほぼ一〇〇万人が殺された。

警察と現地の補助警察官は、文字通り人間狩りを実行した。ゲットーは包囲され、通りごとに隈なく探索された。行くことを拒んだ者は、即座に射殺され、幼児やユダヤ人の病院の患者も同様に射殺された。それにつづいてユダヤ人は、監視のもとに集合地点に連れてゆかれた。そこで「選別」がおこなわれ、それにはドイツ人の雇用者と職業安定所の職員が協力した。有効な労働証明書を提示できた者は、たいてい強制移送を猶予された。逮捕された人びとの大多数は、しかし絶滅収容所へ向かう用意された貨車に乗るよう強要された。

輸送用の空間が足りず、殺害が急がれなければならなかったので、SSと警察は、しばしば一〇〇人分の空間しかない車両に一六〇人まで人びとを押しこめた。列車は、そのためしばしば完全に積載過多になった。それに応じて目的地までの運行に時間がかかった。数百人の強制移送された人びとが、すでに絶滅収容所へ行く途中で真夏の気温のために窒息死し、のどが渇いて死んだ。

列車は、到着後収容所の敷地内にある待避線に引きこまれた。ユダヤ人は降りなければならなかった。一九四二年夏から彼らの多くは、自分たちになにが待ちうけているかわかっていた。彼らは、みずからすすんで死に向かおうとはしなかった。そのためSS隊員と外国人の協力者は、残酷な暴力をつかった。死期の迫った人びとは、殺人者たちの目のまえで服を脱ぎ、その財産を引きわたさなければならなかった。それにつづいて女性は、髪を刈られた。有刺鉄線でできた連絡路をこえて、強制移送された人びとは、脱衣バラックからガス室のある建物に入ってゆかなければならなかった。ドイツ人と「トラヴニキ人」は、彼らを押さえこみ、殴ってそのなかへ入れた。エンジンがかけられた。しばしば機械が故障した。人びとは、いまにも窒息しそうになりながら不安につつまれて暗い部屋のなかに立ち、死を待たなければならなかった。それは想像を絶する恐怖だった。

ユダヤ人の特別班は、人間の排泄物でおおわれた死体をガス室から引きずりだし、死者の歯から金歯を折りとり、死体を巨大な共同墓穴に埋葬しなければならなかった。焼却施設はなかった。ベウジェツの収容所の敷地にはもう場所がなかったので、そこでの殺人は、一九四二年十二月に終わった。

そのときまでにこの絶滅収容所では、およそ四三万人のユダヤ人が殺害されていた。トレブリンカでは、七〇万人以上のユダヤ人が苦痛に満ちた死に見舞われた。公式には一九四二年末に、総督府には三〇万人のユダヤ人住民しか生きていなかった。殺人は、しかしその翌年もつづいた。ヒムラーは、一九四三年二月に、大量ガス殺を実検し、「ラインハルト作戦」のスタッフを表彰するためにわざわざソビブルに飛んだ。

一九四三年四月、ワルシャワ・ゲットーでユダヤ人の反乱がはじまった。彼らは、苦労して武器を調達し、すてばちの勇気をふるって、ヒムラーが反乱の「鎮圧」のために派遣したSS、警察、国防軍部隊と戦った。およそ四週間ゲットーの住民はもちこたえた。そのあとSS将軍ユルゲン・シュトロープは、ワルシャワゲットーの最期を報告することができた。そこは、完全に灰燼に帰した。生きのこったユダヤ人は、トレブリンカとルブリン＝マイダネク強制収容所におくられた。他の収容所でも、たとえばビャウィストク、ヴィルナ、ミンスクで抵抗運動が起こった。

ドイツ指導部は、それゆえますますユダヤ人を「危険分子」と見なし、彼らの完全な殺害を急いだ。

SSと警察は、一九四三年六月と七月につぎつぎとゲットーを包囲し、住民を強制移送したり射殺したりした。わずかに残っていたのは、強制労働収容所だけだった。しかし、これらの拘留者にもじきに最期がやってきた。絶滅収容所ソビブルとトレブリンカでは反乱があったが、ビャウィストクではユダヤ人は武力をもってゲットーの完全な破壊に抵抗した。一九四三年十一月初頭、SSと警察は、たった二日間のあいだにルブリンとその周辺の四万人以上のユダヤ人の労働拘留者を射殺した。これによって総督府での「最終解決」は終了した。

いくにんかの歴史家は、トレブリンカだけでおよそ九〇万人のユダヤ人が殺害されたと主張する。総督府の絶滅収容所には、他のヨーロッパ諸国からもユダヤ人がおくられた。こうしてオランダのユダヤ人はソビブルに、ギリシアのユダヤ人はトレブリンカに強制移送された。その理由は、とりわけアウシュヴィッツがまだ完全に拡張されていなかったことによった。

アウシュヴィッツは、ふたつあった。強制収容所と絶滅収容所である。最初ここには、ポーランドの政治犯の拘留者のための大きな強制収容所があった。それは、一九四〇年に建設された。一九四一年九月アウシュヴィッツの収容所指導部は、青酸毒ガスである「ツィクロンB」をつかった最初の殺害実験をおこなった。この殺虫剤は、もともと強制収容所の敷地内で衣服とバラックを消毒するために予定されていた。しかし、いまや九〇〇人の人間――おもにいわゆる労働不能なソ連の戦時捕虜とユダヤ人の拘留者――を、強制収容所の建物の密閉された地下室に押しこめ、ツィクロンBの蓋をあけた缶をそのなかに投げこみ、扉を閉めた。拘留者たちは窒息死した。

この殺人は、どうやら「安楽死」をアウシュヴィッツの強制収容所の拘留者自身に実施する実験だったようだ。それ以前にこの作戦の犠牲者は、T4組織の収容所に送致されていた。しかし、ツィクロンが殺人剤とわかったあと、収容所指導部は、ルードルフ・ヘスの命令下でくりかえし青酸をユダヤ人の殺害につかった。一九四二年二月からは、これは定期的におこなわれた。

一九四一年九月から、数キロメートル離れたビルケナウ村近郊にもうひとつの収容所が建設された。じきにビルケナウにガス室ができた。収容所の端の二軒の農家が改築され、シェルターⅠとシェルターⅡと呼ばれた。一九四二年七月初頭から、これらのガス室と基幹収容所の敷地にあった火葬場Ⅰで、ドイツと、とくにしかしフランスとオランダからのユダヤ人が殺害された。

そのまえにＳＳ医師による「選別」がおこなわれ、その際とりわけ年配者と子どもに死がもたらされた。他のすべての人びと――そのなかには非常に多くの女性がいた――は、労働へと選別され、前腕に拘留者番号の入れ墨をされた。この残酷な目じるしは、他の強制収容所ではなかった。他のすべての人びとは、徒歩で農家へと向かうか、トラックでそこまではこばれた。殺害された人びとの死体は、ビルケナウの敷地に埋められた。

アウシュヴィッツをすべてのヨーロッパ・ユダヤ人のための絶滅センターにしようという一九四二年夏のヒムラーのもくろみに、ひょっとしてヒトラーも個人的にかかわっていたかもしれない。ソ連の秘密情報機関の捜査員は、戦後ヒトラーの近侍のハインツ・リンゲと最後の副官オットー・ギュンシェから、この独裁者が、「ガス室の開発」に興味をもち、設計図を要求したことを聞きだした。

この設計図は、もしかすると火葬場、すなわち死体焼却装置を強制収容所のために納入したエアフルトの会社トップフ・ウント・ゼーネ（Topf & Söhne）のものだったかもしれない。この会社のチーフエンジニアは、アウシュヴィッツの火葬場を大規模な殺害施設に改造するための計画にもかかわっていた。このくわだては、ナチ国家の最大のそして技術的にもっとも資金を傾注した大量殺人計画だった。

一九四三年夏以降、ようやくすべての火葬場とガス室が完成した。

アウシュヴィッツの火葬場は、たえず過重に稼働され、くりかえし運転中止となったため、絶滅プロセスすべてがとどこおった。大多数のユダヤ人は、火葬場Ⅱで殺され、焼却された。地下室では、SS隊員とユダヤ人の特別作業班《ゾンダーコマンド》の係り員が、死期の迫った人びとを待っていた。彼らは、服を脱ぎ、その服を壁に掛け、そのあとシャワー室のように見える大きな広間へ入らなければならなかった。シャワーヘッドが天井に取りつけられていた。実際にはここはガス室だった。SSは、その都度およそ二〇〇〇人の人間をその広間に押しこんだ。ガスの漏れないとびらが施錠された。SSの「消毒係り」が、一階からツィクロンBを容器に注ぎこむと、それは、柱のなかを下へながれた。青酸は、粉状に合成され、空気に触れてはじめて活性化した。柱は、ガス室への開口部をもっていた。こうして毒ガスは拡散した。

およそ二〇分後には全員が死んだ。ガス室は、取りつけられた換気装置によって排気され、死体は引きだされた。特別作業班は、死者の口から金歯を折りとり、その体を火葬しなければならなかった。灰は近くの湖に沈めた。

アウシュヴィッツのガス室では、毎「回」およそ九〇〇〇人を一度に殺すことができた。しかし、一九四四年五月から七月にかけてハンガリーのユダヤ人が到着したとき、この大きさでさえ十分ではなかった。国防軍は、ハンガリーをその直前に占領していた。というのもこの国はドイツとの同盟を破棄しようとしたからだった。ヒトラーは、そのまえにハンガリーの国家元首ホルティ海軍提督に、ハンガリーのユダヤ住民を殺害のために引きわたすよう迫っていた。

ドイツ軍部隊のあとに、アイヒマンの命令を受けてハンガリーのユダヤ人の強制移送を準備した

SS分遣隊がぴったりとつづいた。三週間たらずのうちにアイヒマン分遣隊は、ハンガリーの警察の助けをかりてほぼ二九万人のユダヤ人をアウシュヴィッツに強制連行させた。これは、ホロコースト史上最大の単独での大量強制移送だった。強制連行は、七月以降さらにつづいた。その重点は、いまや首都ブダペストだった。一九四四年七月八日までに、さらにほぼ四十四万人のユダヤ人が、アウシュヴィッツに連れてゆかれた。彼らの多くは、長旅のあいだに貨車のなかで窒息し、のどが渇いて死んだ。「ハンガリー作戦」のあいだ、アウシュヴィッツの火葬場は過重に稼働された。そのため拘留者の作業班は、死体を近くの野外で焼却しなければならなかった。これは、いわゆるシャワールームに連れていかれるのを坐って待っていなければならなかった強制移送された人びとの目のまえでおこなわれた。

また一方で、労働力が供給されなければならなかった。労働力は、とりわけイギリス軍とアメリカ軍の空爆から守るために地下に移された飛行機製造とロケット製造のために、ドイツで緊急に必要とされた。それまでは、すべてのユダヤ人を帝国から「排除する」ことがヒトラーの政策だった。しかしいまや、一九四四年八月の第一週に、ヒトラーはハンガリーのユダヤ人を軍需経済に投入するよう命じた。ビルケナウの悪名高い「降車場《ランプ》」で、メンゲレのようなSS医師は、強制移送された人びとの「選別」を実施した。この「選別」でアウシュヴィッツの収容所の所員は、強制移送された人びとの家族を無慈悲に引きはなした。彼らの四人に三人は、親指の合図でガス室へおくられたが、とりわけそれは年配者と子どもだった。残りのすべての人びと――そのなかにはひじょうに多くの女性がいた――は、労働へと選別され、アウシュヴィッツ強制収容所へ収容されるか、帝国へさらに移送されるかした。

十月の第一週に、アウシュヴィッツのユダヤ人特別作業班は、武器をもって蜂起してSSに立ちむか

アウシュヴィッツ＝ビルケナウへのハンガリーのユダヤ人の強制移送中の「降車場（ランプ）」での選別、1944年5月。写真は、あるSS隊員のアルバムによる。背後に、そこを通って列車が死の収容所へ入構したビルケナウの入り口の門が見える。収容所の敷地と「降車場」へ入る線路は、わざわざ「ハンガリー作戦」のために建設された。311ページの収容所指導部の写真も参照せよ。

い、ひとつの火葬場を爆破した。蜂起は、衛兵によって凄惨に鎮圧された。翌月ヒムラーは、アウシュヴィッツの大量殺人の終結とガス室と火葬場の破壊を命じた。というのもそのあいだに赤軍が、ドイツの東部国境に間近に迫ってきていたからだった。

ルードルフ・ヘスの戦後の供述にもとづいて、最初、数百万の人間がアウシュヴィッツで殺害されたと考えられた。最近の算定から、アウシュヴィッツでは一〇〇万人弱のユダヤ人が殺害され、ベウジェツ、ソビブル、トレブリンカであわせてすくなくとも一三〇万人が殺害されたことがあきらかになった。犠牲者は、想像を絶する不安と苦痛をこうむった。大多数は女性と子どもだった。しかし、ヒムラーは、ユダヤ人の「根絶」を「われわれの歴史の栄光のページ」と称賛しさえした。

「総統」と「民族共同体」

前節の残虐な行為の描写は目的それ自体ではない。残虐さの背後にひとつのシステムが、迫害と殺人の多くの舞台の背後にひとつのプロセスがひそんでいることをあきらかにしようとしたのだ。このプロセスは、たしかに不可避なものではなかったが、しかし総統国家のさまざまな条件下で完全な絶滅へと向かっていった。なるほど、占領した地域の幹部と軍人は、ヒトラーの絶滅の意図が現実となることに決定的に寄与した。しかし中心にいたのは独裁者だった。彼がすべてをうごかしていたのだ。

ヒトラーは国家元首、「総統」、最高司令官——そして歴史上最大の大量殺人者だった。彼は、ゲッベルスがその日記にとどめたように、「過激な解決の倦むことのない先駆者であり主導者」だった。彼は、たえずユダヤ人を誹謗し、アントネスク元帥（ルーマニア）やホルティ海軍提督（ハンガリー）のような外国の同盟者にユダヤ人住民の殺害をなんども迫った。さらにそのうえヒトラーは、口頭による命令や指示をくだした。

歴史家たちは、ハインリヒ・ヒムラーを「最終解決の建築家」と呼んだ。彼は、彼の主《あるじ》で師匠のヒトラーの言葉を実行にうつすための決定的な人物だった。くりかえしヒムラーは、ヒトラーとの会談をもとめた。この会談の数だけでもすでに解明に富んでいる。一九四一年にはそれは四十六回で、そのうち八月以降が三十八回、九月と十月だけで十九回を数えた。翌年にはヒムラーは、七十八回ヒトラーと会議をおこない、そのうち二十一回は一月と二月で、一九四二年四月から七月までは三十六回だった。この協議は、ユダヤ人絶滅の決定が手間取っているときほど増えた。

ヒムラーをとおしてヒトラーは、「最終解決」について正確に情報を得ていた。このSS長官は、彼におそらく一九四三年四月「ユダヤ人問題の最終解決」についての統計さえ提出しただろう。そのなかには、三月までにいくにんのユダヤ人が殺害されたかが記載されていた。しかし、ヒトラーは、特別な言語規制に重きを置いていた。ヒトラー用の統計のなかでは、「ユダヤ人の特別処置」のかわりに、「収容所を通過」と書かなければならなかった。ヒトラーは、大本営でユダヤ人について語るとき、しばしば言葉遊びや比喩をつかったが、しかし憎しみをあからさまにつのらせた。彼は、「予言」が実現されるに応じてその「予言」に立ちかえった。ヒトラーは、しかしつねに実現がまだ遠い未来にあるかのように語った。彼は、大多数のヨーロッパのユダヤ人がすでに死んでいる一九四三年になってもそういう言い方をした。

ヒトラーは、この点において彼の「国民同胞」とそれほどちがった行動をとったわけではなかった。彼らはユダヤ人の殺害についてなにを知っていたのだろうか。ドイツ人は、一九四一年秋からの強制移送に注意深く気づいていた。一九三八年十一月のポグロムの夜のあとの逮捕のときと同様に、強制移送される人びとの引きたてられてゆく沿道にしばしば見物する人びとの一団がつくられた。反応は、悪意と満足から無関心をこえて抗議と不満までさまざまだった。しかし、このような批判はまれだったようだ。とりわけ、排除され貧しくなった少数派を守るために手出しをした者はいないも同然だった。反ユダヤ主義は、ある歴史家が表現したように、ナチズムの支配のもとでドイツ社会の内部に深く「喰いこんで」いた。

一九四二年のあいだに、帝国ではユダヤ人の殺害のうわさや情報がますます広まっていった。ソ連での大量射殺については、非常に多くのドイツ人が知っていた。というのも、目撃者や共犯者としてそ

ヴュルツブルク、1942年4月：ユダヤ人住民は、警察の監視のもと駅まで行進をはじめなければならず、そこから彼らは東ポーランドに強制移送される。背後の沿道には見物人が立っているのが見える。写真は、ヴュルツブルクのゲシュタポのアルバムによる

の場に居あわせた兵士たちが、自分の体験を報告したからだった。こうしたうわさを打ち消すため、党の幹部は、マルティーン・ボルマンの指示にしたがって、ユダヤ人は、「目下東部の大きな、一部はすでに存在し、一部はこれから建設される収容所へ移送」され、「そこから彼らは、労働に投入されるかさらに東部へ連れてゆかれる」、とそれ以後語らなければならなかった。

ボルマンは殺人を一部認めることによって殺人を否認した。これを認める方法は、すでにわたしたちがなんども出会った「労働配置」を話題にしたことだった。たとえば、「安楽死」の期間中の病人の除去、東ヨーロッパの強制的ゲットーでの「労働可能な」ユダヤ人と「労働不能な」ユダヤ人のドイツ人による区別、ヴァンゼー会議についてのアイヒマンの記録、アウシュヴィッツの降車場での選別を述べたときに。

総督府で勤務していたドイツ人の幹部と兵士のあいだでは、ユダヤ人が殺されることは秘密ではなかった。殺人は、実際公衆の面前でおこなわれた。こうした男たちの多くは、絶滅収容所についても知っていたが、しかし帝国内

ではこうした情報は、あまり広まっていなかったようだ。

イギリス軍の戦時捕虜になったドイツ国防軍の高級将校たちは、おたがいに自分が見たことや知っていたことをまったく隠さず話した。いくつかの事例ではこうした情報は、広範囲に広まった。なかには、ユダヤ人の大量殺人を命じたことを、隊員仲間に対して認める者もいた。こうした将校たちは、イギリスの秘密情報機関が、彼らの会話を盗み聞きしていたことを知らなかった。

スターリングラードの戦争の転機以降、ドイツ人の良心の呵責は大きくなった。密偵機関である保安諜報部（SD）は、ドイツ人が、イギリス軍とアメリカ軍の空襲をユダヤ人の殺害に対するドイツ国民への正当な復讐だとたびたび思っていると報告した。いぜんとして、ユダヤ人が、ドイツの敵国の戦争遂行を決定づけたという反ユダヤ主義的な考えがあった。実際には、「最終解決」と空爆戦のあいだには因果関係は存在しなかった。

すでに対ソ連戦直前に、ゲッベルスは、ヒトラーのつぎのような言葉を書きとめていた。「もしわれわれが勝利すれば、だれがわれわれにその方法を問うだろうか。われわれは、どうせさんざん悪いことをしてきているのだから、勝利しなければならない。なぜなら、さもないとすべてのわがドイツ国民と、自分にとって都合にいいものをみんなもって先頭に立っているわれわれは、抹殺されてしまうからだ」まさにこの方針に沿って政権は、一九四三年春以降のプロパガンダで「ユダヤ・ボルシェヴィズム」への不安をあおった。政権は、「民族共同体」全体が犯罪に責任があることを主張することによって、ドイツ人を自分の側につなぎとめようとした。

ようするに大多数のドイツ人は、ユダヤ人の運命について多くを知ることができたが、その大半はもっと多くのことを知ることに関心がなかったと言える。というのも、もっと多くのことを知ることは、「総統」の犯罪的な役割と自身のかかわりあいを仮借なく見つめることを前提としただろうからである。ドイツ人の大多数は、無関心な態度をとり、少数は、ユダヤ人の跡形ない消滅を大声で歓迎し、はっきりと批判したひとはさらにすくなかった。

数千人のユダヤ人が、大都市で戦争を生きのびた、潜伏することによってとくにベルリンで。いずれにせよ一五〇〇人の男性、女性、子どもが、このような「Uボート」として帝国首都でナチスの支配の終焉を体験した。これは、すくなくとも彼らより一〇倍多くの協力者たちが彼らをかくまい、食料品と情報をあたえてくれたことによってのみ可能だった。この救出行動は、暗い時代のちいさな光明だった。というのも、「国民同胞」の大多数は、目をそらし、ユダヤ人のためになにもしなかったからだった。

第6章　穴居人

終わりのはじまり

ヒトラーの没落は、失敗した七月二十日の暗殺事件から数カ月もたたない一九四四年九月末にはじまった。彼は、いまやもういちど一か八かの勝負に出ようと決心した。ヒトラーは、おどろくべき反撃を命じようと思った、つまりアルデンヌで、西部ですでにアーヘン近くに進攻していたアメリカ軍に対して。ベルギーの港アントワープを奪還し、そうして敵軍の補給を分断しようと思った。ドイツ軍が勝利したら、西側列強と講和条約の締結に合意することができるだろう、とヒトラーは考えた。国防軍を、そのあと全兵力をもってソ連に立ち向かわせようと思った。ヒトラーは、これが軍事的にまだなにかを動かす最後のチャンスだと知っていた。東部戦線ではそれはもはや不可能だった。攻撃期日を彼は、さしあたり十一月末と決めた。

それから数日もたたず彼は黄疸にかかり、自分の習慣にまったく反しておよそ二週間ベッドに横たわっていなければならなかった。十月十一日にヒトラーは、ようやくまた歩きまわることができた。「総統」は、自分は元気だと主張したにもかかわらず、健康状態は悪化した。パーキンソン病の兆候だが、左腕の震えがぶりかえした。彼の背中はすでに数カ月前からまがっていたため、彼は頭をまえに突きだし、腰をかがめて歩かなければならなかった。黄疸が癒えたら二週間オーバーザルツベルクで静養するよう彼の侍医モレル博士がしきりに勧めたが、ヒトラーは聞かなかった。

そうこうする間に赤軍はドイツの国境を越えていた。国防軍は、さしあたり攻撃をはねかえし、ロシア軍兵士が数日間占領した場所を奪還した。国防軍は、殺害された民間人と暴行された女性たちの死体を見つけた。ソ連でのドイツ軍兵士の暴力は、いまや自国の国民に跳ねかえってきた。勝利者の復讐への不安に満ちて人びとは、いくらかの家財道具をひとつにまとめて、永久に故郷をあとにした。

マルティーン・ボルマンは、ヒトラーに、赤軍をまえにしてオーバーザルツベルクかベルリンに避難するようしきりに勧めた。その間に「総統」は、ふたたび病気になり、今度は喉だった。彼は、声帯の手術を受けなければならなかった。長いことためらったのち彼は、ベルリンへの旅立ちを決心した。十一月二十日にヒトラーは、東プロイセンの大本営をはなれた。そのあとそこは、爆破された。独裁者は、ヴォルフスシャンツェでロシア軍と戦うか、自殺によって「戦死する」かわりに、そこをはなれてしまったことを後悔しながら振りかえった。自分自身の最期への思いに彼は、ますますとらわれた。

ベルリンの帝国宰相官房は、それまでごくわずかしか直撃弾をうけていなかった。到着後すぐにヒトラーはそこで手術を受けた。数日間彼はしゃべることができず、戦況会議では筆談でしか話ができなかった。同様に一九四四年十一月二十一日にエーファ・ブラウンがベルリンに到着した。六月、ヒトラーの最後のオーバーザルツベルクでの滞在中、彼女の妹マルガレーテが、SS将軍ヘルマン・フェーゲラインと結婚した。彼は、その間にヒトラーと接触するヒムラーの連絡員になっていた。ヒトラーとフェーゲラインは、おそらくすでに対ソ連戦の開始以降顔見知りだっただろう。それは、ベラルーシのユダヤ人の射殺に際してのフェーゲラインの「功績」にもとづいていた。エーファ・ブラウンは、フェーゲラインと彼女の妹の仲介でいまやヒトラーの取りまきのなかに公認の席を確保した。そのうえ彼女は、どうやら義理の兄弟姉妹にふつう見られる以上にフェーゲラインに好意をもったらしい——そしてその逆も。

ヒトラーとエーファ・ブラウンは、旧帝国宰相官房の「総統の住まい」に住んでいた。ベルリンの中心部への空襲は、この時期にはなかった。エーファ・ブラウンは、昼食と夕食のときヒトラーの相手をした。彼は、ふたたび生気を取りもどしたが、それは彼の恋人のせいではなく、アルデンヌの攻勢が間近に迫っていたからだった。とうとう彼はふたたび行動することができた。十月十日、エーファ・ブラウンはオーバーザルツベルクにもどった。

ヒトラーと部下たちは、同じ日の午後ベルリンからヘッセンに向けて出立し、バート・ナウハイム近くの最後の大本営「鷲の巣 Adlerhorst」に入った。一九四四年十二月十六日、攻撃作戦「秋の霧」がはじまった。二〇万人のドイツ軍兵士が、六〇〇〇両の戦車と自走砲をもってアメリカ合衆国の軍隊と対戦した。作戦は、ヒトラーが何日も待たなければならなかった悪い天候がつづいたときだけ成功することができた。というのも、天気がよいときは、自軍の空軍がなんの太刀打ちもできない敵の空襲が迫ったからだった。一九四〇年初夏にはアルデンヌからのドイツの奇襲攻撃は成功した。今回は計画は失敗した。たしかにドイツ軍の戦車は、アメリカ軍を一〇〇キロほど後退させることができたが、しかしアントワープははるか彼方にあった。クリスマスイブに天気は晴れあがった。西側列強は、五〇〇〇機の飛行機でやすみなくドイツ軍部隊に攻撃をしかけた。「秋の霧」は失敗した。

一九四五年元日、ヒトラーは、久しぶりにふたたびドイツ国民に向きあったが、このラジオ演説で彼は、壊滅的な状況についてほとんど語らなかった。彼は、今年きっとおとずれるであろう「最終勝利」を説き、またしても「世界ユダヤ人」を誹謗した。アルザスの北方の牽制攻撃である「北風」作戦が同じ日にはじまった。二〇キロメートル進んだところで攻撃は行きづまった。空軍は、たしかにその間に数百機の敵機を破壊したが、ほとんど同じぐらいの自軍の爆撃機と戦闘機をうしなった。空軍はこれで事実上壊滅した。

一月七日から八日にかけてヒトラーは、全ドイツ軍部隊の撤退を命じた。アルデンヌの攻勢は終わってしまった。八万人のドイツ軍兵士が、最高指揮官のこのすてばちの行為のためにみずからの命で贖わなければならなかった。ヒトラーはいまや逃げようもなく最期をまえにしていた。はじめて彼はくずおれた。ヒトラーは、彼の空軍副官ニコラウス・フォン・ベーロに「完全に絶望した印象」をあたえた。ヒトラーは言った。「わたしは、戦争に負けたことがわかった。(敵の)優位は大きすぎる。いちばんいいのは、わたしがこれから自分の頭を銃で撃ちぬくことだ」。ヒトラーは、もちろん自分自身にではなく、自軍の「裏切り者」のなかに責任をさがした。彼が、「鷲の巣」でピストルに手を伸ばしていたら、戦争は終わっていただろう。というのも彼だけが、まだドイツの降伏の道をふさいでいたからだった。しかし、彼はふたたび奮起した。

アルデンヌの攻勢のために「もっとも偉大な最高指揮官」は、ドイツ軍部隊を東部戦線から撤収させていた。すぐさま赤軍は、一月十二日、東プロイセン、ワルシャワ、シュレージエン、オーダー川――それによってベルリンへ向けて――方面に新たな攻勢をはじめた。ソ連軍部隊は、国防軍をはるかに凌駕していた。赤軍は、二〇〇万人以上の兵士を投入することができた。それに対抗するドイツ軍兵士は四〇万人しかいなかった。赤軍は、七倍の数の戦車と二〇倍の大砲をもっていた。したがって、ソ連の攻勢はすばやくすすんだ。

ヒトラーは、ベルリンへの帰還を決めた。そこでなんとかして局面を変えようと思った。しかし、それは幻想だった。「総統」が、まだ成しとげることのできた唯一のことは、陸軍大将ヨードルがのちに表現したように「英雄的な滅亡」だった。それは、「おそらくのちの世代が復活を見いだすことができるであろう」世界史の舞台からの英雄的な退場だった。

一九四五年一月十六日、ヒトラーの特別列車が、そこからベルリンのユダヤ人たちが「東部へ」強制移送されたグルーネヴァルト駅に入った。一〇時にヒトラーを乗せた長い車列は、首都の廃墟の風景のなかを走って帝国宰相官房に着いた。ベルリンの住民は、「総統」の到着になんら注意をはらわなかった。到着も周知されなかった。ヒトラーがいる場合、ふだんつねに揚げられていた帝国宰相官房の屋根の上の旗は、さがったままだった。大々的な大衆の歓声の時代は、とうとう終わってしまった。

総統防空壕

ヒトラーは、たえず自分の身の安全を気にして、イギリス軍とアメリカ軍の爆弾におびえていた。その際彼は、それまで爆撃戦の音を遠くからしか聞いたことがなく、一度も破壊された都市に姿をあらわすこともなかった。彼の大本営にそれまで一発も爆弾は落ちてこなかった。

その一方、敵国の爆弾は、戦争のあいだにますます大きく重くなっていった。「総統の住まい」の宴会場の下の防空壕は、ヒトラーにとってじきにもはや十分ではなくなった。彼は、一九四三年初頭、アルベルト・シュペーアに帝国宰相官房の庭に新しい防空壕を建設するよう委託した。この防空壕は、最初の防空壕と同じ寸法だが、しかし三・五メートルの厚さの天井と四メートルにおよぶ厚さの壁をもっていなければならなかった。

ヒトラーが一九四五年一月、最終的にベルリンにもどってきたとき、新しい防空壕の作業はまだ完全に終了していなかった。旧帝国宰相官房の上階のヒトラーの私室は、ほとんど爆撃をこうむっていなかった。そこはふたたび修理された。ヒトラーとエーファ・ブラウンは、およそ六週間にわたってこの私室に住み、そこを使い、サイレンのうなりが敵の爆撃機の来襲を告げたときだけ防空壕に入った。「総統」は、おそらく二月末か三月はじめから彼の新しい防空壕のなかに閉じこもって暮らした。というのも爆撃がますますひんぱんになったからだった。エーファ・ブラウンは、ヒトラーにしたがって防空壕に入った。三月三日、ヒトラーは、これが最後になるが、ベルリンをはなれ、部下といっしょにオーダー川の前線のヴリーツェンにテーオドーア・ブッセ将軍をたずねた。ほぼ二カ月間独裁者は、ほとんど二四時間地下深くで暮らしつづけ、めったに地上に顔を出さなかった。

彼は、当初まだ帝国宰相官房で昼食をとり、トイレに行き、犬を連れて庭を散歩した。彼の将校のひとりが戦後言ったように、これは、「美しい光景ではなかった。彼は、曲がった背中をまるめて、小幅でしか歩かなかった。彼は、ゆっくりとしか動けなかった」。戦況会議も、いまやいつも防空壕のなかでおこなわれた。「総統」は穴居人になった。赤軍の将軍たちにとってこれは「ファシズムの穴」だった。それは、征服され、「野獣」ヒトラーは仕留められなければならなかった。

総統防空壕は、地下一〇メートルの深さの穴のなかにあるおよそ一辺二六メートルの正方形のコンクリートブロックだった。この施設が計画されたとき、だれもここに長期にわたって滞在するとは思わなかった。防空壕は、空襲からの一時的な退避をおこなうためのものだった。そのため一〇平方メールか

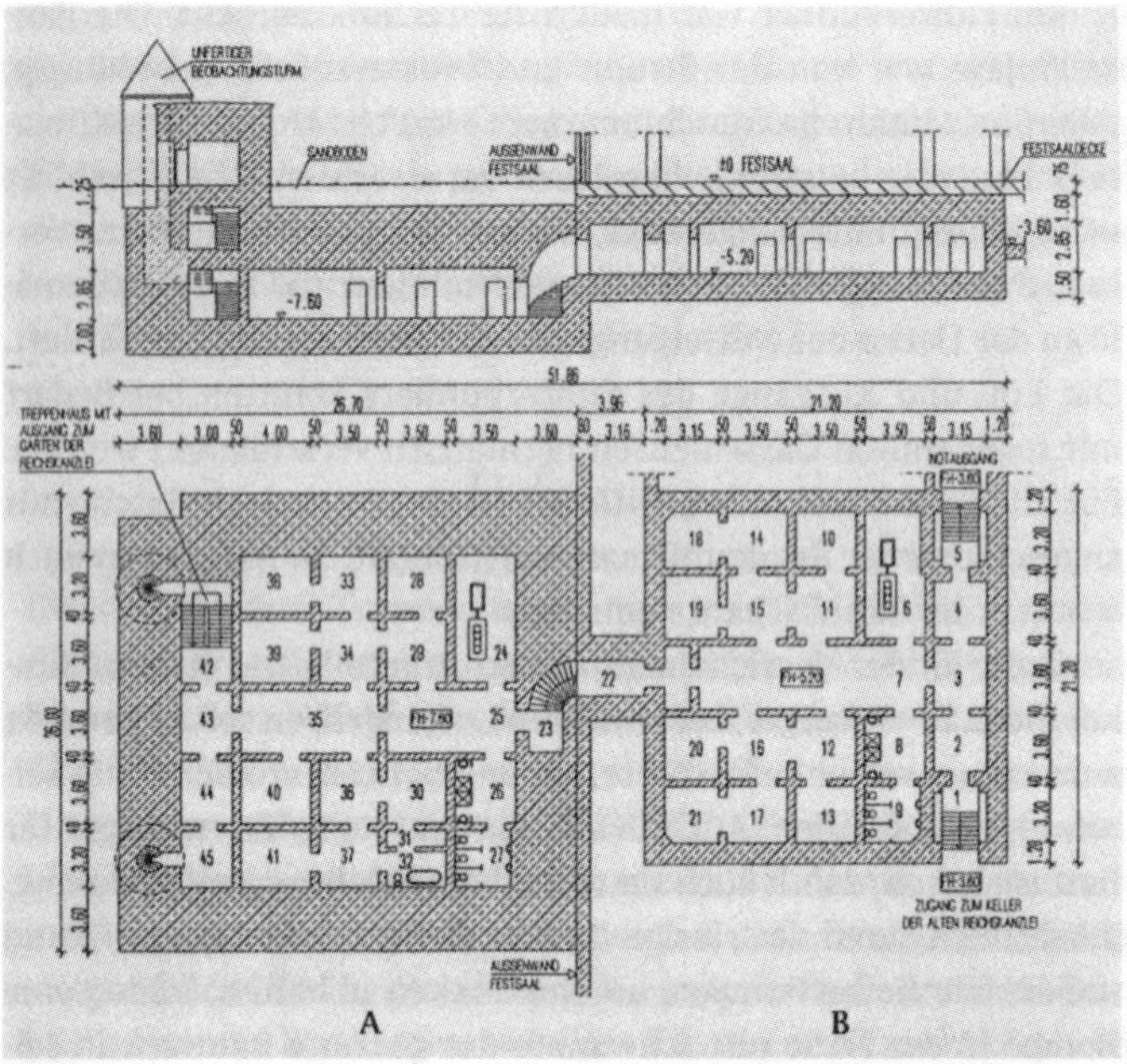

旧帝国宰相官房の宴会場（背後）の下の「総統防空壕」（手前）と「前部防空壕」

ふたつの防空壕の平面図と断面図

•総統防空壕
23毒ガス遮蔽エアロック　24機械室　25廊下　26－27トイレと共同洗面所　28電話とテレタイプ　29防空体制室　30エーファ・ブラウンの寝室　31クローク　32浴室とトイレ　33寝室　34ラウンジ　35控室か待合室　36控室　37ヒトラーの執務室兼居住室　38侍医の部屋　39寝室（ゲッベルス）　40倉庫　41ヒトラーの寝室　42吹き抜け　43毒ガス遮蔽エアロックと帝国公安本部　44ラウンジ　45監視塔入り口

•前部防空壕
1入り口　2－4毒ガス遮蔽エアロック　5地下室への非常口　6機械室　7食堂8－9トイレと共同洗面所　10－11寝室　12－13台所　14－15、18－19寝室（ゲッベルス夫人と子供たち）16－17，20応急用住居　21荷物室　22渡り廊下

ら一二平方メートルの利用できる一五の「部屋」は、非常に狭かった。というのもできるだけたくさんの部屋をしつらえようとしたからだった。しかし、これらの部屋は、今日のふつうの住まいと同様ほぼ三メートルの高さがあった。ヒトラーの部屋は控え室と、防空壕の壁と接する、ものがあふれた小さな居間から成っていた。そのすぐとなりにエーファ・ブラウンは、居間兼寝室をもっていた。浴室とトイレを二人は共同でつかった。「総統」と彼の伴侶の部屋のまえの廊下の壁に、ヒトラーは、旧帝国宰相官房の彼の居室からもってきた何枚かの絵をかざらせた。この場所にはごく小さな戦況会議の部屋もあった。

総統防空壕にはきわめて近代的な技術がもちいられていた。施設全体は、電気と水の供給に依存していなかった。しかし、機械室には、ものすごい騒音を生む発電機と空調機械が稼働していた。新鮮な空気が、毒ガスから身を守るため、フィルターをとおして吸いこまれた。よごれた空気は、中央廊下の天井の排出開口部とふたつの空気溝をとおして防空壕施設から排気された。総統防空壕の出入り口は、必要ならばいわゆる毒ガス遮蔽エアロックによって密閉して閉めることができた。念のためにヒトラーのベッドの横には、酸素マスクがついた鋼鉄のビンがつねに手のとどくところにあった。すでに彼は、ヴォルフスシャンツェでもそうしていた。

こうした予防措置にもかかわらず、ヒトラーは防空壕を信用していなかった。彼は、激しい空襲があればすぐに起こすよう要求した。というのも彼は、直撃弾が側壁を破壊するかもしれないとおそれたからだった。エーファ・ブラウンも、腹立たしいことに、すぐに逃げられるようベッドを離れなければならなかった。実際この巨大な防空壕は、地下水深くにあった。四六時中、防空壕を排水するためにポンプが稼働していた。爆弾が近くに命中すると、この建物全体が地下水のウォーターベッドのなかで揺れた。

日課は、ヴォルフスシャンツェのそれと大差なかった。ヒトラーは、最初の空襲警報で起き、朝食をとった。一日を分けて三回の戦況会議が、朝、昼、晩におこなわれた。ヒトラーは、たいてい午前中まで寝ているので、「昼の戦況」は、しばしば午後の早い時間になってようやくおこなわれた。二十一時か二十二時ごろにヒトラーは夕食をたべた。「晩の戦況」は、しばしば真夜中すぎになってようやくはじまり、三時間にもおよんだ。それからヒトラーは、いつものように秘書たちをお茶会に招いた。それは彼の狭い居間兼執務室でおこなわれた。以前より多いヒトラーの長話は、単調で退屈だった。秘書シュレーダー夫人が回想したところによると、全員での食事ではいつも、彼は熱心に「犬と犬の調教師、栄養問題、世界の愚かしさと悪」について話した。明け方早くにヒトラーは眠りについた。

エーファ・ブラウンはお茶会に参加しなかった。彼女は、しばしば女性秘書のひとりを連れて、できるだけひんぱんに防空壕を出て、外でタバコを吸った。彼女はまた、ヒトラーの戦況会議のあいだ、女性職員とちょうど非番の数人の将校たちといっしょに小さなパーティーをひらいた。この会は旧帝国宰相官房の上階のエーファ・ブラウンの居間でおこなわれた。一杯のゼクト（シャンパン）があり、レコードが鳴らされ、ダンスが踊られた。こうしてエーファ・ブラウンは、ヒトラーの防空壕の世界の重苦しい現実からのがれた。

包囲

ソ連軍部隊は、一九四五年一月から三月までおよそ五〇〇キロメートルをすすんだ。大都市ブレスラウは、ヒトラーの命令で狂信的なナチス党の大管区指導者カール・ハンケによって要塞と宣言され、いかなる事態になっても放棄してはならなかった。実際ブレスラウは、終戦までもちこたえたが、激しく破壊された。この例外をのぞいて赤軍は、ほぼすべての東プロイセン、シュレージエン、ヴァルテガウを占領した。彼らは、二月末、オーダー川を越え、キュストリンとフランクフルト・アン・デア・オーダーのあいだに陣地をかまえた。赤軍は、帝国宰相官房からおよそ七〇キロメートルしかはなれていなかった。しかし、ヒトラーは、ドイツ軍部隊をベルリン防衛に配属することをかたくなに拒んだ。首都への突入は、事実まだ数週間待たれた。というのも敵の兵力が、そのまえに補給と増強を図ろうとしたからだった。

ヒトラーは、戦況が絶望的なのを知っていたが、しかし自分の戦争の現実から逃げた。こうして建築家ヘルマン・ギースラーは、一九四五年二月の第一週にリンツ市の大きな木の模型をベルリンに運んできて、それを新帝国宰相官房の地下室の一室に据えた。ヒトラーは、この模型のまえに長いことすわって、彼の少年時代のこの町が、計画された改造と新造による建物によってどう変わるかをこと細かに熱っぽく語った。のちに彼は、いくども地下室にもどり、この模型を見た。それは、彼の建築学への夢のうちまだのこっているすべてだった。

それ以外にもヒトラーは、現実からかけはなれた希望にすがった。彼は、とくに西側列強とソ連の同盟の分断に賭けた。ヒトラーは、チャーチルとローズベルトは、ドイツだけが東部からの「赤い洪水」を堰きとめられることを理解しなければならないと主張した。ドイツといっしょにボルシェヴィズムに対抗することは、西側列強のためになることだ、というのだった。実際一月後半に、和平交渉をするために、外相リッベントロップと空軍長官ゲーリングが西側列強とコンタクトをとる試みがあった。ヒト

新帝国宰相官房でのリンツ市のための新造計画の模型をまえにしたヒトラー、おそらく1945年2月9日

ラーは、このことを知っていた。彼の軍事顧問たちは、彼の奇跡への望みを後押しした。

それに対して軍需相アルベルト・シュペーアは、帝国の戦時経済状況を冷静かつありのままに記した覚書を一九四五年一月三十日にヒトラーに提出した。シュペーアの結論はこうだった。「敵の物質的優位性は、もはやわれわれの兵士の勇敢さをもってしても埋め合わせられない」最終的にシュペーアは、この戦争をすぐに終えるようヒトラーに要請した。そのすこしまえヒトラーは、副官フォン・ベーロに対して同じようなことを語っていた。しかし、シュペーアがヒトラーの力をうたがっていたので、ヒトラーはこの軍需相を正気にもどらせ、おどすように彼、ヒトラーのみが、ドイツの軍需状況から結論を引きだしてよいのだと言明した。同じ一月三十日にラジオは、そのまえにテープに録音されていたヒトラーの演説を放送した。最近二週間のソ連の攻勢には彼はふれなかった。彼は、しかしロシア人が、東部ですでに数十万人の無辜のドイツ人を「絶滅」させたと主張した。

それはありえなかった。しかし、東部地域ではおそらく恐ろしいドラマが演じられていただろう。東プロイセン、シュレージエン、ヴァルテガウからのドイツ人の逃亡は、文字通り民族大移動になった。大量追放が、東部方面のポーランドのドイツ占領下でおこった。ソ連ではドイツの占領者たちが、何百万人もの一般市民や兵士を殺害していた。両者は、いまやたがいに復讐しあった。ソ連のプロパガンダに煽動されて赤軍兵士は、略奪し、殺害した。彼らは、ドイツ人女性を大量に暴行した。

ドイツのプロパガンダは、もちろんこの犯罪を利用し、迫真の恐怖の像をつくりあげた。同時にナチス党の上層部は、はっきりと逃亡を禁じた。ドイツ人は、逃げるかわりに抵抗するよう命じられた。東プロイセンでは大管区指導者コッホが、一九四五年一月までこの命令をまもりつづけた。それから彼は、逃げ出した最初のひとりになった、それも快適な公用車にのって。ヴァルテガウの責任者アルトゥル・グライザーも同様の行動をとった。ドイツ国民は、ナチス党の指導者たちがその褐色の制服のためにそう呼ばれた「金鶏たち」のこの行動を憎しみと苦々しさをもって受けとった。

しかし、ドイツ人だけが西に向かって移動したわけではなく、強制収容所の拘留者たちもまた西に移動した——そのなかには東部のゲットーと収容所のユダヤ人もいた。強制収容所は、彼らの苦難の道の最終地点だった。強制収容所のシステムは、一九四四年／四五年に巨大にふくらんだ。衛星収容所網は帝国領土をおおった。こうした衛星収容所の多くは、基幹収容所よりも多くの拘留者をかかえていた。一九四五年初頭には、七〇万人以上の——ほとんどすべて外国人の——人間が有刺鉄線の向こうにいた。そのなかにはおよそ二〇万人のユダヤ人がいた。ハンガリーからのユダヤ人女性は、一九四四年ドイツの収容所に到着した集団の最初の人びとに属した。晩夏にはバルト三国のゲットーと収容所からの最初の「立ち退き」がはじまった、ＳＳの収容所指導者たちが拘留者を即座に射殺しないかぎりにおいて。

一九四五年のソ連の攻勢の開始以降、文字通り死の行進がはじまった。アウシュヴィッツから一月十七日、ほぼ六万人の拘留者が進発させられた。監視部隊は、冬の寒さのなかで遅れたり、逃亡しようとした者はだれであれ射殺した。無数の行進する人びとは、たぶん数千人だろうが、次の目的地にたどりつかなかった。アウシュヴィッツの拘留者の相当数は、シュレージエンの強制収容所グロース＝ローゼンに来て、そこから鉄道輸送で帝国領内のさまざまな強制収容所に振りわけられた。一九四五年一月二十八日に赤軍は、アウシュヴィッツを解放したが、その残っていた火葬場は、ＳＳが二日前に爆破していた。ソ連兵士は、行進する必要のなかった数千人の衰弱した拘留者たちを目の当たりにし、さらにしかしまた大量殺人のための数十万倍の証拠も見いだした。それは、トランク、靴、メガネ、さらに女性の髪の巨大な山だった。

　衰弱して病気になって東部から到着した拘留者たちは、一部は帝国内でそもそももはや食事をあたえられず、医者の治療も受けられなかった。最悪の収容所は、この点でニーダーザクセンのベルゲン＝ベルゼンだった。イギリス軍部隊が、この収容所を四月なかばに開放したとき、そこは生きのこった者、死んだ者、瀕死の者で満ちあふれていた。一九四五年三月だけで一万八〇〇〇人の人間が、飢えと伝染病で亡くなった。さらに一万三〇〇〇人が、解放後に亡くなった。あわせて一〇万人以上のユダヤ人の強制収容所拘留者が、一九四五年初頭から終戦までにドイツ人の手にかかって死んだ。拘留者のふたりにひとりが、終戦をもはや見ることはなかった。

　これらすべては、歴史家が的確にも没落してゆくナチ政権の「殺人鬼による殺人《アモクラウフ》」と呼んだ暴力のオルギアの一部だった。刑事裁判所と軍刑事裁判所は、流れ作業で死刑判決をくだした。党員とＳＳ隊員の「巡回臨時軍法会議」は、脱走したとまちがって思われたか実際にそうしたドイツ軍兵士を追跡し、公衆の面前で絞首刑にした。処刑された者の首に巻かれた厚紙のプレートは、「国民同胞」に、ヒトラーの命令を無視すればどんな目に遭うかを告げていた。

帝国の西部では「人狼部隊《ヴェーアヴォルフ》」が暗躍した。これは、ヒムラーが一九四四年秋につくりだした狂信的なナチス党員による一種のパルチザン組織だった。「人狼部隊」は、放火と暗殺をはたらき、数多くの脱走兵を処刑した。ドイツのプロパガンダは、大規模なナチスのパルチザン運動を印象づけたが、しかしそれは論外だった。ドイツ人は、最後まで「総統」を信じていて、終戦時にその多くが自殺したわずかな狂信家をのぞけば、ナチズムにはとことんうんざりしていた。

避難民のドラマと収拾のつかない国内への暴力とならんで、空中戦も、終戦前数カ月間の恐怖をつのらせた。一九四五年二月からイギリス軍とアメリカ軍の飛行機は、それ以前の戦時下で投下した量と同じくらい多くの爆弾と焼夷弾を投下した。ドイツの対空防衛は、事実上もはや存在しなかった。敵の飛行機は、数多くの軍需工場と燃料工場を破壊し、ドイツの軍事的崩壊をはやめた。

それに対して、都市の住宅地域への空襲は、しばしば軍事的に無意味なテロ行為で、およそ五〇万人の人間がその犠牲になった。数十万人が自宅をうしない、「空襲で焼けだ」された。これが、ゲッベルスや他の者たちが招いた「総力戦」の現実だった。もっとも恐ろしかったのは、二万五〇〇〇人におよぶ人命がうしなわれた一九四五年二月なかばのドレスデンへの空襲だった。彼らの大多数は、敵の焼夷弾があおった火災旋風をあびて亡くなった。一部激しく炭化した死体は、町の真ん中の大きな薪の山で燃やされた。というのも伝染病の発生がおそれられたからだった。

その間に東部ばかりでなく西部でも、軍事状況は切迫していた。ヒトラーは、ドイツ軍の兵力を、もっとよく防衛できるようにするためにライン川右岸まで撤退させることを拒んでいた。そのため、数十万人のドイツ軍兵士が捕虜になったり、激戦のなかで命をおとしたりした。二月末か三月初頭にアメリカ軍はデュッセルドルフとケルンに着いた。国防軍は、ケルン近郊の戦略的に重要なレマゲンの橋を爆破することに成功しなかったので、連合軍は、ここでライン川を越えた。三月末までに連合軍は、さらにレマゲンの南方と北方でもライン川右岸に到達した。

いまや総統神話の残滓はなにものこっていなかった。それは、保安諜報部の指導部が三月末にボルマンに提出した風評報告からあきらかになる。「まちがって信じてしまったという深い失望感から、国民同胞のあいだには悲しみ、喪失感、やりきれなさの感情と高まる怒りがわき起こっている、とくにこの戦争で犠牲と労働以外なにも知らなかった人びとのあいだでは」。この報告は、「総統」へのあからさまな批判を証明していて、この批判に党員でさえあえて反論しなかった。帝国の西部と南部ではドイツ人は、連合国の兵士をしばしば白旗をかかげて迎え入れた。ヒトラー式敬礼はますますまれになっていった。人びとは、「こんにちは」に挨拶をもどした。多くのドイツ人は、そうこうする間にヒトラーを悪の権化そのもの、人間の姿をした悪魔と見なした。彼ら自身が、ヒトラーを選び、彼に熱狂的に歓呼の声援をおくったことによってヒトラー政権に責任を負っていたことはわきへ押しやられた。

ドイツ人は、ヒトラーへの恭順を破棄した。それに対して、「総統」は、彼の国民を躊躇なく没落へおくりこもうとした。国民は、彼といっしょに世界舞台から退かなければならないということだった。三月十八日にヒトラーは、軍需相シュペーアにこう語った。「もし戦争に負ければ、国民も失われるだろう」。ヒトラーはこう言った。ドイツ民族は、「弱い民族だったことが証明された。未来は、もっぱらより強い東部民族のものだ。闘いのあとに残っているのは、いずれにせよ劣った者たちにすぎない。なぜなら、優秀な者たちは戦死してしまったからだ」。

ヒトラーが正確にこう述べたかどうかは、シュペーアだけがそれを伝えたので、わたしたちにはわからない。この言葉は、いずれにせよ彼のダーウィニズム的な「世界観」に合致していた。ドイツ人は、戦争の生存闘争で弱すぎるものと証明され、彼、すなわち「総統」をもつにそもそも値しなかった。その翌日ヒトラーは、勝利者たちに焦土と化した大地だけをあとに残すよう命じた。「敵が、戦いを継続するためにすぐにあるいは近い将来利用することのできる帝国領土のすべての軍事的な交通設備、情報設備、産業設備、補給設備ならびに有形資産は破壊されなければならない」――というのが彼の悪名高い「ネロ命令」だった――これは、狂気にかられてローマ全土を灰塵に帰したといわれるローマ皇帝ネロにちなんで名づけられた。

しかし、これにはシュペーアが抵抗した。彼は、これほど長くヒトラーに忠実だった国民からこれ以上生存の基盤をうばわないよう彼に要求した。シュペーアは、大多数の大管区指導者と財界人をうしろだてにしていた。ヒトラーは、三月末に同意し、そのためシュペーアは、彼の破壊命令を大幅に弱め、最終的にはまったく実行しなかった。そのまえにシュペーアは、彼にこう断言していた。「わが総統、わたしは無条件であなたにしたがいます」。しかし、これはもはや正しくなかった。ヒトラーの権力は消えてなくなった。

崩壊

一九四五年三月末、赤軍がじきにベルリンに突撃を開始するだろうことはだれにもわかった。こうしてオーダー川とナイセ川の西方に、強力な防衛陣地がきずかれた。キュストリン西方のゼーロ高地が、首都防衛に際し鍵となる役割をはたすよう命じられた。ベルリンは、ヒトラーの命令で、赤軍の進攻をそのまえに止めることができない場合、一軒ごとに「狂信的に」防衛されるべき三つの環状線にわけられた。最初の環状線は、この町の外郭沿いを、第二の環状線は、都市高速鉄道沿いをはしり、三番目は、中央官庁街をかこんだ。

アメリカ軍は、その間に中部ドイツのかなりの地域を占領していた。四月十一日、アメリカ軍は、ブーヘンヴァルト強制収容所とドーラ＝ミッテルバウ強制収容所を解放した。収容所の恐ろしい写真が世界中にひろまった。

その翌日、アメリカ大統領フランクリン・D・ローズヴェルトが亡くなった。ゲッベルスは狂喜した。というのもこれは、彼がそのすこしまえにヒトラーのために頼んでおいた占星術が当たったように思われたからだった。この予言では、四月なかばからヒトラーの星回りが好転し、「総統」の運命が変わることが告げられていた。ヒトラーもまた、ローズヴェルトの死を知ったとき、よろこびのあまりはげしく興奮した。シュペーアは、ヒトラーが興奮した声でこう叫んだと報告している。「これを読みたまえ、これを！　あなたは信じようとしなかった。これを！　ここにわたしがいつも予言していた偉大な奇跡がある。戦争には敗けない」、ローズヴェルトの死は、転換点をもたらすだろう。ゲッベルスとヒトラーは、西側列強とスターリンのあいだの同盟は、かならずや崩壊するだろうと主張した。しかし、よろこびは長くつづかなかった。というのも四月十三日に赤軍がウィーンを占領し、その翌日にはオーダー河畔でソ連の進撃がはじまったからだった。

日付が四月十六日に変わる夜、ベルリン周辺で戦闘がはじまった。戦端をひらいたのは、ゼーロ高地近辺のドイツ軍陣地に対するロシアの砲兵隊の大規模な砲撃だった。砲声は七〇キロメートル西方のベルリンでさえ聞こえた。七五万人のソ連軍兵士が、数千両の戦車とともに突進してきた。ヒトラーは、撤退を命じるなら兵士から将軍まですべて「撃ち殺す」よう命じた。兵士たちは、ボルシェヴィズムの攻撃を狂信的に阻止し、「血の海で」溺れさせるよう命じられた。しかし、この血なまぐさい憎悪のスローガンにもかかわらず、国防軍は、敵の兵士に太刀打ちできなかった。国防軍は頑強に抵抗したが、赤軍がゼーロ高地の戦いに勝利した。四月二十日、赤軍はベルリン郊外まできた。

こうした状況下でヒトラーの五六回目の誕生日は、かつて彼の誕生日がそうであったようなかがやかしい出来事というよりむしろ葬式だった。いつものようにヒトラーのごく身近な職員たちは、ヒトラーがはっきりと禁じていたにもかかわらず、すでに真夜中にお祝いの言葉を述べた。エーファ・ブラウンは、彼に部下たちを迎えるよう説得しなければならなかった。ヒトラーは、祝いの言葉を無表情で受けた。

朝方数時間たって、いわば総統の誕生日を祝うために、数時間にわたる敵の空襲がはじまった。ヒトラーは、ベッドに行かず、朝早く彼の最初の戦況会議をおこなった。それから彼は、エーファ・ブラウンと紅茶を飲み、横になって眠った。そのすぐあとしかし、ヴィルヘルム・ブルクドルフ将軍が彼をおこした。彼は、ヒトラー付きのドイツ国防軍副官長として、一九四四年十月一日に死んだルードルフ・シュムントの後任になっていた。ブルクドルフは、赤軍がベルリン南方をも突破したとつたえた。ヒトラーは、すでに寝間着を着ていた。以前なら彼は決してそんな姿をみせなかっただろう。彼は、報告を無関心に聞いて、近侍ハインツ・リンゲに、午後早く彼を起こすよう命じた。

数時間後、彼は起きて、朝食を食べ、彼のシェパード犬ブロンディの子犬たちとたっぷり遊んだ。それから彼は、総統防空壕の裏手から帝国宰相官房の庭に通じる非常口の階段をのぼった。ごく身近な部

帝国宰相官房の庭でヒトラー青年団の少年たちといっしょのヒトラー、左手うしろに「全国青少年指導者」アルトゥル・アクスマン、1945年4月20日

下を引きつれて「総統」は、そこでSS師団から派遣された兵士と二〇人のヒトラー青年団のお祝いの言葉を受けた。全員が、腕をのばして敬礼した。青年たち――一部はまだ少年だったが――は、「戦車破壊部隊」の隊員として特別な勇敢さをしめし、鉄十字勲章を授与されていた。この光景は、ナチ国家の最後の週間ニュースのために撮影された。

ヒトラーの外套の襟は高く立てられていた。背中に隠した彼の左手は、はげしくふるえていた。彼は前かがみで歩いた。彼は、彼の偉大な模範フリードリヒ大王に似るように見えるために身体のおとろえを強調しているかのようだった。ヒトラーは、数名の少年にその英雄行為を語らせ、ひとりかふたりのほっぺを軽くたたき、それから彼らをふたたび前線に送りかえした。ひきつづいて彼は、帝国宰相官房でさらに祝い客を迎えた。彼は、彼らの気分をちょっとしたスピーチで盛りあげようとしたが無駄だった。昼食後、彼はふたたび防空壕に下りていった。彼は、もはや生きて表に出てくることはなかった。

その間に防空壕の奥まったところに、没落してゆく帝国の大多数の大物たちが、最後にヒトラーにお祝いを述べるためにあつまった。それは、ゲーリング、デーニッツ、カイテル、ヨードル、陸軍の最後の参謀総長ハンス・クレープス、リッベントロップ、ヒムラー、帝国公安本部長官カルテンブルンナー、軍需相シュペーア等々だった。みんなは、ヒトラーに永遠の忠誠を誓ったが、彼らのいずれもが、せまりくる悲運から逃れることしか考えていなかった。会議のあと大多数は逃げだしたが、最初に逃げだしたのはヘルマン・ゲーリングだった。彼は、オーバーザルツベルクに行くために、あわただしくヒトラーに別れの挨拶をした。シャウプが報告したように、ヒトラーは、彼のもとをはなれたいという重鎮たちの望みに深く失望し、「かつて彼が強大な権力をあたえた男たちと無言で別れをつげた」。

ヒトラーは、まだ海軍長官のデーニッツ海軍元帥を信頼していて、彼に自分の誕生日にもう一度「北部方面」を統制する全権をあたえた。敵の軍隊が中部ドイツで出会い、そうなるとドイツが北半分と南半分に分断されることが予想されたので、ヒトラーは、彼の名前で命令を発することのできるそれぞれ半分の地域のための軍事的全権者を任命していた。数年前から開かれていなかった帝国政府の大多数の構成員は、いまや北を目指して旅立った。ボルマンは、彼らに戦況会議のあと、道路が最終的に通行できなくなるまえに、いまは出立の準備をするときだと警告していた。大臣たちは、そのすぐあと、まだ国防軍によってまもられていたシュレースヴィヒ＝ホルシュタインのプレーンに到達した。

ヒトラー自身が、彼の誕生日の晩おそく彼の私設参謀部のスタッフに、ベルリンの状況により即時の出立が必要だと宣告した。ヒトラー自身は、二、三日遅れていくと言った。その結果あわただしい旅支度がはじまった。帝国宰相官房の中庭にヒトラーの運転手ケンプカが、大急ぎで荷物を積みこんだヒトラーの保有する車を乗りつけさせた。

その間にヒトラー、エーファ・ブラウン、女性秘書たち、ヒトラーの女性の食事療法料理人が、彼の防空壕の部屋での誕生日の飲み会にあつまった。ヒトラーは、そのあと疲れて横になって眠った。エーファ・ブラウンは、女性たちと随行員の幾人かの男たちを帝国宰相官房の上階の彼女の居間での最後のパーティーに招いた。シャンパンがあり、グラモフォンが、『血のように赤いバラがおまえにからみつくように』という流行歌をがなりたてた。みなは笑い、重苦しい状況をわすれようとした。しかし、二時間後に近くで炸裂した一発の手榴弾が、パーティーをおわらせた。

この夜のうちに最初の飛行機が、ベルリン郊外のガートウ空港から南方方向に出航し、ヒトラーの部下たちをミュンヒェン、ザルツブルク、その周辺へとはこんだ。その後三日間、三機から四機の飛行機が一日五回までベルリンと「南部方面」のあいだを往復した。これらのうちの一機は、ザクセンのベルナースドルフ上空を飛んでいて墜落した。乗員全員が死んだ。そのなかにはヒトラーの個人的な書類とエーファ・ブラウンの荷物をオーバーザルツベルクに運ぶよう命じられたヒトラーの近侍のひとりがいた。しかし、全体としては逃亡は成功した。

その翌日の朝ヒトラーは、ソ連軍がはじめてベルリン中心部を砲撃したことを聞かされた。あれこれ情報が飛びかったあと、敵の大砲がわずか十二キロしか離れていないことがあきらかになった。ヒトラーと陸軍の最後の参謀総長ハンス・クレープス将軍は、いまやSS将軍シュタイナーの指揮下にある戦車軍団に、ベルリン北東部で赤軍を攻撃するよう命令した。首都はもたない、という冷静な軍司令官たちの警告をヒトラーは聞き入れなかった。彼にとっては最後の一弾まで戦うことしかなかった。ロシア人は、ベルリン郊外で彼らの歴史上最大の敗北をこうむるだろう、と独裁者は主張した。

それは、しかしありえなかった。ヒトラーはすっかり神経がまいってしまい、文字通り暴れまわった。四月二十一日晩おそくモレル博士は、ヒトラーが防空壕の部屋で疲弊しているのを見つけた。彼は、いつものように注射でヒトラーを元気づけようとしたが、しかし彼は怒りの発作におそわれた。「総統」は、自分の裏切り者の将軍たちが、自分ヒトラーを人知れずベルヒテスガーデンにおくることができるよう、モレルが自分にモルヒネで神経を麻痺させるつもりだ、と主張した。モレルは、ヒトラーが彼にどなりちらしたことに対して自己弁護した。ヒトラーは逃げて、その制服を脱がなければならない、と彼は言った。こうして、長年ヒトラーに仕えたこの動揺した侍医は解雇された。彼は、飛行機で南ドイツへ脱出した。ひきつづきヒトラーの健康面を診たのは、一九四四年十月に彼の幕僚部に入ったSS医師シュトゥムプフエッガーだけだった。

その翌日、狂気は頂点に達した。ヒトラーは、戦況会議でシュタイナーが命じられた攻撃をまったく実行しなかったことを知った。なぜだ。シュタイナーには、急いで寄せ集められて装備の劣った数部隊しかなく、この隊員を無意味に投入することを拒否した。しかし、ヒトラーは文字通り逆上した。彼は、将軍カイテル、ヨードル、クレープス、ブルクドルフをのぞいてすべての参加者を追いだし、部屋に残った者たちを実に三〇分も罵倒した。防空壕にいる人びとはすべてそれを聞くことができた。自分、ヒトラーは、そのすべての将軍たちにだまされ、裏切られた！　軍隊ばかりでなく、SSも自分を見捨てた！

戦争に負けた、とヒトラーは最後につぶやいた。自分はベルリンに残り、首都の防衛をみずから指揮し、最後に自殺する。自分は、もはや命令すべきなにものももたない。自分の部下たちは、好きなところへ行くがよい。将軍たちは、度をうしなった。彼らは、副官べーロとちがって、ヒトラーが戦争に負けたと認めたことを一度も聞いたことがなかった。彼らはみな、防空壕を大至急引きはらって、大本営をオーバーザルツベルクに移すよう彼を説得した。彼は聞かなかった。

ヒトラーは、真っ青になって戦況会議の部屋を出て、となりの居間兼執務室に入った。そこで、エーファ・ブラウンを同席させて女性秘書たちと食事療法料理人に、すべてはうしなわれたと伝えた。彼女たちに荷造りするよう指示した。一時間もすれば彼女たちは、南へ向かう飛行機のなかにいるだろう。しかし、たえず飛行機がベルヒテスガーデンに向けて飛び立ったにもかかわらず、女性たちのだれもこの申し出を受けなかった。エーファ・ブラウンもヒトラーのもとを去ることをこばんだ。彼女の女友達のひとりに宛てたあわただしい手紙のなかで彼女は、みずからの死を告げた。死ぬことは自分には苦しいことではない、と彼女は書いた。

その間にヒトラーの将軍たちは、個々にまた小さな集団で彼の防空壕の部屋に立ちよった。彼らにとって、その最高司令官にふたたび勇気を注ぐことが重要であるだけではなかった。ヒトラーは、もっとも厳しい状況のなかで国防軍への命令の破棄をつたえていた。軍部には、この命令を受ける自信がなかった。彼らのうちの何人かは、ヒトラーの行動を無責任だと、ヒトラーが容赦なく処刑させた一兵卒の脱走よりはるかに悪いと思った。

ヒトラーのなんらかの命令は、この状況下でなにもないよりはましだ、と軍の指導者たちは思った。ヒトラーは、最終的にヴァルター・ヴェンク将軍に宛てた命令に署名する気になった。将軍の第十二軍団は、エルベ河畔でアメリカ軍の兵力と戦っていた。ヴェンクは、彼の部隊とともに引きかえして、テーアドーア・ブッセの第九軍団の残存部隊といっしょにベルリン南西部のソ連軍の包囲網を打ち砕くよう命じられた。ヴェンクは自信のある態度をとった。しかし、カイテルとヨードルには、ヴェンクとブッセがほんのわずかな成功の見込みももっていないことは明白だったにちがいなかった。決定的だったのは、ヒトラーがしがみつくことのできた一本の藁を彼にふたたび差しだしたことだった。

実際ヒトラーは、じきにまた自分の気持ちを抑制した。彼の行動はきわめて矛盾に満ちていた。一方で、彼は、ヴェンクにすべての望みを託し、また一方で、ふたたび自殺の準備をはじめた。ゲッベルスは、彼の自殺願望を後押しした。このプロパンガンダの責任者にとって他のなによりも重要だったのは、ヒトラーが、その英雄的な「没落」によって後世にすすむべき道をしめすことだった。ヒトラーもまた、もちろんこうした考え方と無縁ではなかった。「命をなおしばらく長らえるかどうかはまったくどうでもいい。恥辱と不名誉のなかで二、三カ月か二、三年をさらに生きのびるより、むしろ名誉をもって戦いを終わらせるほうがいい」、と彼はゲッベルスに言った。

これにこの大臣は賛成するしかなかった。ヒトラーがベルリンで名誉に満ちた死を見いだせば、ヨーロッパはたしかに「ボルシェヴィズム化される」だろうが、おそくとも五年後にはヒトラーは伝説となり、ナチズムは「神話」になるだろう、とゲッベルスは日記に書いた。もちろんゲッベルスは、歴史書のなかに自分の居場所を確保しようとつとめた。四月二十二日、彼は、「総統」のかたわらで死ぬために防空壕に引きうつった。彼は、家族も死のなかへ連れてゆくつもりだった。そのため、彼の狂信的なナチスの妻マグダとふたりの六人の子供たちが、総統防空壕とつながっていて、いまは「前部防空壕」と呼ばれていた旧帝国宰相官房の宴会場の下の防空壕に入った。子どもたちは「ヒトラーおじさん」に会えて喜んだ。現実にはアードルフ・ヒトラーは彼らの死の使いだった。

ゲッベルス自身は、それまでモレルがつかっていた総統防空壕の寝室に入居した。それは、ヒトラーとエーファ・ブラウンの私室のななめ向かいにあった。彼は、彼の主《あるじ》で師匠のヒトラーのできるだけ近くにいたいと思った。四月二十三日、ゲッベルスは、ヒトラーがベルリンにとどまり、都市の防衛をみずから指揮することを公的に表明した。こうして赤軍の指導部は、彼らのもっとも重要な戦利品が南方に飛ばずに、まだ帝国宰相官房にいることを知った。ヒトラーとクレープス将軍は、攻撃側がヴェンクの軍隊の罠にはまるように、ソ連の進撃をはやめた。これはもちろんまったくの狂気だった。

この日の午後、シュペーアは、もう一度帝国宰相官房にやってきた。彼は、ヒトラーの誕生日にたいしてためらわずにハンブルクに旅立っていた。しかし、シュペーアが長年崇拝していた「総統」との結びつきは、彼がしかるべくいとまごいをしようとするほど強いものだった。ただこの理由からのみシュペーアは、危険な飛行の冒険をおかした。ブランデンブルク門とヒトラーが五〇歳の誕生日に盛大に落成式をおこなった戦勝記念柱のあいだのシュペーアの壮大な東西幹線道路は、その間に一時的な離着陸用滑走路に改造されていた。この軍需相は、軽飛行機の乗客としてブランデンブルク門からほど遠からぬその場所に着陸し、帝国宰相官房まで車をはしらせた。

安全な場所へ避難したいと思っていたボルマンは、この訪問者に、どうかもう一度ヒトラーをベルヒテスガーデンに出立するよう説得してくれと説いた。シュペーアは、しかしそれをしなかった。ヒトラーが彼を迎えいれるかいれないうちに、彼は、「総統」のベルリンにとどまる意図を支持した。ヒトラーは、自分はけっして生きて敵の手にわたるつもりはない、だから自殺をするだろうとこたえた。ロシア人が自分をさらしものにしないように、自分の死体は焼いてくれ。エーファ・ブラウンも、自分といっしょに死地におもむくだろう。シュペーアが参加したその後の戦況会議で、ヒトラーはしかしふたたび自信をしめした。その直後彼は激昂した。ヒトラーの公式の後継者だったゲーリングは、その間に「総統」の虚脱状態を聞き知っていたが、ヒトラーがふたたびもちなおしたことは知らなかった。ゲーリングは、ヒトラーの後継をつとめてもよいかどうか問い合わせた。ボルマンは、このテレタイプをすぐに「裏切り」と解釈し、これをヒトラーに吹きこんだ。その結果はヒトラーの激しい怒りの発作だった。

朝三時にヒトラーは、別れの挨拶をするために戸口に立った。そのためにのみシュペーアはやってきたのだった。シャウプは、「人間的に非常に感動的な別れ」を見たと主張するが、しかしおそらくシュペーア自身の記憶のほうがたしかだろう。ヒトラーは、彼と弱々しく握手し、こう言った。「それじゃ行くのかね。よろしい、さようなら」これでシュペーアは解放された。彼は、北に向けて飛行機でベルリンをはなれた。

四月二十五日、赤軍は、ベルリンの包囲網を完成し、帝国宰相官房への突撃を開始した。ヒトラーは、その間に彼の副官長ユーリウス・シャウプに、彼の個人的な書類がロシア人の手にわたらないように、彼のすべての金庫を空にし、中身を燃やすよう命令した。ヒトラーは、寝室の金庫から中身をみずから取りだした。シャウプがその際手助けをし、書類をいくつかのトランクにつめた。他の戸棚はシャウプ自身が空にした。彼は、ベルリンの金庫の書類を帝国宰相官房の庭に運んで、それをガソリンで燃やした。

数日後、ヒトラーはそっけないわずかな言葉で、彼に二〇年間つかえたシャウプに別れをつげた。シャウプは、まだベルリンをはなれることのできた最後の飛行機のひとつでミュンヒェンに旅立った。彼は、プリンツレンゲンテンプラッツのヒトラーの金庫を空にし、書類をオーバーザルツベルクにもっていった。アメリカ軍の空襲のあとそこの「ベルクホーフ」の屋敷は、もはやたいして残っていなかった。しかし、シャウプは、金庫が破壊されずに残っているのを見て、中身をテラスで燃やした。ヒトラーの戸棚になにがあったのかはだれにもわからない。シャウプは、それについて死ぬまで沈黙していた。しかし、そのなかにはきっと、ヒムラーが一二年前に押収した極右の政治家アードルフ・ヒトラーについてのミュンヒェン警察の書類があったことだろう。

ベルリン攻防戦は、その間に激戦になった。それは、家一軒ごとをめぐっての血みどろのしぶとい攻防戦だった。両陣営の一七万人の兵士が命をおとし、五〇万人が負傷した。数十万人の住民が、「狂信的で」「英雄的に」最後の弾まで絶望的な戦いを遂行するというヒトラーの狂気のために犠牲にならなければならなかった。

ヒトラーは、いまだにヴェンク将軍が首都を解放し、ソ連軍兵士に大きな敗北をあたえるという希望にすがりついていた。現実にはそれは考えられなかった。たしかに彼の第十二軍団の一部はポツダムまで来たため、それによって砲声をベルリンでも聞くことができた。しかし、ヴェンクが助けるよう命じられた第九軍団は、もはや無きに等しかった。四月二十六日にソ連軍は、すでにアレクサンダー広場に立ち、それは、帝国宰相官房から二キロメートルしかはなれていなかった。その翌日にはソ連軍は、ヴィルヘルムプラッツにたどりついていた。ヒトラーがその到着まえに死のうとしたら、時間はわずかしかなかった。

防空壕では静かなパニックがひろがっていた。アルコールが大量にふるまわれ、ヒトラーがそれまでつねに禁止していた煙草も吸われた。彼は、彼の部下たちに帝国宰相官房からの脱出を命ずることを思案したが、しかしそれはふたたび断念した。というのも彼は、ソ連の戦線を突破できないと考えたからだった。そのかわりにヒトラーは、いっしょに死ぬための青酸カプセルをくばった。

ヒムラーの秘密連絡員フェーゲラインは、その間に帝国宰相官房を脱け出し、姿を消した。彼がいないことは、最初目立たなかったが、エーファ・ブラウンは、彼がどこにいるか考えた。どうやら彼女は彼女の義理の弟の電話によって、このフェーゲラインがベルリンの私宅にいることを知ったらしい。この電話の会話でフェーゲラインは、エーファ・ブラウンに、ヒトラーのもとをはなれて自分といっしょに逃げようと迫ったといわれる。このSS将軍は、どうやら防空壕で「総統」のために死ぬかわりに逃げだそうと思ったようだ。

四月二十八日の夕方、新聞局長ローレンツ・ボルマンは、ゲッベルスと、外務省の秘密連絡員でヒトラーにナチス党の「古参闘志」として評価されていた大使ヴァルター・ヘーヴェルに、イギリスのラジオのセンセーショナルな報道、つまりヒムラーが西側列強に単独講和を申し出たという報道をつたえた。しかし、これは拒絶されたということだ。同様の報道をスウェーデンのラジオもすでに午前中にながしていた。午後これを知ったヒトラーは、すぐにプレーンのデーニッツに電話をかけ、この報道がほんとうかどうかたずねた。デーニッツはなにも知らなかった。彼は、ヒムラーと電話をし、ヒムラーは、それはいつわりの主張だと言明した。BBCの報道は、しかしいまやヒムラーが赤なうそをついたことを証明した。さらに悪いことに、ヒムラーはまるで彼がすでに国家元首で、ヒトラーが生きていないかのように、西側列強に「無条件降伏」を申し出ていた。その結果ヒムラーは、ボルマンが激怒してメモしたように大逆罪をおかすことになった。

ヒムラーは、それまで数週間デンマーク人の強制収容所の拘留者たちをテレージエンシュタット強制収容所から解放する努力を支援してきた。彼は、そのなかに、戦争に負けるまえに西側列強に取り入って窮地を脱する可能性を見ていた。彼は、おそらくアメリカ人とイギリス人との単独講和のあといっしょに赤軍とさらに戦うことができるだろうと思った。ヒムラーが西側列強とひそかに接触をもったことは、ヒトラーにほとんど知られずにはいなかっただろう。リッベントロップとゲーリングの同様の試みを彼は、正当にも成功の見込みがほとんどないと思ったにもかかわらず受け入れていた。

それに対して、ヒムラーは、おそらくイギリス政府とアメリカ政府が、この「最終解決」の立役者を交渉相手として、いやそれどころか戦友として受け入れることはありえないとはまったく思わなかったのだろう。彼の犯罪は、強制収容所の解放直後にあきらかになっていた。それにくわえてドイツと西側列強のあいだの講和条約は、この終戦直前になってもはやまったく論外だった。西側列強は、無条件降伏がロシアにも適用されなければならないと要求した。

ヒトラーは、四月二十八日の晩怒り心頭に発した。「われわれの名誉は忠誠だ」が、SSのモットーだった。それをよりにもよっていまヒムラーがヒトラーを裏切ったことを、ヒトラーはドイツ史上「最大の破廉恥な裏切り」だと言った。ボルマンとゲッベルスとの長い話し合いのあとヒトラーは、ヒムラーの意図をおそらく知っていたにちがいないフェーゲラインを呼び出すよう命じた。

フェーゲラインは、私宅で見つかった。このSS将軍は、泥酔していて、制服を脱いで、自分の逃亡のためにかなりの額のお金を用意していた。そのうえ彼の住まいには、おそらくひとりの女性がいただろう。ヒトラーは、最初彼をどうすればよいか決めかねていた。彼は、フェーゲラインを「保護観察」のために前線におくろうかと考えた。しかし、一九四四年二月からヒトラーの副官のSS将校オットー・ギュンシェは、フェーゲラインをそんなに簡単に逃がしてはいけないとヒトラーを説き伏せた。兵士が脱走のために死刑判決を受けるとすれば、武装SSの不実な将軍がそれより良い目をみてはならない、とギュンシェは言った。フェーゲラインは、臨時軍法会議に引きだされ、四月二十九日に酌量なく死刑判決を受け、ほどなく射殺された。エーファ・ブラウンが、ヒトラーにフェーゲラインのために寛大な措置を願ったどうかはあきらかではない。

フェーゲラインが死んだのは、ヒトラーがヒムラーを掌握できず、ギュンシェがSSのいつわりの名誉を守ろうとしたからだった。いまやヒトラーは、ヒムラーへの復讐をみずから遂行しようと思い、デーニッツに彼をプレーンで逮捕し、すぐに銃殺するのがいちばんよいと命じた。デーニッツは、しかしヒムラーをどうこうしようという関心はなかった。彼にはべつの心配があった。終戦から数日後ヒムラーもまた、みずから命を絶つことになった。彼は、デーニッツの政府に参加しようと見込みのない試みをしたあと、にせの制服を着て、いつわりの名前で逃亡していた。しかし、それから彼は、イギリス軍の憲兵隊に逮捕され、憲兵隊が彼の本当の身元を知ることができるまえに、彼は一九四五年五月二十三日、毒をあおいだ。

結末

四月二十八日の晩おそくヒトラーは、彼の女性秘書を戦況会議室に呼んだ。ゲルトラウト・ユンゲは、彼女になにが待っているかわからなかった。おどろいたことにヒトラーは、彼女に自分の遺書を口述筆記させはじめた。プロイセンの王たちは、つねに領地問題を処理するための私的な遺言と政治的な遺言をのこした。政治的な遺言のなかで彼らは、自分の統治時代について報告をし、その王位継承者に彼ら自身の統治のための指針をあたえた。ヒトラーは、彼もまた私的な遺言と政治的な遺言を口述筆記させることによってプロイセンの王たちの後継を要求した。

私的な遺言はみじかかった。それは、まずエーファ・ブラウンと結婚する彼の意図をあつかった。「彼女は、彼女が望んでわたしの妻としてわたしといっしょに死地におもむく」。愛はここでは論外だった。ヒトラーは、みずからの名においてそしてエーファ・ブラウンのために帝国宰相官房の敷地内で燃やされることを要求した。彼は、財産をナチス党に寄贈した。ナチス党がもはや存在しなければ、それは国家に移すよう命じた。

政治的な遺言は、ユンゲ女史にとって唯一の失望だった。彼女は、いまようやくヒトラーと彼の支配についての真実を聞けると期待していたが、しかし、彼が口述筆記させたのは自己正当化と彼のよく知られた憎悪、とくにユダヤ人への憎悪だけだった。国際ユダヤ人は、ドイツを戦争へと追いつめたとヒトラーは主張した。自分は、ユダヤ人が数百万人の「アーリア人の」兵士と民間人の死に負っている責任をユダヤ人に購わせたのだ、「より人道的な手段によってではあるが」。これによってヒトラーは、ホロコーストへの歴史的な責任を引きうけた——彼の「予言」の実現として。自分は、「ユダヤ人が御膳立てした芝居」のために自分の死体が悪用されることを望まない。自分の死と兵士たちの犠牲によって自分は、ナチズムの復活をもたらす。ドイツ民族に没落の判決を下そうとしたその同じ男がこう言ったのだ。彼の遺言の最後の文はこうだった。「とりわけわたしは、国家の指導部と臣民に人種の法を厳しく遵守し、あらゆる民族の世界的毒殺者たち、すなわち国際的なユダヤ人に仮借なく抵抗することを義務づける」。

ヒトラーはまた、後継政府を指名したが、しかしその際「総統」の権力の座をふたたび解消した。この権力の座は、ただ彼自身にのみあたえられ、他のだれにもあたえてはならなかった。デーニッツは帝国大統領、ゲッベルスは帝国首相、ボルマンは党大臣、ブレスラウの大管区指導者カール・ハンケは警察大臣に指名された。ヒトラーは、「裏切り者」ゲーリングとヒムラーを党とすべての官職から除名することにあくまで固執した。

ユンゲ女史は、政治的な遺言を三通書かなければならなかった。彼女がタイプをうっているあいだにヒトラーは、四月二十八日から二十九日にかけての真夜中過ぎにエーファ・ブラウンと結婚した。この結婚式をだれが思いついたかはわからない。しかし、ヒトラーが長年の恋人の功績に報いようとしたことはしごく当然と思われる。彼女は後世に対して「総統」の無名の隠れた恋人としてではなく、彼の妻として死地におもむくべきだった。

結婚式をとりおこなったのは、ゲッベルスが呼びよせていた宣伝省の役人だった。大砲の命中する砲声のなかで、ヒトラーとエーファ・ブラウンは同意の返事をした。エーファ・ヒトラーは、興奮してあやうく結婚証明書に旧姓ブラウンと署名するところだった。ゲッベルスとボルマンが結婚立会人になった。残っていた防空壕の隊員たちは、新郎新婦にお祝いを述べた。それにつづいてシャンパンとハムをはさんだパンが出された。結婚式の客たちは、必死に重苦しさを気づかせないようにつとめた。

そのすぐあと朝方四時に、ユンゲ女史がちょうど遺言の清書を終えたところだったが、ゲッベルスが彼女のところへ泣きながら来て、ヒトラーの政治的な遺言への補足を口述筆記させた。「総統」は、ゲッベルスに機会がありしだい防空壕を立ち去るように命じていた。この命令を自分は拒絶する、なぜならヒトラーが死んだら自分自身の命も意味がないからだ、とゲッベルスは記述させた。自分は、よりによっていま「総統」を見捨てるのはどうにもしのびない。

残っていた者たちのあいだにはきわめて陰鬱な気分がただよっていた。ヒトラーは、望んだ全員に毒のカプセルを配り、望まなかったフォン・ベーロにもあたえた。それは、薄いガラス容器にはいった青酸だった。強制収容所の拘留者が、このカプセルを調合しなければならなかった。それは、SSに引きわたされ、さらにシュトゥムプフエッガー博士からヒトラーにわたされた。ヒムラーの裏切りのあとヒトラーは、しかしもはや彼の毒すら信用していなかった。「総統」が、いっしょに青酸を飲むことをエーファ・ブラウンと取りきめたので、効果が試されなければならなかった。

そのためヒトラーは、午後ハーゼ教授を呼びださせた。彼は、SS将校で、近くのベルリン大学病院の医師で、いまや新帝国宰相官房の下の防空壕に設置された野戦病院の院長だった。この人であふれた野戦病院のなかは混乱をきわめていた。いまや傷病者は、常時開かれていた階段をとおってフォス通りへとはこばれた。便と尿の臭いがものすごかった。死亡した兵士と一般市民の死体は、ソ連の砲撃のもとで帝国宰相官房の庭に一時的に埋められた。

ハーゼは、もっと大事な仕事があったにもかかわらず、ヒトラーのところへ出頭しなければならなかった。彼の役目はブロンディを殺すことだった。この牝犬は、エーファ・ブラウンをふくめてすべての人間よりヒトラーの身近にいた。ヒトラーの犬の世話係は、この犬の口をあけさせた。ハーゼは、鉗子をつかって青酸カプセルを噛みつぶさせた。ブロンディはすぐに死んでたおれた。ヒトラーは、この一連の処置を見ていなかったが、しばらくのちにやってきた。彼は、犬の死体をだまってながめて、こわばった顔をして自分の部屋にひきあげた。

時間はいまや非常に切迫していた。というのも参謀総長クレープスと中央官庁街の戦闘司令官ヴィルヘルム・モーンケSS将軍が、赤軍がおそくとも五月一日に帝国宰相官房に到達すると予言していたからだった。ヒトラーは、夜一時半ごろ彼の部下たちと別れの挨拶をした。二十人から二十五人の人びとが、総統防空壕の中央通路に一列にならんだ。彼は、すべてのひとに手を差しだし、はたした勤めに感謝し、彼個人への宣誓から解放した。自分は、閉じこめられた人びとが帝国宰相官房から出て、なんとかアメリカ軍かイギリス軍のところへたどりつくよう望んでいる、と彼は言った。同じように彼は、帝国宰相官房＝野戦病院の医師と看護婦に別れの挨拶をした。

ヒトラーは、ロシア軍がいつ来るかともう一度たずねた戦況会議のあと、昼にボルマンを呼びだした。ヒトラーは、彼に自分は午後ピストルで自殺すると言った。自分の妻も同様に自殺するだろう。自分たちの死体は燃やされなければならない。そのあと彼は、副官ギュンシェを呼びだした。ヒトラーは、彼に自分と彼の妻があとかたもなく燃やされる手配をするよう命じた。ギュンシェは驚いたが、すぐにヒトラーの運転手エーリヒ・ケムプケに電話し、できるだけ早くできるだけ多くのガソリンをはこびこませるよう頼んだ。

一時ごろヒトラーは、彼の女性秘書ゲルダ・クリスティアンとゲルトラウト・ユンゲならびに食事療法料理人と昼食をとった。エーファ・ブラウンはそこにいなかった。ヒトラーは、落ち着いて覚悟を決めていた。彼は、自殺については言わなかった。しばらくのちにヒトラーは、しかしギュンシェに言いつけて、少なくなった取りまきの男女に別れを告げるよう招かせた。彼はいつもの制服を着て腰を曲げてあらわれた。エーファ・ブラウンが彼につきそっていた。ヒトラーは、全員とかるく握手し、一言、三言話し、そのあと彼の執務室兼ラウンジへ引きかえした。

エーファ・ブラウンは、最初まだマグダ・ゲッベルスとゲッベルスの寝室にいた。ゲッベルス夫人は泣いていた。というのも、彼女は、間もなく彼女自身と彼女の子どもたちも死ぬことになるだろうと知っていたからだ。彼女は、この不幸をぎりぎりまで回避しようと努め、ギュンシェにヒトラーを自分のところへ連れてくるようたのんだ。ヒトラーにはこの邪魔が不愉快だったが、やってきて、すこしこの絶望した大臣の妻と話をした。おそらく彼女は、彼にベルリンをどうかはなれるよう頼んだのだろう。だがヒトラーは拒否した。彼は、自分の部屋にもどり、すぐにエーファ・ブラウンもしたがった。それから三時半ごろヒトラーは、彼の控室の扉を閉めた。

銃声は聞こえなかった。というのも防空壕の機械の騒音が、すべてをかき消したからだった。およそ一〇分後、リンゲが扉を開けた。ボルマンと彼が入った。アードルフとエーファ・H.は死んでいた。彼らは、小さなソファーの上にすわっていた。「総統」は、右のこめかみを撃っていた。エーファは、あきらかに彼の銃による自殺の直前青酸カプセルを噛みくだき、くちびるを固くむすんで彼の左わきにすべり落ちていた。

いまや、ソ連軍兵士が戸口に立つまえに、死体を命令通りに葬ることだけが重要だった。リンゲは、急いで二枚の毛布をもってきて、それで死者をくるんだ。それから上の庭に向かった。リンゲは、三人のSS隊員といっしょにヒトラーをかついだ。ボルマンは、最初エーファ・ブラウンの搬送を担ったが、しかし廊下でギュンシェと入れ替わった。防空壕の非常口から庭に通じる鉄扉からほど遠からぬところに死体が置かれた。というのもたえず砲弾が炸裂していたからだった。彼らは、およそ二〇〇リットルのガソリンを亡骸にかけた。火をつけるのはむずかしかったが、しかし最後には成功した。燃えあがる炎に巻きこまれないように、葬儀者たちは、いそいで扉のうしろに引っこんだ。非常口の吹き抜けにまもられて、参加者は全員、最後にヒトラーに腕をあげて敬礼した。それから彼らは、防空壕にもどった。

だれも、約束したギュンシェでさえも、死体が完全に燃えつきたかどうか調べなかった。ナチズムの権力とヒトラーの大衆への影響力は、もはやなにも残っていなかった。外で燃えているものに、もっとも身近な部下でさえもはや関心がなかった。ギュンシェは、ふたりのSS隊員に火葬したあとの遺体を

1945年秋の帝国宰相官房の庭。左手奥に爆撃で破壊された外務省の建物、右手に「前部防空壕」の上の宴会場の残骸、そのまえに（円錐状の屋根をもった）監視塔、そのまえの左手に「総統防空壕」の非常口。扉の開口部の近くでアードルフ・ヒトラーとエーファ・ヒトラーの死体が火葬された

埋めるよう命じた。それが夕方六時半ごろおこなわれたときには、その死体はもはやたいして見分けがつかなかった。それは、激しく炭化していて、そのうえ手榴弾によって引き裂かれていた。それから二日間たえず砲撃されたことで、埋められた遺体はさらにずたずたにされた。それは、庭に埋められていた帝国宰相官房＝野戦病院の数多くの死者と死体の一部とまざってしまった。ソ連の秘密情報機関の将校が、五月二日ヒトラーと彼の妻の死体をさがしたとき、入れ歯以外なにも見つからなかった。この入れ歯は、はっきりとヒトラーとエーファ・ブラウンのものだと同定された。アードルフとエーファ・H.は、いまやタバコケースのなかに眠っていた。それ以上のものはなにも残っていなかった。

ヒトラーに任命された新しい帝国首相のゲッベルスはすぐに、赤軍に対する部分降伏を協議するために、参謀総長クレープスを口

シア戦線におくった。しかし、アメリカ軍がすべてのドイツ兵力の無条件降伏を主張していたのとまったく同様、いまやロシア人もそうした。いずれにせよソ連指導部は、こうしてはじめてヒトラーの死を知った。

ドイツ国民と国防軍にはこのニュースは、まだ長いあいだ知らされなかった。五月一日の晩おそくになってようやくラジオは、ヒトラーが、今日「息を引きとるまでボルシェヴィズムと闘いながら」英雄的な死をとげた、と報道した。両方ともうそだった。デーニッツは、兵士に真実を語ることをおそれた。彼らは、ヒトラーが死んだことを知ったならば、おそらく戦いをやめるだろうと考えたが、それはおおいに根拠があった。最後のベルリン都市司令官ヴァイトリング将軍は、しかし五月二日、彼の兵士たちに降伏するよう要請した。というのもヒトラーは自殺し、それによってドイツ国防軍を見捨てた、とヴァイトリングは思ったからだった。

五月一日、マグダとヨーゼフ・ゲッベルスは、自分たちの子どもを殺させた。彼らは、四歳から一二歳までの五人の少女とひとりの少年だった。帝国宰相官房のひとりのSS医師が、意識をうしなって眠りこむように、子どもたちにモルヒネ注射をした。そのあとシュトゥムプフエッガー医師が、青酸カプセルを一人ひとりの口のなかで押しつぶした。死体は、前部防空壕に横たえられた。五月一日晩おそく、両親は、帝国宰相官房の庭で青酸を飲んで自殺した。死体は、同様にガソリンをまかれ、ヒトラーが焼かれた場所からほど近くで火をつけられた。しかし、もはや十分なガソリンが残っていなかった。マグダ・ゲッベルスが大部分焼けた一方で、ヨーゼフ・ゲッベルスの死体はあとから容易に同定できた。

デーニッツ政府は、五月一日からフレンスブルクでさしあたりあらためて、無条件全面降伏を避け、赤軍への戦いを継続できるように、西側列強と講和条約の締結をはたそうと努めた。しかし、それは無駄だった。五月七日に最終的にカイテル、フォン・フリーデブルク、シュトゥムプフ各将軍が、フランスの都市ランスの連合軍兵力司令部で無条件降伏に署名した。二日後、無条件降伏は、ベルリン＝カールスホルストのソ連第五軍の司令部でくりかえされた。署名の日付は五月九日だが、実際は五月八日に早められた。というのも、この日にヨーロッパの戦場ですべての戦闘がやんだからだった。

第7章　ゾンビ

ヒトラーが死に、ナチズムも死んだ。ドイツ人は、しかし当時言われたように、彼らの直近の過去を「克服する」挑戦のまえに立たされた。どうやって克服したかそのやり方は、時とともにさまざまなヒトラー像をつくりだした。その間にヒトラーは、もはやメディアになくてはならないものになっている。ドイツ語のインターネットでは「ヒトラー」について一一〇〇万サイトがあるが、しかし「ナチズム」と「第三帝国」についてはおよそ二〇〇万サイトしかない。戦後のヒトラー像はどういうものだったのだろうか。

非ナチ化と「過去の克服」

ソ連の独裁者ヨシフ・スターリンは、ドイツ人よりもまえに、ヒトラーの死のわずか数時間後にヒトラーの自殺について知っていた。しかし、赤軍の軍事秘密諜報機関は、ヒトラーは服毒自殺すると同時にピストルで自殺した、と主張した。秘密諜報機関の職員は、帝国宰相官房の庭で「一体の焼けた死体」を掘りおこし、それを、ヒトラーとエーファ・ブラウンの遺体の残りと信じた。しかし、ソ連のメディアは一九四五年六月、ヒトラーはひょっとしてまだ生きていてスペインの独裁者フランコにかくまわれている、と報道した。

ソ連の軍当局は、その間にヒトラーの死について情報をつたえるべき彼のもっとも身近な男たちを逮捕した。彼らの大多数は、モスクワに飛行機で移送され、秘密情報機関によって尋問された。その長官ラヴレンチー・ベリヤは、一九四六年初頭「神話」という名前の秘密作戦を命じた。それは、「総統」がほんとうに死んだのか、場合によってはどのように自殺したのかをあきらかにすべきものだった。地下防空室とかつての帝国宰相官房の庭をあらたに調査したあと、「神話」委員会は、じきに、ヒトラーがピストルを撃って自殺したことが証明されたと見なした。ソ連のプロパガンダは、しかしその後もヒトラーは生きていると主張した。

こうした攪乱演技は、ナチズムをドイツの公的生活から排除し（「非ナチ化」）、ナチ犯罪の実行者に責任を取らせようという戦勝国の意図と相いれなかった。後者の目的に、帝国党大会都市ニュルンベルクで一九四五年十一月二十日から一九四六年十月一日までおこなわれた主要戦争犯罪人裁判が役立った。生きのこったナチ指導部集団の二四名のメンバーが告訴され、そのなかにはヘルマン・ゲーリング、ルードルフ・ヘス、ヨーアヒム・フォン・リッベントロップ、ヴィルヘルム・カイテル、エルンスト・カルテンブルンナー、アルフレート・ローゼンベルク、ハンス・フランク、フリッツ・ザウケル、アルベルト・シュペーアがいた。

もちろん被告人と刑事弁護人は、いわゆる「勝者の法」を拒否した。しかし、ニュルンベルク軍事法廷は、個々の被告人の罪の証明を得ようとつとめた。基本は、証人の供述と、しかしとりわけ押収したドイツ語の書類の膨大な抄本だった。十二名が絞首刑を、七名が長期刑か終身刑を、三名が無罪を宣告された。ヘルマン・ゲーリングは判決執行の直前、毒をあおいだ。他の者たちは、一九四六年十月、処刑された。アルベルト・シュペーアはかろうじて死刑をまぬがれ、ベルリン＝シュパンダウに二十年間服役し、そこにはまた終身刑を科されたルードルフ・ヘスが拘留されていた。

ドイツの公衆は、ニュルンベルク裁判を注意深く見まもり、おおむねそれを正当な訴訟手続きだと評価した。多くのドイツ人は、報道によってはじめてドイツの犯罪の規模全体に直面させられた。しかし、じきに人びとの気分は変わった。一九四九年四月までつづいたアメリカの軍事司法当局の一二の継続裁判は、ほとんど顧みられなかった。

連合国の刑事訴追に対するしだいに強まっていった批判の根拠は、非ナチ化の規模と期間だった。アメリカ人は、終戦後二十万人の推定上の戦争犯罪者を逮捕していた。他のすべてのドイツ人は、アメリカの占領地区でふたたびあるいは引きつづき行政部門と経済界で雇用されたいと思うならば、大規模なアンケートに答えなければならなかった。一九四六年三月以降――そのあとじきにフランスとイギリスの占領地区でも――ドイツの「非ナチ化裁判所」は、優に一三〇〇万人のドイツ人の非ナチ化に責任を負っていた。非ナチ化裁判所は、そもそもとりわけ指導的なナチ幹部を公的生活から排除するためのものだった。しかしそれは、優先的に軽度の要件に取りくんだ。訴訟手続きの相当部分は、該当者を「同調者」か「無罪者」として等級分けすることでおわった。非ナチ化の意図は、すなわち正反対になった。一九四八年／四九年に非ナチ化は、事実上終わりをつげ、いずれにせよソ連の占領地区、のちのＤＤＲ（東ドイツ）でも終わった。そこでは赤軍はすでに終戦直後、ヨシフ・スターリンの名言を大々的に宣伝した。「歴史の経験は、幾人ものヒトラーが来ては去るが、ドイツ国民とドイツ国家は残るということを物語っている」。

全体としてドイツ人もこう考えていたが、終戦末期にほのめかされていたヒトラーを都合よく悪者にすることが彼らのあいだにひろまっていた。ＤＤＲでは、「ファシズムの人非人」というソ連でのヒトラーの呼称がまもられた。連邦共和国では、彼の「魔力」がよく話題にされた。ヒトラーは、没落した第三帝国にひとり責任を負わされ、不可解な理由からドイツ人を支配したひとりの人物と称された。これは、基本的には以前の総統神話の逆転にすぎなかった。その証拠は、ヒトラーの私生活の詳細をもとめる公衆の熱望だった。こうしてヒトラーの最初の近侍は、一九四九年「総統」のもとでの彼の務めについて書いた。さらにもう一冊、『私人ヒトラー』は、同じ年『彼の秘密秘書の体験報告』という副題で出版された。それは、一部かつてのヒトラーの女性秘書クリスタ・シュレーダーの尋問調書にもとづいていた。一九五五年西ドイツのゴシップグラビア誌が、かつてのヒトラーの近侍ハインツ・リンゲを、ヒトラーの生と死についてのいわゆる高度に重要な事柄を報告することのできる「主要な証人」として売り出した。そしてそれはいまもつづいている。

そうこうする間に連邦共和国では文字通り「過去政策」がうごきだした。この政策の目的は、ナチ時代の総括がそもそもはじまってしまうまえに、ナチ時代に終止符を打つことだった。連邦議会は、すでに一九四九年十二月に、「ドイツ国民の苦難の歴史」によって根拠づけられる大赦を発布した。ここで意図されていたのは、しかしナチ政権ではなく、その後の時代、すなわち国家建国までの連合国による占領だった。公式にこの法律は、一九四五年以降闇市での商売や同様の微罪のために連合国によって有罪を宣告されたすべての人びとを無罪とした。現実にはこの大赦は、殺害にまでおよぶナチスの犯罪にも適用された。一九五一年初頭までに無罪とされたおよそ八〇万人のドイツ人のうち、ナチ犯罪者の数はかなりにのぼった。

かつてのナチス党員は、すばやくまた高位顕職についた。一九五三年には連邦省の役人は、かなりの割合がかつてのナチ党員だった。外務省にはいまや戦前よりも多くのナチス党員がいて、およそ四〇パーセントを占めた。高級官僚のレベルではさらに悪かった。ボンの省庁ではおよそ六〇パーセントが、かつてのナチス党員だった。一九三三年以降、その職責から追放されていた社会民主党員とユダヤ人のほうが、ふたたび雇用されるのはずっとむずかしかった。

ヒトラー像も、その間にあきらかになっていた。五〇年代なかばには西ドイツ人のほぼ半数が、ヒトラーはもし戦争さえはじめなければ、「もっとも偉大なドイツの政治家のひとりだっただろう」と考えていた。第二次世界大戦は、かつての国防軍の将軍たちの数多くの備忘録のなかでは、りっぱな兵士の献身行為と称された。「兵士」＝ノートは、このきわめて一面的な視点を何万回も読者にとどけた。それは、ドイツ人兵士を賛美し、一部は情のある素朴な、また一部は狡猾で危険な「ロシア人」についてのナチスによって歪められた像を引っぱりだすこともまれではなかった。戦争映画の波が、映画館におしよせた、たとえば『悪魔の将軍』や『スターリングラードの医師』である。

この脈絡のなかに、総統防空壕についての最初のドイツの娯楽映画、一九五五年の『最終幕』もあった。ヒトラーは、この似非ドキュメンタリー映画のなかでわめきちらす精神異常者として登場した。

ナチズムの研究

連邦共和国のマスメディアでは、「ヒトラー時代」は、五〇年代以降ますます低俗化され、瑣末化されていった。ヒトラーについてのまじめな情報をさがした者は、イギリスの歴史家ヒュー・トレヴァー＝ローパーの一九四七年の『ヒトラー最期の日々』、とりわけしかし彼の同国人アラン・ブロックの浩瀚な研究、一九五二年に出版された『ヒトラー。専制政治についての研究』を手に取った。ブロックは、ヒトラーを、明確な目的も意図ももたず、ただ自分の権力の獲得と維持にのみ関心をもっていた政治家として描いた。

このヒトラーの「脱神話化」は、連邦共和国の現代史研究によって肯定的に評価された。それは、ドイツの公衆を啓蒙し、民主主義への共感を高めようとするものだった。それゆえ西ドイツの歴史家たちの関心は、ヒトラー個人ではなく、ヴァイマル共和国の崩壊に向けられた。

五〇年代末、反ユダヤ主義の波が連邦共和国に押しよせた。新たに建てられたかふたたび開所されたばかりのシナゴークが、極右主義者によってハーケンクロイツを描かれて汚された。文化当局はナチズムが、学校の歴史と政治の授業で義務としてあつかわれなければならないと指示した。しかし、学校の授業ではいぜんとして、「〝偉大な男〟が歴史をつくった」という古くさい学説が支配していた。肯定的な例としてたいていオットー・フォン・ビスマルクが、否定的な例としてアードルフ・ヒトラーがもちだされた。この「個人化」は、より深い歴史理解を開くにはほとんど適さなかった。

公衆の意識へのはるかに大きな影響力をもっていたのは、ナチ犯罪者の刑事訴追だった。一九六一年エルサレムでかつてのSS中尉アードルフ・アイヒマンの裁判がおこなわれた。アイヒマンは、南アメリカに潜伏していた。そこからイスラエルの秘密諜報機関が、彼をイスラエルに拉致した。アイヒマンは、死刑を宣告され、一九六二年五月に処刑された。一九六三年末から一九六五年晩夏まで、アウシュヴィッツ強制＝絶滅収容所のかつてのSS所属メンバーは、フランクフルト・アム・マインの陪審裁判所で申し開きをしなければならなかった。それは、ドイツの戦後史上最大の刑事訴訟だった。ミュンヒェン現代史研究所の歴史家たちは裁判のあいだ鑑定をおこない、それはのちに本として刊行された。

これは、ナチ国家にかんする基礎研究だった。ドイツの公衆は、アウシュヴィッツ裁判に大いに関心をもった。およそ二万人の傍聴人が、その間法廷にすわった。メディアは詳細に報道した。作家たちはアウシュヴィッツに取りくんだ。

次第に連邦共和国では、ナチズムの歴史について研究がなされるようになった。当時若手の歴史家の多くは、ナチ時代をヒトラー青年団員、高射砲補助員あるいは若い兵士として体験し、一九四五年を深い節目として経験した。公的な世論形成におけるヒトラーの能力と業績の過大評価に反対して、彼らは、ヒトラーへの権力委譲の長期的な原因とヒトラーのしばしば混乱した支配様式に目を向けた。アードルフ・ヒトラー個人は、しかし相かわらず研究の中心にはならなかった。

たいていの刑事訴訟手続きがナチスの犯罪のためにすすめられていたこの時期、学生たちは、ドイツ連邦共和国の社会秩序に抗議した。いわゆる六八年世代は、父親世代に対してナチズムへの彼らの関与と戦後期の彼らの沈黙を非難した。激しい対立が生じた。心理学者アレクサンダー・ミッチャーリヒとマルガレーテ・ミッチャーリヒの論文集は、この批判を一九六七年つぎのような言葉にまとめた。「悼むことのできる能力のなさ」。彼らの解釈によれば、ドイツ人は、ヒトラーの死とナチ国家の崩壊によって深い道徳的・心理的な危機におちいった。愛された「総統」を悼むかわりに、ドイツ人は、ナチの過去を排除し、自分たちの幸福を再建と「奇跡の経済復興」のなかに求めたというのだった。

ヒトラーブームとヒトラーをめぐる争い

一九六九年、ナチ時代についての今日までおそらくもっとも成功した備忘録が刊行された。アルベルト・シュペーアの『回想録』（邦訳『第三帝国の神殿にて』：訳者註）である。この成功は、とりわけシュペーアが、ナチ政権の年配の同時代人たちがみずからを再発見できる「よいナチ」として自身を描いたことによった。シュペーアの回想録は、シュパンダウの刑務所で生まれた。この時期すでにヒトラーの伝記を執筆していたジャーナリストのヨーアヒム・フェストは、シュペーアに原稿を推敲する際助言した。シュペーアは、その回想録のなかで自分を基本的に非政治的な技術者として描いた。自分が、個人的な責任がないのに罪を引きうけたのは、自分が、ヒトラーの「魔術的な」影響力に負けたからだ、と彼は書いた。すでにニュルンベルク裁判のときと同様、シュペーアは、ナチスの大量犯罪の知識やそれへの関与を否認したが、それは現在にいたってかなり美化されたものであることが証明された。

ヒトラーへの権力移譲から四〇年になった七〇年代に、メディアによって強力に推しすすめられた「ヒトラーブーム」が連邦共和国をおおった。歴史家ヴェルナー・マーザーは、一九七一年いわば「遺漏のない」ヒトラー伝記を上梓した。この本は、アードルフ・H.の家族と病気について新しい情報を提供したが、しかし同時にヒトラー伝説を世界にひろめた。こうしてヒトラーは、第一次世界大戦中に息子をもうけ、その子はフランス人の母親の手元におかれた、とうわさされる。この記述は、のちに著者の気ままな作り話であることが判明した。

二年後ヨーアヒム・フェストのみごとに書かれたヒトラー伝記が刊行された。著者は、ヒトラーの政治家としての能力をべたぼめした。しかし、開戦以降ヒトラーの「デーモン的な」特性は、彼の「あれほど長く誇示された政治的天才」を無に帰した、とフェストは書いた。七〇年代なかば、アンケートを受けたドイツ国民の三八パーセントが、フェストによっても支持された考え、すなわちヒトラーは、開戦までもっとも偉大なドイツの政治家のひとりだった、という考えに賛成した。

一九七六年アメリカの作家ルドルフ・ビニオンは、多方面に注目されたヒトラーについての「心理史的な」本を発表した。ビニオンによれば、ユダヤ人の医師ブロッホ博士は、ヒトラーの、癌を病んだ母親をヨードによるあやまった治療によって毒殺し、彼女に苦痛に満ちた死をあたえた。これが、ヒトラーの最初のトラウマで、ユダヤ人に対する彼の憎悪の基礎になった、と主張した。このテーゼが正しい可能性はほとんどなかった。ブロッホ博士は、ヒトラーの母親をあきらかに正しく治療した。若いヒトラーは、この医師をけっして憎んではいなかった。

一九七七年、ドキュメンタリー映画『ヒトラー。ある栄達』が公開された。それは、ヨーアヒム・フェストのヒトラー伝記の映画化だった。すべての学年が、この映画を見るよう義務づけられた。というのもその少しまえに刊行された本（『わたしがアードルフ・ヒトラーについて聞いたこと』）から、生徒たちがこの独裁者の人物と影響についてどのような混乱したイメージを頭にいだいているかが知られたからだった。この映画は、すべてプロパンガンダの目的のために撮影された同時代の映像資料から成りたっていた。ヒトラーは、自分の好きなように采配を振るい支配することのできる全能の独裁者として登場した。この映画は、ナチスの過去との批判的なあつかいをうながすよりも、むしろヒトラーへの賛美を呼びおこすことに適していた。

七〇年代の多くの本やメディア作品におけるナチ独裁体制の個人化は、同時代の研究状況とはなはだしい相違があった。ハンス・モムゼンのような歴史家は、「総統国家」がいかに混乱した組織体であったかを浮き彫りにしていた。下位の幹部たちの絶えまない権力闘争は、ヒトラーがひとりでできたであろうよりもはるかに強くナチ体制を過激なものにした、とモムゼンは書いた。多くの点においてヒトラーは、「弱い独裁者」だった、とモムゼンは強調した。

しかし、このテーゼに反論がないわけではなかった。すべての重要な政治領域で、ヒトラーだけが決定的だった、とたとえば歴史家クラウス・ヒルデブラントの反論は述べている。彼の言うには、ヒトラーは、くりかえし、喧嘩好きな部下たちの審判者としての自身の権力地位を侵しがたいものにすることができた、「弱い独裁者」というのは論外だ。ナチズムにおけるヒトラーの役割りをめぐる論争は、七〇年代にきわめて激しくおこなわれた。

その後、一般民衆のナチズム理解における深い節目となったのは、数回からなるアメリカのテレビ映画『ホロコースト』だった。それは、連邦共和国で一九七九年一月に放映された。テーマは、ナチスのユダヤ人迫害だった。この映画の出来は、むしろ拙劣で、歴史的事実を厳密にあつかっていなかったにもかかわらず、テレビを見た人びとの反響は圧倒的だった。それまでそもそもあるとしても漠然としか意識されていなかったことが、いまや虚構の個々人の運命によって目に見えるものになったのだ。『国民はおどろいた』、とこの映画とその効果についてのある本のタイトルはつけられた。それ以来ドイツでも「ホロコースト」という言葉が定着した。

ヒトラーをめぐるドイツ連邦共和国の伝説の形成は、四年後に「総統」のいわゆる日記をめぐる報道機関のスキャンダルによって頂点を迎えた。週刊誌『シュテルン』が、このいわゆるオリジナル資料の抜粋を発表した。しかし、それは、画家コンラート・クーヤウが作成し、『シュテルン』専属ジャーナリストのゲルト・ハイデマンに売りつけた偽造だった。クーヤウは、それ以前にすでにヒトラーのいわゆる手記と詩を売っていて、それは、ヒトラーの初期文書にかんする学術刊行物のひとつにおさまった。実際にはヒトラーは、一度も日記を書いたことはなかった。『シュテルン』編集部は、ハイデマンの話に度肝を抜かれた。編集部は、儲かるジャーナリズムのセンセーションになると約束した。ハイデマンを通じてこの雑誌は、クーヤウが捏造した六二巻を九〇〇万マルク以上で買い入れた。内容的にはこの「日記」は重要ではなかった。しかし、クーヤウは、ヒトラーがもっともよい印象をあたえるよう手をくわえた。一九八三年四月『シュテルン』は、大々的な記者会見でいわゆる世界的なセンセーションを国際社会に紹介した。そのすぐあとこの雑誌は、しかし詐欺にあったことを意気消沈して認めなければならなかった。クーヤウとハイデマンは、刑務所での拘留を宣告された。『シュテルン』は、赤っ恥をかいた。

独裁者としてのヒトラーをめぐる専門領域の学問的な論争は、そうこうする間にナチスのユダヤ人迫害の場に移っていた。論争は、一方ではヒトラーはホロコーストを命じたのかどうか、場合によってはいつ命じたのかの問題をめぐった。また一方で、第二次世界大戦中のユダヤ人絶滅は、どのようにして解明されうるのかについて論議された。しかし、それから一〇年後になってようやく、冷戦の終結後にドイツの歴史家によるホロコーストの包括的な研究がはじまり、その際、東ヨーロッパと犯行者に重点が置かれた。七〇年代と八〇年代の硬直した立場は、いまやおもに不自然な対立であることがあきらかになった。

個人としてのヒトラーは、九〇年代の現代史的な研究では、しかしヨーロッパの他の外国でも、アメリカ合衆国でもたいして大きな役割をはたさなかった。二部にわかれて一九九八年と二〇〇〇年に刊行されたイアン・カーショーの大部の伝記によってはじめて事態は変わった。カーショーは、従来の伝記と社会史のあいだの中道をすすんだ。彼の記述の主要テーマは、国家機構と党機構の幅ひろい層が「総統に抵抗しよう」とする気構えだった。この伝記によって、ヒトラーがいなければホロコーストはありえなかったという事実が、保証された研究水準として認められうる。

メディアのスターとしてのヒトラー

ヒトラーは、いつのまにかトレードマークになっていた。六〇年代から七〇年代にかけて彼は、八回か九回週刊誌『デア・シュピーゲル』の扉をかざった。九〇年代にはそれは、十六回になり、その後十年間に十二回におよんだ。九〇年代の回数の上昇は、おそらく当時つぎつぎと刊行されたホロコーストについての新たな研究作業と、さらにまた報道機関とテレビの競争とも関係しているだろう。

ヒトラーは、九〇年代第二ドイツテレビ（ZDF）の人気を博した歴史テレビ番組のスターだった。この番組は、いちばんいい時間帯に『ヒトラー——ひとつの総括』、『ヒトラーの協力者たち』、『ヒトラーの闘士たち』あるいは『ヒトラーの女たち』のようなタイトルで六〇〇万人におよぶ視聴者を獲得した。とにかく一九九七年にはまだ西ドイツ人の二四パーセントが、東ドイツ人の二八パーセントが、ヒトラーはもっとも偉大なドイツの政治家のひとりだったという意見を肯定していた。

二〇〇四年『没落』（邦訳『ヒトラー　最後の12日間』：訳者註）という映画が公開された。莫大なお金をついやして撮影されたこのドイツ映画のテーマは、ベルリンの総統防空壕のなかのヒトラーの最後の日々である。観衆のあいだにこの映画は、歴史的なドキュメントだという印象が生まれた。しかし、批評家たちは正当にも、『没落』は、「第三帝国」とその指導部陣についての独自の解釈をふくんでいると述べた。ヒトラーは、あるときは親切で思いやりのある上司として、またあるときはすでに五〇年代の防空壕＝映画でそうだったように、どなりちらす精神錯乱者として登場した。独裁者をその「人間的な」側面から見せてもらったという印象、彼に同情さえもってもよいという印象は、五〇年代と七〇年代のヒトラー＝キッチュをあらたによみがえらせた。

ZDFは、その後シリーズ番組『第三帝国の秘密』（『ヒトラーの家族』、『ヒトラーと金』等）ないしは『第二次世界大戦の秘密』（『患者カルテ・ヒトラー』）を放映した。「シュピーゲルTV」は、『ヒトラーの前菜料理人』、『ヒトラーの銀製食器』、『ヒトラーの最期』、『わが闘争』そして牝のシェパード犬ブロンディについての番組で対抗した。紙媒体でもヒトラーはいつも登場し、インターネットも同様だった。

ヒトラーは、いつのまにかポップスターになっていた。宣伝業界も彼を旗振り役として発見した。彼の典型的な外見の特徴（髪の横分け、ちょび髭、のどをふるわせたRの発音）は、『アードルフ、ナチの豚』や『アードルフ――狂人』のようなコミックを思いだせば、ヒトラー＝ジョークにおいても重要な役割をはたしている。四〇年代にはヒトラー＝ジョークは、人間の尊厳を信奉する告白だった。五〇年代には人びとはヒトラーをまったく笑わなかった。六〇年代には笑いは、ナチスの過去の総括に役立った。三十年以上のちにはヒトラー＝ユーモアは、ヒトラーの商品化をターゲットにする。これは、一部では二〇一二年に市場に出た『帰ってきたヒトラー』という風刺的な小説の異常なほどの売り上げの成功を説明する。アードルフ・H.は、現代のベルリンによみがえり、メディアと政治の助けをかりてデマゴークとアジテーターとしてのかがやかしい第二の出世をスタートさせる、というのがストーリーである。この本は、ドイツ社会の忘却を批判しているが、しかしみずからそれをはなはだ助長している。というのも、この本は、その主人公をおそろしくも滑稽な人物として披露しているからである。

メディアにおけるヒトラー像の平板化と高まる恣意性は、一方で「総統」の人物像が発行部数を高めていることと関係している。また一方で、時間のへだたりも大きくなった。そうこうする間に「第三帝国」の最期の証人たちも亡くなった。今日の老人たちは、ナチズムをただ子どものときに体験しただけだ。この時代の証言の終わりは、ナチズムの記憶にとって根本的な変革を意味する。将来の世代は、ナチ時代を、学校においてであれ、メディアをとおしてであれ、間接的にしか経験しないだろう。

この媒体形式への批判的な視点は緊急のものである。なぜなら「総統」は、すでに独自の生活をいとなんでいるからである。彼は、ナチ国家の歴史的連関からぬけだした。ヒトラーは、ゾンビになった。そして彼は、すべてが勘違いではないにしても、将来も後世の人びとの頭のなかに浮かんでは消えることだろう。

イスラエルの歴史家サウル・フリートレンダーは、一九九八年から二〇〇六年まで加害者と被害者を同等に考慮したホロコーストの大部の叙述を上梓した。すでに一九八四年に、そのまえ一〇年間のヒトラー＝ブームを見つめながらフリートレンダーは、つぎのような問いを投げかけた。「ドイツの過去へのこの凝視はどのように評価すべきなのか、ノスタルジックな夢想としてか、センセーショナルなものへの欲求としてか、あるいは理解への持続的な努力としてか」この問いにだれもが自分自身のために答えなければならない。

訳者あとがき

本書は、『*Adolf H. Lebensweg eines Diktators*』（Thomas Sandkühler, Carl Hanser Verlag, München 2015）の全訳である。

本書は、ヒトラーの人生とナチスの興亡を簡潔に叙述した、とくに若者に向けて書かれたきわめて意義深い啓蒙書である。これまでの最新の研究成果を踏まえてヒトラーの人生を描いてゆく叙述の様式は、簡にして要を得たもので、一読してヒトラーの人生行路を理解し、その狂気を認識することができる。各一文は短く、複雑な内容をじつに分かりやすく記述しているのは、とくに若者を意識した文体だからである。

このヒトラーの伝記は、第一次世界大戦を境にして、前半のヒトラー個人のボヘミアン的な生き方とそれ以後のナチスの展開と軌を一にした人生史を際立たせて描いている。読者はその叙述方法によってヒトラーの前半生と後半生の懸隔を詳細に、また明快に理解することができる。

伝記を書くためには、ひとりの人間の個人史を書くと同時に、その人間を取り巻く政治的・社会的状況も考慮しなければならない。そうすることによってはじめて、その人間がどのような時代にいかなる人生を歩んだかが理解できるからである。本書では、ヒトラーが生きた十九世紀末以降の歴史的展開、とくにヴァイマル共和国の政治情勢やヒトラーが権力を掌握した状況、また第二次世界大戦開始以降のヒトラーの動向が詳細に叙述され、そのときどきの時代の雰囲気が印象深くつたわってくる。

本書の叙述には、いくども「もし」が書かれる。それは、ヒトラーがある時点でこれこれの状況だったとしたら、のちの出世はあり得なかっただろうと推測することである。この転換点がヒトラーにたびたびおとずれたことを本書は言及し、時代の趨勢とヒトラーの一か八かに賭けた悪運の強さの連関がよくわかるように考察されている。

冒頭で本書が、最新の研究成果にもとづいてヒトラーの伝記が叙述されていると書いた。それは、たとえば若いヒトラーがウィーンでその日暮らしをしていたころ、「あるリンツの知り合いの女性が、彼に有名なウィーンの芸術家アルフレート・ロラーへの推薦状をもたせてくれ」、「この芸術家は、ウィーンのヴァーグナーの上演のために舞台美術を描いていた。おそらく舞台美術家としての教育をうけることができたであろうこの推薦状を、ヒトラーは、しかしつかわなかった」、という経緯は、イアン・カーショーもその著『ヒトラー』で指摘している新しい事実である。もしこのときヒトラーがこの申し出を受けていたなら、歴史はたしかに変わった展開をとっていたことだろう。あるいは、一九二一年夏のヒトラーのＮＳＤＡＰからの脱退事件も、本当に彼が党を脱退していれば、のちの展開はちがったものになっただろう。

また、第一次世界大戦中のヒトラーの動向が詳述されていて、ヒトラーが戦線でそれなりに活躍していた消息がわかるばかりでなく、終戦後の混乱した時期にミュンヒェンで一時、社会民主党（または共産党）にかかわっていたこともおどろくべき事実である。いかに当時の政治状況が混沌としていたかがよく理解できる事例である。

さらにまた、ロシア革命前夜にルーデンドルフが、亡命していたレーニンをひそかにロシアに連れ戻す援助をしたことや、ヒトラーが、闘争初期に知り合いになった裕福な女性たちや「ロシアの内戦以前にミュンヒェンに逃げてきた裕福なロシア人」から資金を得ていたといった裏話が数多く記述されているることもこの本の魅力を高めている。裏話としてとくにおもしろいのは、数少ないヒトラーの女性関係のなかで、一九二六年夏、一六歳のマリーア・ライターと恋愛ごっこのようなことをした逸話である。

歴史が変わる転換点としては、さらに一九二三年十一月八日のヒトラー一揆がある。翌日行進したナチス党隊員に警察が発砲した際、ヒトラーは間一髪で射殺の危機を脱した。また一揆後の裁判での寛大な量刑が阻止されていれば、そして彼が国籍をもつオーストリアに送還されていれば、歴史は変わっただろう。

ヴァイマル末期の失業者数は、従来六〇〇万人と言われてきたが、本書では実数は八〇〇万人以上だと指摘している。これも新しい知見である。

一九三二年後半のヴァイマル共和国の政治情勢は、ヒトラー、ヒンデンブルク、パーペン、シュライヒャーを中心に展開されるが、この間の息詰まるような駆け引きは、ドラマチックで興味をひかれる。彼らのだれかひとりでも、この駆け引きのなかでちがった駒を出していれば、ヒトラーの政権掌握はなかっただろうと思わせるほど、緊迫した状況がつたわってくる。

第二章の最後に設定された「ヒトラー：避けることができなかったのか？」という興味深い問いに著者はみずから答えて、ヒトラーの悪運の強さばかりでなく、当時の政治・経済情勢がヒトラーを利することになった事情を説明している。

ヒトラーを取りまく部下たちに関する逸話は、彼らの権力争いと相まってきわめて興味深い情報を提供してくれる。また、ヒトラーの資金や住居や日課にかんする個人的情報によって、わたしたちは、ヒトラーの日常の暮らしぶりの裏面をうかがい知ることができる。「ヴォルフ（狼）」というあだ名をヒトラーがことのほか気に入っていたことも、おもしろい逸話である。たとえば、フォルクスワーゲンの町ヴォルフスブルクや第二次世界大戦中の東プロイセンの総統大本営ヴォルフスシャンツェのように、ヒトラーは、これらの地名に自分のあだ名を冠している。

一九四二年夏からはじまったスターリングラード戦での戦死者は、ドイツ側は従来の評価よりすくなく六万人とされた一方、ソ連兵の犠牲者は、一〇〇万人を超えると算定された。これにさらに無数の一般市民の犠牲者がくわわった。こうした数字の大きさは、この戦闘がいかに激しかったかをしめしている。

著者は、「率先した順応、先走った服従、歓声を上げる『国民同胞』、戦時中ドイツの占領と搾取に苦しまなければならなかった異民族を犠牲にしたドイツ人の生活」にくりかえし言及しているが、まさに思考を停止した感のあるドイツ国民と、そのドイツ国民の生活を支えた一二〇〇万人の外国人労働者の状況が本書によってまざまざと描きだされている。

ナチスの大量殺人について著者が、「ナチス政権の大量殺人とドイツの戦争遂行のあいだには密接なつながりがあり、戦争遂行は、さらに経済的な目標設定と密接にむすびついていた」と指摘している点は重要である。大量殺人の最大の犠牲者であるユダヤ人は、ナチスがポーランドとソ連に侵攻した結果、虐殺されたからである。さらに強制収容所に収容された拘留者たちは、ナチス経済のために強制労働を強いられた。こうした三つの状況下で戦争遂行とユダヤ人殺害は同一歩調をとってすすめられた。

本書を通読すると、ドイツ社会全体がいかに反ユダヤ主義に洗脳されていたかがよくわかる。こうした国民からの協力がなければ、あれほどのユダヤ人大量殺戮はありえなかかったただろうことを本書は如実にしめしている。

敗戦末期にヒトラーがベルリンの総統防空壕に入居して以降の「穴居人」としてのヒトラーの行動と心理の描写は、迫真にせまるもので、読者はおそらく独裁者の末路についてなにがしかの感慨を得るのではないだろうか。ナポレオン以降一個人がこれほどにも世界史に関与し、しかも大それた一民族その他の大虐殺を指揮した人物は、歴史上ヒトラー以外にいない。この独裁者の人生をたどることは、わたしたち人間に人間性のもつ理性と野蛮の相克をつきつけるとともに、歴史上類を見ない犯罪に立ちむかう義務をしいる。わたしたち人類は、この義務を真摯に受けとめ、これからの世界に思いをはせる必要があるのではないだろうか。

最終章の『ゾンビ』では、戦後ヒトラー現象がくりかえし登場したことが、興味深く描かれている。ゾンビがふたたびよみがえる死者であるように、ヒトラーは、過去においても現代においてもつねに新しい姿をとってあらわれ、メディアによって格好の題材となって提供される。こうした「ヒトラー消費」は、はたしてわたしたちにとって有益なのだろうか。一抹の不安を感じる。

このように本書の構成と叙述の仕方を見てくると、ヒトラー個人ばかりでなく、ナチスの興亡もまた全体的な視野から俯瞰することができる。本書がすぐれて啓蒙的な本である証左である。本書の最後にかかげられたイスラエルの歴史家サウル・フリートレンダーの引用「ドイツの過去へのこの凝視はどのように評価すべきなのか、ノスタルジックな夢想としてか、センセーショナルなものへの欲求としてか、あるいは理解への持続的な努力としてか」は、とくに未来をになう若者に向けられた問いであることをわたしたちは銘記しなければならない。

本書の出版にあたって著者トーマス・ザントキューラー氏より「日本の読者へ」という序言を書いていただいた。心より感謝申し上げたい。

本書は、二〇一五年九月に「EMYS SACHBUCH」賞（二〇一三年から授与される子供と若者向けの最良のタイトルのための唯一毎月顕彰される啓蒙的案内書）によって表彰された。

出版社の現代書館からはこれまで五冊の本を刊行させてもらっているが、今回も編集者吉田秀登氏が出版を快く引き受けてくださったおかげで、こうして意味深い本を刊行することができた。吉田氏には心より感謝申し上げたい。

二〇一九年五月
斉藤寿雄

— ま行 —

— や行 —

— ら行 —

— た行 —

— な行 —

— は行 —

— さ行 —

人名索引

― あ行 ―

― か行 ―

【著者略歴】

トーマス・ザントキューラー（Thomas Sandkühler）

１９６２年ミュンスターに生まれる。ボッフムとフライブルクで歴史、ドイツ語・ドイツ文学、教育学を学ぶ。１９８９年から２００２年までビーレフェルト大学で学術協力者として勤める。その間に（１９９７年から１９９９年まで）「独立専門家委員会スイス―第二次世界大戦」の研究チームのチーフを務める。２００３年から２００９年までコルバッハ／ヘッセンのギムナジウムの教師として勤務。２００９年ベルリンのフンボルト大学の歴史学の教授法の教授となる。著書：“*Die Reichskanzlei in der Wilhelmstraße 1871-1945 und Adolf Hitlers "Führerwohnung": Geschichte eines vergessenen Ortes*“ Berlin 2016. „(Hrsg.): Rolf Schörken: *Demokratie lernen. Beiträge zur Geschichts- und Politikdidaktik.* (=Beiträge zur Geschichtskultur, Bd. 38)“ Böhlau, Köln / Wien 2017 ほか多数。

【訳者略歴】

斉藤寿雄（さいとう・ひさお）

１９５４年長野県生まれ。東京都立大学大学院修了。現在、早稲田大学政治経済学部教授。専門は２０世紀のドイツ詩。主な業績：「ゴットフリート・ベンの抒情性」（『プリスマ』所収、小沢書店）、「ペーター・フーヘル訳詩ノート１」（早稲田大学政治経済学部『教養諸学研究』）、「ペーター・フーヘル訳詩ノート２」（早稲田大学政治経済学部『教養諸学研究』）、『ペーター・フーヘルの世界　その人生と作品』（鳥影社、２０１６年）、翻訳書：『冷戦の闇を生きたナチス』（現代書館、２００２年）、『ナチスからの「回心」―ある大学学長の欺瞞の人生』（現代書館、２００４年）、『ナチス第三帝国を知るための１０１の質問』（現代書館、２００７年）、『反ユダヤ主義とは何か』（現代書館、２０１３年）、『第三帝国の歴史』（現代書館、２０１４年）ほか。２０００年から２００２年までレーゲンスブルク大学客員研究員、２０１０年から２０１１年まで同大学客員研究員。

アードルフ・ヒトラー：
独裁者《どくさいしゃ》の人生行路《じんせいこうろ》

二〇一九年六月十五日　第一版第一刷発行

著　者　トーマス・ザントキューラー
訳　者　斉藤寿雄
発行者　菊地泰博
発行所　株式会社現代書館
　東京都千代田区飯田橋三−二−五
　郵便番号　102−0072
　電　話　03（3221）1321
　ＦＡＸ　03（3262）5906
　振　替　00120−3−83725
組　版　プロ・アート
印刷所　平河工業社（本文）
　東光印刷所（カバー）
製本所　積信堂
装　幀　大森裕二

ISBN978-4-7684-5814-3
定価はカバーに表示してあります。乱丁・落丁本はおとりかえいたします。
http://www.gendaishokan.co.jp/

活字で利用できない方のための
テキストデータ請求券
『アードルフ・ヒトラー：
独裁者の人生行路』